あたらしい表現活動と法
第二版

志田陽子 編

志田陽子 比良友佳理 著

武蔵野美術大学出版局

はしがき　第二版に寄せて

　芸術表現やデザインは、今日、人々の心と暮らしの豊かさに貢献するものとして期待され、多様な広がりを見せています。これに応じて、法学的知が必要とされる場面も増えてきました。本書では、そうした昨今の流れを汲みながら、表現者が知っておくべき法的ルールや議論になっている社会問題について解説しています。

　本書は作家、デザイナー、学芸員、教員、ジャーナリストといった専門職を目指している人はもちろん、なんらかの形で表現に関わっている人に読んでもらえる実用書として編纂しました。

　近年の文化芸術への関心の高まりは、政府の積極的な支援政策によってアートが身近になったことと並んで、人々が自分らしい生活や《生き方》を実現するためにデザインや芸術を求める動きは普遍的なもので絶えることがない、という事実に支えられています。この流れを受けて、私たちが表現者として知るべき法律や社会倫理について学ぶ際にも、「してはならないこと」を学ぶだけでなく、「法によって支えられていること」についても知っていただき、芸術と法との良い関係を模索することが、生き生きとした学びにつながると思います。

　本書は、武蔵野美術大学通信教育課程「著作権法」の教科書として作成されているものですが、より広く、表現活動に関わる法の問題領域全般をカバーする内容になっています。本書の内容は、武蔵野美術大学2017年度教育改革助成「美術教育の一環としての法・社会倫理教育の改善」および科研費2017年度─2020年度採択研究「アメリカにおける映画をめぐる文化現象と憲法：映画検閲から文化芸術助成まで」の成果をもとに、総合的解説書としての整理と改良を加えたものです。特に本書の初版が出版された2018年の直後から、芸術表現の自由に関わる社会問題や裁判が増えてきたため、新たな事例や出来事を書き加えました。また、上記の助成のもとに行われた教育活動のなかで、美術大学の学生から、さまざまなイメー

ジ表現の提供を受けました。本書に出てくる各章の扉絵や本文中の挿絵は
その一部です。

　共著者の比良友佳理さんには、著作権法を中心とする知的財産権に関す
る専門知識をご提供いただきました。筆者にとっては、美術大学における
法学教育にとって欠かせない助言者です。初版に引き続き、第二版でも、
第4章・第5章をご執筆いただきました。また、武蔵野美術大学出版局・
木村公子さんと奥山直人さんには、美術大学発行の書籍としての完成度の
見地からご助言と細やかな作業をいただき、お世話になりました。

　私たちの世界は、私たちが、日々つくって──創って、造って、とき
には壊してつくり直したりして──います。一人ひとりが限られた時間のな
かで、さまざまな現実と対峙しながら、自己を開花させていくことが、世
界を豊かにしていくことにつながると思います。本書を手にとってくだ
さった方には、表現にかかわる法は自分を縛るためのものではなく、自分
を上手に解放するための足場になるべきもの、というイメージで、法学の
世界に親しんでいただければ、と願っています。

2024年12月

編著者　志田陽子

目次

はしがき　第二版に寄せて ……………………………………………………3

第1章　「表現の自由」とは

第1節　憲法第21条「表現の自由」 ……………………………………13

第2節　インターネット社会と「表現の自由」 ………………………26

第3節　「表現の自由」と民主主義 ……………………………………32

第2章　「表現の自由」と人格権

第1節　名誉権と名誉毀損 ………………………………………………45

第2節　個人情報保護とプライバシー権 ………………………………51

第3節　肖像権とその周辺 ………………………………………………61

第3章　「表現の自由」と共存社会

第1節　多文化社会における共存と「表現の自由」 …………………75

第2節　道徳か、弱者への配慮か ………………………………………87

第4章　産業財産権法

第1節　知的財産法とは …………………………………………………101

第2節　標識の保護に関する知的財産法 ………………………………106

第3節　創作を保護する知的財産権 ……………………………………125

第5章　著作権法

第1節　著作物とは …………………………………………………149

第2節　著作権の種類と侵害の要件 …………………………………178

第3節　著作者人格権 …………………………………………………193

第4節　著作権の制限規定──自由利用のルール …………………201

第5節　著作物の利用と権利処理 ……………………………………222

第6節　権利の発生と権利保護期間 …………………………………230

第7節　著作権侵害と権利の行使・救済・罰則 ……………………235

第8節　著作隣接権 ……………………………………………………241

第6章　文化芸術支援と法

第1節　文化芸術をめぐる法──基本の考え方 ……………………253

第2節　文化芸術をめぐる制度と法 …………………………………263

第3節　文化政策行政をめぐる課題と法 ……………………………277

第7章　学術と表現者のルール

第1節　学術研究倫理とは ……………………………………………295

第2節　研究活動上の法と倫理 ………………………………………299

第3節　研究成果に関する法と倫理 …………………………………309

資料　レポートの参考例

参考例 1　著作権と表現の自由の調整──欧米の状況を参考に………327
　　　　　比良友佳理

参考例 2　「公の施設」と「集会の自由」………………………………332
　　　　　志田陽子

参考例 3　わいせつ表現規制と「芸術性」──ろくでなし子事件………338
　　　　　志田陽子

キーワード索引…………………………………………………………344
事例索引……………………………………………………………………349

column

大衆文化と民主主義——カフェ、風刺、音楽 ……………16

「芸術の自由」と歴史の反省 ……………19

検閲の禁止の意味の問い直し ……………23

民主主義とインターネット技術 ……………35

「特定秘密保護法」と国民の「知る権利」……………38

美術批評と人格権侵害 ……………48

文芸とプライバシー ……………57

報道の自由とプライバシー権・肖像権 ……………62

犯罪情報と人格権 ……………63

表現者にとって身近な肖像権問題 ……………66

すでに死亡している有名人のパブリシティ権は？ ……………68

視覚表現と差別解消の課題 ……………93

特許、実用新案、意匠、商標の調べ方 ……………109

®マーク ……………112

パロディと商標 ……………114

コーポレート・アイデンティティ ……………117

広告表現規制 ……………122

キャラクターの商品化権 ……………124

職務発明 ……………130

医薬品と特許 ……………131

ファッションと知的財産権 ……………141

応用美術をめぐる裁判例の発展 ……………153

AIと著作権 ……………157

column

写真の著作物の著作物性と保護範囲 ……………………164

エディトリアル・デザイン、ロゴデザインと著作権 ……170

美術品の展示に関するルール ……………………187

「ゴーストライター」問題 ……………………196

私的録音録画補償金制度 ……………………204

パロディと引用 ……………………207

学祭と著作権 ……………………213

自由利用のルールと「フェア・ユース」 ……………………219

公募や懸賞への応募と著作権 ……………………223

本書の権利処理は？ ……………………228

保護期間は延長すべきか？ ……………………233

著作権法における刑事罰と「サイバー犯罪」 ……………………238

映画の俳優の権利 ……………………243

レンタルに関する著作隣接権 ……………………245

芸術表現の自由・外国の例から学ぶ ……………………255

映画をめぐる国家のスタンスの変容 ……………………261

「美術館の原則」 ……………………266

「クールジャパン」 ……………………277

オリンピックと表現活動と法 ……………………278

情報リテラシーと情報源の信頼性 ……………………301

捏造・改ざん ……………………303

研究調査における個人情報、肖像権、著作権 ……………………306

名義の大切さと盗用・剽窃・贋作 ……………………320

本体表紙デザイン　白尾デザイン事務所

第1章
「表現の自由」とは

第1章を学ぶために

　「表現の自由」を取り囲む地図を最初に確認しよう。憲法で保障されている国民の権利を、特に重要で基本的なものという意味で「基本的人権」と呼ぶ。基本的人権には、思想・良心の自由や、信教の自由、財産権、生存権、教育を受ける権利など、さまざまなものがある。これらに共通することは、人間が人間らしく生きるために必要な条件を「人間の権利」という形で確保することを、憲法が国家に命じている、ということである。「表現の自由」という権利も、そうした基本的人権の1つに入る。

第1節　憲法第21条「表現の自由」

1　「表現の自由」が保障されることの意味

憲法第21条
集会、結社及び言論、出版その他一切の表現の自由は、これを保障する。
　2　検閲は、これをしてはならない。通信の秘密は、これを侵してはならない。

　日本国憲法は、第21条で「表現の自由」を定めている。そこでは、「一切の」表現が、その自由を保障されている。「自由を保障する」ことの最も基本的な意味は、国家（公権力）が、人間同士の自発的な行為であるさまざまな表現を妨害しない、ということである。妨害の最たるものが「検閲」だが、日本国憲法では、これを明文で禁止している。

　それでは、日本国憲法をはじめ多くの国の憲法が「表現の自由」を特に重要なものと考える姿勢をとっていることには、どのような理由や背景があるのだろうか。人間にとって「表現の自由」はどんな意味と価値を持つのだろうか。

　これを考えるとき、法学の世界では、ある本や映画などの表現物にどのくらい意味や価値があるか、という視点ではなく、価値があるかもしれないものとないかもしれないものとを取り混ぜて、それらが流通する《自由な表現の空間》が確保されていることに意味と価値がある、という視点で考える。この点で、法学における「表現の自由の価値」は、文芸批評や芸術批評が扱う特定作品の「価値」の話とは、視点が異なっている。

1-1　人間個人の人格的存在を支えるものとして

　人間の精神や人格と呼ばれるものは、各人に最初から「ある」ものでは

第1章　「表現の自由」とは　　13

なく、他者とのコミュニケーションによって形成されていくものである。ある人が、自分らしい「生」を生きている「主体」であるためには、自立した判断力を生かして社会に流通するさまざまな情報を受け止め、その情報をもとに自分の考えを形成し、それを実行したり表現したりしていくことが必要である。このように人は、他者との関わりのなかで、自己の個性を守ったり修正したりしながら成長を続ける。そのコミュニケーションのあり方として、会話や文章、写真や絵や音楽など、さまざまな表現がありうる。表現とはそのような意味で、人間が人間らしく生きるための対他関係の過程そのものなのである。

　人間の精神の発露であるさまざまな表現は、何の役に立つかは後になってみないとわからないもので、むしろ役に立つから・立ったからという観点ではなく、それ自体が人間存在を支える活動なのだから、という観点でその自由が保障される必要がある。憲法上の「表現の自由」はその観点に立って「一切の表現」の自由を保障している。

1-2　民主主義を支えるものとして

　民主主義とは、主権者である私たち国民が意見を持ち寄って意思決定を行うしくみのことである。現在、日本を含めた多くの国は、この民主主義を実現するために代表民制を採用している。これは、選挙を通して選ばれた代表者が、国民の利益のためにさまざまな討論と政治的決定を行う制度のことである。こうした民主主義は、形式的には選挙と議会の制度を通じて実現されることになるが、実際にはそれだけでは足りない。私たちが選挙や住民投票などの場面で投票をするときには、十分な情報を得ることや、他者と政治的問題について自由に話し合うことが必要である。「表現の自由」の保障は、この意味で、民主主義を支える不可欠の前提条件である。

1-3　社会的ライフラインとして

　「表現の自由」は、民主主義を選ぶかどうかにかかわらず、人間の生存のために不可欠な権利でもある。1人では弱く無力な生物である人間は、生きていくために社会をつくり、分業をし、知識の交換を含むさまざまな

交換によって生活・生存を支えている。このなかで1人1人が必要なものを得て適切に生きていくには、それぞれのニーズや状況を知らせること、自分の生存や生活を脅かす事柄があればそれについて知ることなどが必要となる。

　情報流通の自由や知る権利は、現在のような高度分業社会では、人間が生存するために必要なインフラストラクチャー（公共財。以下、「インフラ」と略す）として、その確保を意識する必要がある。これは普段はあまり意識されないかもしれないが、私たちの生命と生活は、さまざまなライフライン（道路や電気・ガスなどの公共財）によって支えられている。災害時にこれが壊れたときには、その情報をすぐに伝えることができるかどうかが、人の生命を直接左右することになる。

　また、世界の紛争の歴史を見ると、異なる価値観や文化を持つ集団同士が暴力の応酬に陥らないように、相互理解のためのコミュニケーションの道を開き続けることも、人間が生きていくために不可欠である。そうした「共存」の視点からも、「表現の自由」は私たちの生命・生存を支える意義を担っている。

1-4　壊れやすいものとして

　「表現の自由」は、上に見たようなさまざまな価値に加えて、それが特にデリケートな弱いものであるため、《取り扱い注意》が必要な権利である。もしも何かの表現をしたり集会に参加したりしたことで、刑罰を受ける、就職できないといった不利益があれば、人々はそんな不利益をこうむってまで表現をしようとはしなくなり、自由な表現は衰退してしまう。この傾向を「萎縮」と呼ぶ。国や自治体などの公的機関は、「表現の自由」のこの弱さ、デリケートさを考慮して、萎縮効果を生むような表現規制を行わないよう注意すべきだ、と考えられている。

　たとえば、「東京都青少年の健全な育成に関する条例」の第7条（図書類等の販売及び興行の自主規制）が漫画やアニメ表現に対して萎縮効果をもたらすという議論や、著作権法の「違法ダウンロードへの刑事罰」の部分がネットユーザーに対して萎縮効果をもたらすといった議論があった。

第1章　「表現の自由」とは　　15

また、映画の助成金の扱いをめぐる訴訟（『宮本から君へ』助成金訴訟）の最高裁判決が、「萎縮」の問題を判決中で述べている。[*1]

| column | 大衆文化と民主主義——カフェ、風刺、音楽 |

　表現の力は大きい。1人ではできないことでも、大勢の共感を呼ぶことで実現の可能性を高めることができる。説得力や魅力のある表現は、社会を下から動かす力を持っているからである。だからこそ歴史上、表現者や集会が注視され、妨害される事件が多く起きてきた。憲法でその「自由」を確保する必要がここにある。

　歴史的に見ても、社会が近代・現代の民主主義的なあり方を確立する過程で、討論や印刷・出版、それを効果的に広めるための風刺画、音楽などの大衆文化は、重要な役割を果たしたが、これに加えて、その大衆文化の「場」が大きな役割を果たしている。

　たとえば、18世紀後半から19世紀にかけて、ヨーロッパの諸国ではカフェやパブを舞台として、不特定多数の人々が共通の関心事について討論することが流行した。また、当時は人口密度も低く交通手段も発達していなかったアメリカでは、不特定の人々が集まる機会がヨーロッパほど多くなかった分、印刷物（新聞やパンフレット）の果たした役割が大きかった。こうした表現活動によって、不特定多数の人々がそのときどきの事件や社会問題を知ることができるようになったことは、人々の意見形成の力を飛躍的に高めることになった。

　公共性のある事柄について意見を形成し、社会の流れをつくっていく動きを、一部の特権階級ではなく、一般庶民が自発的に担うようになったとき、一般庶民は「政治の主体」へと——近代社会における「市民」、近代国家における「主権者」へと——そのあり方を発展させていった。

　ただ、これらの流れが過剰なナショナリズムやポピュリズムをあおる方向に向かった場面もあり、その功罪の両面を考察するこ

16　第1節　憲法第21条「表現の自由」

とも学問として興味深い。

［参考文献］
ユルゲン・ハーバーマス『公共性の構造転換─市民社会の一カテゴリーについての探究（第2版）』（細谷貞雄／山田正行訳、未来社、1994年）
ベネディクト・アンダーソン『定本 想像の共同体：ナショナリズムの起源と流行』（白石隆／白石さや訳、書籍工房早山、2007年）

2　憲法で保障されるさまざまな「表現」の「自由」

2-1　第21条1項「一切の表現」

　「表現の自由」の保障は、条文に「一切の」とある通り、原則としてすべての表現に及ぶ。条文に明記されている集会、結社（団体をつくること）、言論（演説など）、出版（新聞や図書の発行）は歴史的に妨害されやすかった表現ジャンルを例示したもので、それ以外にも絵画、写真、インターネットへの投稿、映画、演劇、音楽などあらゆる形態の表現について、その自由が保障される。メディアの自由も保障される（実際には表現活動にはさまざまな規制が行われているのだが、それは次章以降で見ていく）。

　「自由」の保障の基本的な意味は、表現の内容や方法は表現者の自由に委ねることとし、国や自治体（公権力）が妨害、強制、内容操作などの介入をしてはならない、ということである。自由権はこうした「～しない」という保障のしかたを基本としており、権利者の側から見れば「No！」と言う権利ということになるので、消極的自由とも防御権とも呼ばれる。一方、情報公開や個人情報保護のように、国民・住民が国や自治体に対して「仕事をしてください」（Do！）と求めるタイプの権利もある。

2-2　公共の福祉

　権利の保障にはそれぞれ一定の限界がある。憲法第12条、第13条には、権利を「濫用してはならない」こと、国民は権利を「公共の福祉のために」利用する責任があること、国民の権利は「公共の福祉に反しない限り」「最

大の尊重を必要とする」ことが書かれている。この2つの条文は、憲法上の権利の全体に及ぶと考えられているので、「表現の自由」にもこのルールが当てはまる。

権利を「濫用してはならない」とは、その権利の本来の意義に反して他者を犠牲にするような権利の使い方をしてはならない、ということである。また「公共の福祉」も、さまざまな他者の権利を尊重して、他者の権利の侵害を防いだり、権利の衝突があったときに調整したりする、という考え方を表したものである。「侵害」とは、他人の権利・領土などに踏み込み、害を与えることをいう（その具体的場面については次章以降で扱う）。これに加えて、多くの人に共通する権利や利益の実現に必要なインフラ（公共財）を守る必要がある。インターネット網は、今では道路や水道と同じように私たちの生活を支える情報流通のインフラになっている。このため、たとえばこのインターネット環境を破壊するコンピュータ・ウイルスを作成・提供することは刑法犯として禁止されている（刑法第168条の2　1項「不正指令電磁的記録作成罪・提供罪」）。

しかしそうした制限も、正当な理由に基づかない規制や不必要に強い規制になっているときには、各人の自由を不当に害していることになり、憲法に反することになる。「最大限の尊重」とは、この考え方をいう。

これに加えて、国や自治体が表現活動に対して規制をする場合には、その規制が萎縮を招かないように、厳密な配慮をする必要がある。

このように「表現の自由」に対して規制が行われるときには他の権利よりも慎重に考え、裁判所も強いチェックの姿勢で審査するという考え方がある。このことを表して「表現の自由」は「優越的権利」ともいわれている。

| column | 「芸術の自由」と歴史の反省 |

●芸術の影響力の利用

　芸術家にとって深刻な出来事が、戦時下の日本やドイツでは多く起きた。戦争を美化し、国民の結束と士気を高めるために、自国の兵士については戦場の実態とはかけ離れた勇壮な様子を描くこと、対戦国の外国人についてはことさらに悪鬼のように描くことが、多くの画家や映画作家に要求されたのである。自分の画力が認められたことを意気に感じて協力した芸術家もいたが、不本意ながら要求に応えていた作家もいる。

　日本では多くの画家が、軍から依頼されて戦地に行き、絵を描いた。なかでも有名なのは、藤田嗣治の「アッツ島玉砕」だろう。この絵は見る人に強い感銘を与え、この後、戦死・玉砕が美化、英雄化されていく。ドイツでは、映像作家レニ・リーフェンシュタールがナチス・ドイツに協力したことが有名である。しかし戦後、こうした作家は不遇な立場に転じることになる。

　当時はこうしたことを防ぐ法律も法理論もなかったが、現在の「表現の自由」の保障の意義から考えれば、芸術表現に国家が介入して国民の感情や意見を操作するために利用することは、作家の「表現の自由」の観点からも社会全体の「表現の自由」の観点からも、憲法第21条や文化芸術基本法、世界人権宣言第19条、第27条の趣旨に反する。

　日本国憲法には世界人権宣言やドイツ憲法のように「芸術」をとくに明文化した規定はないが、芸術表現は「一切の表現」のなかに当然に含まれると考えられている。第二次世界大戦中、国家が芸術に介入して利用した結果、一般国民の世論がゆがめられてしまったという点で、日本はドイツと同じ反省を共有すべき立場にある。

●芸術文化研究と平和学

第二次世界大戦中、芸術家は、戦争に協力せざるを得ない立場に置かれた。上にあげた画家の例以外にも、音楽では「日本音楽文化協会」が戦時期の音楽を統制し、「音楽挺身隊」が慰問活動などを通じて国威発揚に役立つ音楽を社会に広める役割を果たした。こうした流れによって勇壮な内容の軍歌が称揚され、哀愁を感じさせる歌や恋愛歌が抑圧されたことは有名である。文学については「日本文学報国会」が文学者に対して同様のコントロールを行っており、当時の文学者はほとんど全員がここに入っていたとされる。

今日では、こうした芸術や大衆文化と戦争の関係についての歴史研究が盛んになっており、ドラマや映画の題材になったものも多い。国家や民族が自己コントロール能力を失って戦争や紛争に傾いていくとき、そういうことがなぜ、どのような経緯で起きたのかを検証すること、またどのようにしてそのゆがみを防ぎ修復するかということを議論する学問として「平和学」がある。この「平和学」のなかで、芸術や大衆文化のあり方を考察することは、今日、重要なテーマとなっている（本コラムは第6章とあわせて理解してほしい）。

[参考文献]

サム・キーン『敵の顔・憎悪と戦争の心理学』（佐藤卓己／佐藤八寿子訳、柏書房、1994 年）

司修『戦争と美術』（岩波書店、1992 年）

神坂次郎／福富太郎／河田明久／丹尾安典『画家たちの「戦争」』（新潮社、2010 年）

戸ノ下達也／長木誠司編著『総力戦と音楽文化——音と声の戦争』（青弓社、2008 年）

吉野孝雄『文学報国会の時代』（河出書房新社、2008 年）

3 「検閲の禁止」

3-1 検閲の絶対的禁止

　「表現の自由」における「自由」保障の基本的な意味は、公権力（国や自治体）が法律や行政を通じて人の自由な活動に介入することに対して、介入を受けた人は拒否できる（No! といえる）、ということである。しかし個々の個人が国や自治体の大きな力に対して個別に「No」といって介入の動きを止めることは難しい。そこで憲法は、いくつかの行為を公権力に対してあらかじめ禁止している。「検閲」は「表現の自由」に対する最も深刻な介入だったため、憲法第21条2項で特に明文で禁止されている。

　「検閲」とは、表現物の内容をその公表に先だって公権力（国や自治体）が閲覧し、公表の可否を審査することをいう。日本国憲法は、戦前の日本が行ってきた「検閲」が市民社会の自由を妨げたことを反省し、これを絶対的に禁止している。ここでいう「検閲」とは、公権力が行うもののことなので、テレビ・ラジオ等の放送業界が共有している放送コード（放送禁

表現は、自由が原則。国家が介入して「不許可」にすることは許されない

第1章 「表現の自由」とは　21

止用語、現在は使われていない）や、映画産業における「映倫管理委員会」、ゲーム業界の自主管理など、各業界が自発的に団体をつくって行う事前チェックは、「検閲」に含まれない。

　では、表現物への税関検査や教科書検定は、憲法が禁じる「検閲」に当たるのだろうか。最高裁は「検閲」の定義をかなり狭く限定したうえで、これらを「検閲」には当たらないとしている。税関検査については、「検閲」を《行政権が主体であること、思想統制であること、網羅的・一般的な禁止であること、事前規制（発表前の審査、禁止）であること》としたうえで、税関検査はこれには当たらず合憲としている（最高裁 1984〔昭和59〕年12月12日判決）。教科書検定については、一般の書籍として出版することについての可否を審査するわけではないので検閲には当たらず合憲としている（「家永訴訟」・最高裁 1997〔平成9〕年8月29日判決）。学術レベルでは、この「検閲」理解は狭すぎるのではないか、との議論もある。

3-2　事前抑制の原則禁止

　ある法律や行政職員の行為が今見たような「検閲」に当たらないとしても、「表現の自由」保障の趣旨からは、表現内容の良し悪しの判断は原則として市民に委ねられるべきもので、いったん社会に出した後で被害を受けた者が訴え出るのが原則である。表現が社会に出る前にそれを止めることは、よほど切迫した必要性のある例外的な場合でなければ認められない。最高裁は「北方ジャーナル事件」[*2]で、名誉毀損に当たる出版物の事前差し止めの仮処分は事前抑制に当たり、原則として許されないが、その内容が公表されることによって重大で回復不能な被害が生じるおそれがある場合に限り例外として認めるとした（最高裁　1986〔昭和61〕年6月11日判決）。

column	検閲の禁止の意味の問い直し

　表現の規制については、立法者に最高度の自制、裁判所に最高度の違憲審査ハードルの思考が求められる。日本国憲法第21条2項は、戦前の日本で行われてきた言論弾圧への反省から、「検閲」を絶対的に禁止している。この趣旨から、検閲そのものではないが民事裁判で表現物の流通を事前に差し止める「事前抑制」も、厳格に要件を絞る考え方がとられている。

　これに対し、刑法による規制のように表現物が社会に公表された後で事後的に規制することは、現在の判例や学説では「検閲」には当たらないとされている。しかし「萎縮効果」の考え方によれば、事後的な規制であっても、その知識が表現者に対して自己検閲を強いることになっていないかという問題が指摘されている[3]。このことを考えるなら、ある規制が憲法上の「検閲」に該当するか否かの議論とは別に、日本国憲法が検閲を禁止していることの意味から考えて、事後的規制であってもその内容に踏み込む規制については公権力に最高度の自制を求めるべきことになる。

　このことは、国や自治体から給付を受ける場面（公立の美術館で自己の作品を展示してもらう、芸術助成を受けるなど）にも当てはまる。「この種のテーマは会場の使用許可を受けにくい」という予想が自己検閲（萎縮）として働く、ということは芸術家からしばしば指摘される問題である。しかし給付を受ける場面では、いかなる審査も行わない、とするのは現実的ではない。そのため、この場面に応じた理論と判断基準を確立していかなければならない。これは現在、芸術家や学芸員・キュレーターにとって大きな関心となっており、議論も活発に行われている（このテーマは第6章で扱う）。

第1章　「表現の自由」とは　　23

4 通信の秘密——プライベートなコミュニケーション

　憲法第21条2項後段では、「通信の秘密」を保障している。ここでいう「通信」は、封書などの信書、電信・電話、インターネット上の電子メールなどのプライベートなコミュニケーションである。これは「表現の自由」の保障の一内容であることはもちろん、個人の生活のプライバシーや「思想・良心の自由」を保障するうえでも重要な要素である。通信に関わる各種事業者を規制する法律では、この趣旨を受けて、検閲の禁止や秘密の保護を定めている（郵便法、信書便法、電気通信事業法、有線電気通信法、電波法など）。

　通信者の同意なく、密かに会話を聴取することを「盗聴」（法律用語としては「傍受」）というが、これは「通信の秘密」の侵害となる。犯罪捜査における警察官による盗聴はこの原則の特殊な例外だが、強い必要性・緊急性が認められる場合に限られる（通信傍受法〔犯罪捜査のための通信傍受に関する法律〕：2000〔平成12〕年施行）。これに関連して、2017（平成29）年には「テロ等準備罪」の新設を柱とする「組織的犯罪処罰法改正」が行われた（メディア上では「共謀罪」規定と呼ばれることが多い）。これは国際組織犯罪防止条約[*4]に基づいた国内法整備のためと説明されているが、憲法上の「通信の秘密」の原則と例外を逆転させる内容となっていないか、犯罪捜査活動が表現の自由（特に集会・結社の自由）を萎縮させることにならないかなどの疑問が出されており、その運用について見守っていく必要がある。

---

example	戦前の「治安維持法」と「横浜事件」

最高裁 2008（平成20）年3月14日判決

　日本の歴史のなかで、国が一般市民の表現活動を妨害した例としては、戦時中の報道機関統制や、一定の思想やその表現を危険視し刑事犯罪として扱った「治安維持法」がある。現在もしも同じ法律があったら、民主主義と国民主権、思想・良心の自由、表

現の自由といった内容を定めている現在の日本国憲法に照らして、明らかに憲法違反となる内容である。

　治安維持法は、第二次世界大戦終了後の1945（昭和20）年10月、日本国憲法制定に先立って、連合国軍総司令部（GHQ）が発した「自由の指令」という命令によって廃止された。この廃止より前にこの法律に基づいて有罪判決を受けた人々が、国に名誉回復を求めた裁判として「横浜事件」がある。

　この事件は、第二次世界大戦中、当時の国際情勢に関する論文を雑誌『改造』に掲載した作者と出版関係者が大量に逮捕され、有罪判決を受けたというもので、事件の当事者が高齢のため死亡した後も遺族が再審請求を続けていた。裁判所は、当時下された有罪判決は、すでに失効した法律に基づいて誤って行われた裁判なので、裁判そのものを取り消す「免訴」の判決（最高裁　2008〔平成20〕年3月14日判決）を下している。

　ここで問題となっていた有罪判決は、「自由の指令」によって治安維持法が廃止される以前に出されているので、すでに失効した法律に基づいて行われた裁判とはいえないのではないか。これについて裁判所は、第二次世界大戦終了時、日本政府が「ポツダム宣言」を受諾したとき（1945年8月14日）に治安維持法は失効したとの理解を示した。「ポツダム宣言」は、民主主義・国民主権や基本的人権尊重主義に基づいて将来の日本政府が樹立されるように基本方針を宣言したもので、日本国憲法もこの内容を土台として作られている。この宣言の内容と治安維持法は明らかに相いれないものなので、日本政府がこの宣言を受諾したとき、上記「自由の指令」以前に治安維持法はすでに失効していた、という考え方がとられたのである。

［参考文献］
荻野富士夫『横浜事件と治安維持法』（樹花舎、2006年）
奥平康弘『治安維持法小史』（岩波書店、2006年）

第2節　インターネット社会と「表現の自由」

1　情報社会のメリットと責任

1-1　インターネット社会と表現活動ルール

　今日の社会は、インターネットの普及にともなって、各人が手軽に発信者となることができると同時に、発信主体としての責任を負う必要が増している。

　インターネットは、個人にとって省力化のメリットや活動機会の増大をもたらしてくれる。しかし同時に、権利侵害が起きたときの被害が増幅されてしまうこと、拡散された情報をもとの状態に戻すことは困難であることから、他者の権利が侵害されてから対処するよりも、その事前防止が強く意識される流れになっている。

　インターネット上での違法行為や権利侵害についての考え方は、基本的に一般社会で起きるものと同じである。[*5]ただ、私たちの側が、オフラインの社会とインターネット社会の違いを十分に意識していないと法的問題も起こしやすい。個人の生活上の個人情報プライバシーは、オフラインでのプライベートな会話のなかで特定知人同士のおしゃべりにとどまっている間は、法は立ち入らない。しかし、これと同じ感覚で、そこで知り得た他人の個人情報をネット上に公開してしまった場合、権利侵害の責任を問われることがある。

　総じて、一般市民の表現活動ルールとしては、インターネット上の情報流通も「表現の自由」によって成立しており、オフライン時と同じルールが当てはまる。これに加えて、トラブル被害者の権利を守るために、インターネット特有の事業者ルール（後述）や裁判所による理論進展がある。

1-2　法強制か、市民の良識に委ねるか

　社会ルールのなかには、Ⓐ法的なルールとして立法化されたり判例で確立されたりしたもの、Ⓑ法制度化のための議論を重ねつつ、一般社会のほ

うでも倫理の共有を進める必要のあるもの、Ⓒ法的規制よりも自発的な倫理の共有に委ねるほうが望ましいもの、といった性格の違いがある。

　本書でこのあと学ぶ人格権は、おおむねⒶに入る。ヘイトスピーチは被害の深刻度が社会に認知されるにしたがって、その扱いがⒸ→Ⓑ→Ⓐと変化してきた。メディアやゲーム業界などの自主規制は、Ⓒに入る。しかし、メディアを通さないインターネット上の個人の表現は、Ⓒの考え方では対処できない。そのうち裁判でⒶの扱いが確立したものもあるが、差別表現や侮辱的表現（ネットいじめ）をどう抑えていくかについて、さまざまな可能性が議論されている。現在では、インターネット上のプラットフォーム事業者が、被害者の申し立てに応じて問題のある投稿を削除する、メディアの自主規制に準じる自主ルールによって発信者の投稿を削除する、被害者の請求に応じて発信者の実名情報を開示する、といった方式が採られている。

　「表現の自由」の本来の考え方では、各人の倫理観や社会の自浄力に期待して、法規制を行うのは最後の手段とすべきこととなるのだが、それでは被害が収まらない場合には、法律または条例による規制が必要とされる方向になる。

1-3　生成AI時代の法ルール確認

　2024年以来、人工知能（とくに生成AI）を使った表現活動が社会に広まりつつある。このAIが取り込むデータのなかに、他者の権利を侵害する情報が含まれていた場合、そこからアウトプットされてくる文章表現や画像表現のなかにその情報が含まれ、法律問題を引き起こす可能性がある。

　本書の第2章で扱う人格権侵害の問題や、第3章で扱う差別表現・有害表現の問題、第4章・第5章で扱う知的財産権侵害の問題が起きたときには、AIの生成機能を使って作成したものでも、ユーザー表現者（作成・公表における責任者）が法的責任を負うことになる可能性が高い。そのため、このAIツールの提供者には、AIの学習過程と生成物が違法なものや社会倫理に反するものにならないように、フィルターをかけるなどの配慮をすることが求められる。同時に、このツールを利用して表現活動をする

ユーザー側には、生成された表現物が違法な内容を含むものになっていないか、社会に公表して大丈夫かをチェックできる知識が求められる。少なくとも違法なアウトプットを指示するプロンプトを入力しないよう自制することは、ユーザー側でできる努力である。

AIに依存するのではなく、AIを使いこなすために、表現活動に関わる各種の法ルールや社会倫理を学んでおこう。

2　事業者のルール

2-1　職業倫理としての情報倫理

情報に関連する職業に就いている者は、情報を取り扱ううえで、特に高い情報倫理を課されている。情報を扱う事業の公共性から必要とされるルールである[*6]。

インターネット上の情報の伝達については、民間の通信事業者（インターネット・サービス・プロバイダ。以下「プロバイダ」と略す）が各種のサービスを行っている。こうした通信事業者のインターネット接続に関する事項は、「電気通信事業法」に定められている。この法律によれば通信事業は、その公共性の高さから、運営を適正かつ合理的なものとすること、公正な競争を促進することが求められ（電気通信事業法第1条）、総務大臣の登録を受けることが義務づけられている（電気通信事業法第9条）。

2-2　通信の秘密と電気通信事業法

憲法第21条2項は、「通信の秘密は、これを侵してはならない」と規定して私人間の通信コミュニケーションに公権力が介入することを禁止している。この規定でいう「通信」とは、一般に、「封書、書状、はがき、電信、電話などの個人間の内的なコミュニケーション」と考えられている。

インターネット技術を使った通信には、不特定者に送信される公開タイプのものと、特定者同士の内的なコミュニケーションとの両方がある。このうち個人間の電子メールやチャットは、封書や電話と同じく「通信の秘密」が守られるべき内的なコミュニケーションに当たるので、公権力や事

業者による内容干渉を排除して「私的自由」を保障する必要がある。「電気通信事業法」を見ると、「通信の秘密」を確保する面と、電気通信事業の公共的な役割との両面に配慮した内容になっている。電気通信役務を提供する者は、まず検閲の禁止、通信の秘密の保護・守秘の義務を負い（第3条・第4条）、さらに利用の公平・不当な差別的取り扱いの禁止（第6条）といった責務を負う。

　これに対して、先に見た「通信傍受法」や「テロ等準備罪」が新設された「組織犯罪処罰法」は、特殊例外的な場合に警察がメール通信等の内容を傍受することを許可する法律だが、「通信の秘密」ルールと強い緊張関係に立つものなので、専門家の議論が続いている。また、著作権侵害となるコンテンツをアップロードしているサイト（違法サイト）について、権利侵害による被害を事前に防ぐために違法サイトを特定してユーザーのアクセスを遮断する「ブロッキング」という方式も議論されてきたが、この技術の導入は「通信の秘密」に抵触することになるため、議論が続いている。

2-3　公開性のある発信とプラットフォーム事業者への期待

　一方、同じ通信技術を使ったものでも、公開されたホームページやSNS上の公開投稿など、公開性のある表現は「通信の秘密」の保障対象とはならず、出版などと同じ扱いとなる。しかし通信取扱業者（プラットフォーマー）の特質として、業者は出版社や放送業者のような編集権は持たず、原則としてユーザーの表現をネットに流通させる仲介役に徹することになるので、社会的に有害と考えられる表現を抑制することは事業内容に含まれないと考えられてきた。

　しかし現在ではそれだけでは足りず、ヘイトスピーチや誹謗中傷、児童ポルノなどの有害表現を削除するフィルターの役割を引き受けたり、「忘れられる権利」を行使しようとする人の要求に応じて特定の情報を削除したりする役割も期待されている。それ自体は公的機関ではない私企業に、その事業の公共性に照らしてどこまでの責務を求めることができるのか、現在、事業者、政府機関、そして専門家の間でも議論が続いている。

第1章　「表現の自由」とは　　29

2-4　権利侵害があったとき、ユーザーとプロバイダの関係は

　ネット社会のなかでは、自分自身が権利侵害を受ける可能性も高い。誰かが名誉毀損やプライバシー侵害を受け、これをやめさせたいと思った場合、通常は、発信者（投稿者）に申し入れをして、当事者間で解決を図るか、または裁判となる。しかしネット社会は、利用者が匿名で情報発信できるという特性があり、プロバイダは利用者との契約上の義務（守秘義務）として、匿名で参加したいと望む利用者の匿名性を守ることになっている。しかし、発信者の表現活動によって何らかの権利侵害を受けた者が法的手段をとりたいと考えたときには、その前提として、プロバイダに当該の書き込みをした発信者の本名や住所などを開示してもらう必要が出てくる。この場合、「プロバイダ責任制限法」によってプロバイダの守秘義務を軽減・解除する措置が図られているので、侵害を受けたと思う者は、必要があれば、発信者情報の開示をプロバイダに求めることができる。

　インターネット上で名誉毀損やプライバシー侵害や著作権侵害などの権利侵害問題が起きたとき、責任を負うのは、まずは表現発信者である。しかし同時に、こうした情報を媒介しているプロバイダも表現の「場」を提供したことに対する責任を負う。ここでプロバイダの責任を広く認めるこ

発信者（加害者）と被害者との間でプロバイダは板ばさみに……

とになれば、それだけ、プロバイダが個々の契約者の表現内容に関与しなければならなくなるため、事業の本来的性格や「通信の秘密」の原則が守られなくなるおそれがある。しかし、違法な表現あるいは権利侵害となるような表現があった場合、プロバイダがこれを放置することは、助長行為となりかねない。こうしたジレンマを解決するために、「プロバイダ責任制限法」（特定電気通信役務提供者の損害賠償責任の制限及び発信者情報の開示に関する法律）が定められた。

　この法律によって、事業者は、当該情報発信が権利侵害であると認めるに足る相当の理由があれば、削除などの措置をとることができる（この場合に当該情報発信者との間で契約不履行責任には問われない）（プロバイダ責任制限法第3条）。

　また、権利侵害を受けたことが明らかであり、かつ、損害賠償請求権行使のために発信者を特定できる情報を必要とする者に対して、発信者情報開示請求権が認められる。

　2021（令和3）年、SNS上の誹謗中傷の被害が深刻になったことを受けて、この「プロバイダ責任制限法」が一部改正され、被害者が加害者情報の開示を請求できる範囲が広くなり、また、裁判を起こす手続きが従来よりも簡便になった（2022〔令和4〕年10月1日より施行）。

第1章　「表現の自由」とは　　31

第3節 「表現の自由」と民主主義

　「表現の自由」は、民主主義にとって不可欠の前提となる権利として重視されている。したがって、選挙や政治に関わる言論は最も重要なものとして、その自由を最大限に保障すべきことになる。しかし同時に、選挙の公正性を確保するためのルールも必要となるため、自由とルールの的確なバランスをとることが必要となる。日本の法制度や行政は、的確なバランスをとっているだろうか。

1　政治的表現の自由

1-1　選挙運動における表現規制

　民主主義・国民主権との関わりから考えると、有権者と候補者がコミュニケーションをとり、自分の考えを伝え合うことは必須のことである。しかし日本の公職選挙法では、選挙期間中の表現活動にさまざまな制限がある。特に候補者が有権者の家を訪ね歩く「戸別訪問」は全面的に禁止されている（公職選挙法第138条）。これは選挙の公正性を守る観点から、買収などの不正を防ぐための禁止だと説明されている（戸別訪問禁止規定合憲判決：最高裁 1981〔昭和56〕年6月15日判決）。不正行為そのものを禁止し処罰することに加えて、戸別訪問を禁止する理由としてこれが十分な根拠となるのかどうか、疑問視する声も多い。

　また、公職選挙法では、教育者（公立・私立を問わず学校教育法に定められた学校の教員）は、教育上の地位を利用して選挙運動をすることはできない（第137条）。年齢満18歳未満の者は、選挙運動をすることができず、その者を使用して選挙運動をすることもできない（第137条の2）。

1-2　署名活動、集会、デモと表現の「場」

　一般市民が国や自治体に政治的な要望を伝えたいと思うとき、参政権の行使（選挙での投票など）とは別に、請願という方法もある。請願そのも

のは憲法第16条「請願権」で保障されているが、こうした活動をするために、複数の人が1つの場所に集まることは「集会」に当たり、そうした人々がメンバーシップを共有して「〜の会」といった団体をつくることは「結社」に当たるので、それぞれ「表現の自由」によってその自由が保障される。

また、この請願に添える署名を集める活動（署名活動）やこれに応じて署名をする行為も「表現の自由」によって保障される。国や自治体は、この署名活動を妨害したり圧力をかけたりするような干渉をしてはならない（関ヶ原訴訟：名古屋高裁 2012〔平成24〕年4月27日判決）。

一般市民が政治的意見交換のために講演会などの集会を行うことは、当然に「自由」である。しかし現実的には、そのための場所を確保することが難しく、表現者にとってのハードルになりがちである。私人の家の敷地が「無断立ち入り禁止」であることはその私人（所有者）の判断に委ねられていることだが、日本では公園や市庁舎に隣接する広場、公民館、図書館や美術館などの公共性の高い場所も、管理者の管理権に基づいて、演説

や集会が禁止されていることが多い。アメリカには、公共性のある場所は可能な限り一般市民の表現活動に開放されるべきだとする考え方（「パブリック・フォーラム論」）があるが、日本ではこの考え方がまだ定着しておらず、政治的主張のある集会や美術展が公共の場所で行われるときに、会場の管理者によって内容変更を求められたり会場使用を拒まれたりする例が見られる。[*7] 近年の例では、市民グループが市役所の庁舎前の広場で政治集会を開こうとしたところ、市が広場の使用を許可しなかったことが「集会の自由」の侵害に当たるかどうかが争われた裁判で、最高裁はこれを憲法には違反しないと判断した（金沢市庁舎前広場事件：最高裁 2023〔令和5〕年2月21日判決）。

また一般市民が、自分たちの主張を世間に広く知らせることを目的として集団で行進することを「デモ」（集団示威運動）という。これは「動く集会」という性格を持つもので、民主主義にとって重要な意味がある。しかし、一般通行人の交通の自由も守る必要から、届け出制などのルール化が行われている。ここで行われる調整は、交通の安全を守るための調整に限られるべきであり、その主張の内容を理由に許可・不許可を警察等の行政が決める許可制にすることは、憲法が禁じる「検閲」に当たるため、許されない。[*8]

ただしヘイトスピーチ・デモは例外で、各自治体は、ヘイトスピーチに当たる示威行動だけは、ヘイトスピーチ解消法（本邦外出身者に対する不当な差別的言動の解消に向けた取組の推進に関する法律：2016〔平成28〕年施行）によって、不許可とすることが求められている。憲法上の「表現の自由」からは運用対象が広がらないように注意が必要だが、マイノリティの被害防止のためには必要なことと考えられている。

1-3　ビラ配りやポスター掲示

路上やポスティングなどでのビラ配りも「表現の自由」によって保護される表現活動である。ただし、受け取りたくない人に無理やりに受け取りを強制することはできない。このビラ配りが住居侵入罪に当たるとして有罪判決を受けた事件がある（立川反戦ビラ事件：最高裁 2008〔平成20〕

年4月11日判決）。場所の管理権や住居のプライバシーも大切な権利ではあるが、これが絶対優先されて「表現の自由」の価値が過小評価されることは憲法の趣旨に反するため、適正なバランス（利益衡量）が必要である。

　また、公務員（公立学校の教員も含まれる）は、国家公務員法第102条によって政治的な表現活動が禁止されており、ビラ配りやポスターを貼る作業などもこの禁止の対象に入るとされている（猿払事件：最高裁 1974〔昭和49〕年11月6日判決などが代表例）。学術的な議論としては、こうした禁止は公務員の職務の中立性を守るためのものなので、職務外で個人ないし一般市民として行った表現活動までを禁止の対象とすることは、憲法違反の疑いが強いとの指摘がある。

---

column　　　　　　　　　　　　　　　**民主主義とインターネット技術**

　先に見たように、私たちは、インターネットを通じてさまざまな活動を行っている。この技術によって、これまで法整備の遅れが問題視されてきた「在宅投票制度」問題も解決できるかもしれない（病気や高齢などの理由で投票所まで行けない人は、選挙権があっても事実上投票が困難な状態に置かれているので、その解決が求められている）。

　また、一般国民は選挙で代表者を選出するだけで、なんらかの議案について直接の意思表示をするしくみは存在しない（唯一の例外として、憲法改正の国民投票がある）。しかし、インターネットを通じた投票を活用すれば、国政の一部にそうした直接民主制を導入することは可能ではないか、という意見もある。

　これを実現するためには超えなければならないハードルがある。インターネットでの発信や投票には個人認証情報がともなう。こうした個人情報は、関連事業者の「職業倫理」として原則的に秘匿されるために、私たちはネット社会を「匿名性の高い空間」と感じているが、この技術を使って投票をすることになると、自分の投票内容がいつでも公権力（国や自治体）によって照合可能

第1章　「表現の自由」とは　　35

となる状態に置かれる。

　憲法第15条の4項では、「投票の秘密」が保障されている。これは、各人が自分の投票内容について公権力から干渉や詮索を受けることなく投票できる、ということを保障したものである。この原則の重要性を考えると、インターネットによる電子投票を導入するには、その前提として、「投票の秘密」の原則を守るための技術と法ルールを国・自治体・関係事業者などに課す必要がある。

　現在では、さまざまな公的機関がインターネットを使って一般市民からの「パブリック・コメント」を募集するようになっている。一般市民の声がこうした形で国政や地方自治に届きやすくなることは、民主主義の活性化として望ましい進展である。ただ、現在行われている「パブリック・コメント」は、一般市民側から議題の設定に関わる道がなく、その意見も決定力を持たない「参考意見」にとどまるため、民主主義的決定そのものとは異なる。

　インターネットは、1人1人が簡便に公共情報にアクセスできる手段として定着している。国の公的機関や地方自治体も、インターネット上に公式サイトを開設し、広報や各種手続きをインターネット上でも行っている。一方で、インターネット空間では1人1人が自分の好きな情報にだけアクセスする傾向があることから、公共的な事柄について公論を成り立たせることは難しいとの指摘もある。

　近年では、インターネットユーザーによる誹謗中傷や「炎上」が過熱しすぎる傾向があることが問題視され、プロバイダ責任制限法改正や侮辱罪の厳罰化など、立法による対応も行われた。また感染症などの医療情報や災害被災情報などについて虚偽情報や誤情報が多く見られることから、立法・行政による対応が必要ではないかとの議論もある。一般人が発する情報を公権力がコントロールすることは「検閲」に当たる可能性が高く、「表現の自由」の本来の意義からすればよほどの必要がある場合に限られる。市

民やメディアによる民主的な自律か、公権力によるコントロールを受けるか、どちらの道へ進むかは、常に私たちの自覚にかかっている。

2 知る権利と公共情報

2-1 知る権利と報道の自由

　国民が、国や自治体の仕事ぶりや地域環境の安全性といった公共的な事柄について知ることは、納税者としても民主主義の担い手としても必要なことである。そうした「知る権利」に応える情報は、1つにはマスメディア（新聞や出版、放送）によって提供されている。この場面では、公権力は、メディアの活動に干渉しないという消極的な立場を守ることが求められる[*9]。報道の前提となる「取材活動の自由」も憲法上の権利として認められているが、裁判では「尊重する」というやや微妙な言い方がされている（博多駅フィルム事件：最高裁 1969〔昭和44〕年11月26日決定）。

　メディアは国民の「知る権利」に応える情報発信主体として強い公共性を担う側面と、営利企業として教養や娯楽（小説やエッセイ、創作ドラマなど）を提供する側面の両面を担っている。前者の側面を「報道」というが、報道の場面でメディアは、真実報道の責任を負っている（虚偽報道の禁止・放送法第3条、第4条）。

2-2 情報公開制度

　ところで、前述のとおり各種メディアも営利企業であり、それぞれの判断に基づいた情報選択がある。そこで「知る権利」の実現のためには、国民がメディアを通さずに直接情報を得るルートも必要となる。この必要に応えるための制度が「情報公開制度」であり、その手続きを定めた法律が「情報公開法」（行政機関の保有する情報の公開に関する法律：2001〔平成13〕年施行）である。ただし、その第1条に「国民主権」は明記されたが「知る権利」は明記されなかった。

第1章 「表現の自由」とは　　37

また現在の情報公開制度では、政府が当該の記録を保管していない場合は情報は開示されない。制度の目的からすると、文書の作成・保管義務についてルール化するなど、制度の誠実な運用を確保するための課題は多い。[*10]

　「知る権利」に応えるもう１つのルートとして、図書館や公民館などの施設がある。公立図書館は、出版図書の保存・閲覧提供という形で、公民館は図書や公共情報の提供や市民向け社会講座などを通じて、文化面から国民の「知る権利」に応える仕事を行っている。

2-3　公共情報と個人情報

　「公共情報」とは、国政や地方自治などの統治に関わる事柄や、災害情報・犯罪情報のように国民・住民の安全や環境に関わる事柄など、社会に影響のある情報のことである。「公共情報」に対置されるものとして、「個人情報」や「プライバシー情報」がある。公共情報については一般社会に知らせる「表現の自由」を優先し、個人情報やプライバシー情報については一般社会の目から個人を保護する方向が重視される。「情報公開制度」でも、「公共情報は開示するが、個人情報は開示しない」という線引きがある。

　また、常に公共の関心事に関わる立場にあるような人物は「公人」と呼ばれる。国政に関わっている国会議員や大臣級の官僚、地方公共団体の意思決定に関わっている地方議員や知事は、「公人」の典型である。こうした人々の場合は、飲食や旅行や資産状況など通常は個人情報に属するような職務外の事柄であっても、公共の関心事に関わるために公共情報となる可能性がある。

---

column　　　　　　　　「特定秘密保護法」と国民の「知る権利」

　特定秘密保護法（特定秘密の保護に関する法律：2013〔平成25〕年制定、2014〔平成26〕年施行）は、国の安全保障に関する情報のうち「特に秘匿することが必要」な情報を特定し、取扱者の適性評価や、情報が漏洩した場合の罰則について定めた法律である。

これは国家公務員に課される法律なので、まず公務員のプライバシーや「良心の自由」などに影響する。次に国会議事の公開を通じた国民の「知る権利」への制約となる。またマスメディアの取材が公務員の情報漏洩行為の「そそのかし」に当たる可能性があるため、取材・報道の自由が萎縮することも指摘されている。

　本来、国家機密を「保護する」という発想は、国の情報を国民に公開するという原則を前提として、その特殊な例外として考えるべき事柄である。しかし日本ではたとえば安全保障問題について、重要な情報の多くが国民に公開されない傾向が強い。自国の安全保障をどうするか・どうしたいかというテーマは、最高度の公共性を持つ事柄なので、本来ならば国民の「知る権利」に応える情報提供が必要な分野である。

　この関連では、1971（昭和46）年11月、沖縄返還協定を審議中の衆議院特別委員会で核疑惑問題を含む質疑が打ち切られ強行採決が行われた場面や、同時期、沖縄基地「密約」問題の取材・報道に関して公務員と記者が起訴された「西山記者事件」（「外務省秘密漏洩事件」）、近年では自衛隊南スーダン派遣時の「日報」について一時「破棄した」との虚偽の理由で国民（国会）にその内容が開示されなかった（2016〔平成28〕年）など、日本の議会政治では情報公開の考え方が十分に共有されていないのが現状である。国民が見守っていくことが必要である。

第1章　「表現の自由」とは　　39

＊註

1　『宮本から君へ』助成金訴訟については、本書第6章で扱う。

2　「北方ジャーナル事件」については、第2章の「名誉毀損」の項目で扱う。

3　萎縮効果の理論全般については、毛利透『表現の自由』（章末「参考文献案内」）を参照。

4　正式名「国際的な組織犯罪の防止に関する国際連合条約」。2003年発効、日本も同年に署名・締結している。その後2017年に、この条約を実施するための国内の関連法が改正されたなかで「テロ等準備罪」が新設された。

5　違法行為や権利侵害にどのようなものがあるかについては、人格権（第2章）、差別表現やヘイトスピーチ、性表現（第3章）、知的財産権（第4章、第5章）といったテーマに分けて各章で解説している。

6　事業者のルールのうち「個人情報保護」に関するルールについては、第2章で扱う。

7　「集会の自由」と公民館などの自治体施設の使用との関係については、本書最終章の「レポートの参考例」で詳しく取り上げたので参照してほしい。

8　自治体が定めたデモのルールが憲法に反しないか問題となった事例として、「新潟県公安条例事件」（最高裁 1954〔昭和29〕年11月24日判決）、「東京都公安条例事件」（最高裁 1960〔昭和35〕年7月20日判決）などがある。

9　近年では、政府要人や議員が報道内容に介入する発言をする場面が見られ、自由保障の観点から問題視されている。

10　参考文献：、右崎正博『情報法制の論点　公文書管理・情報公開・個人情報保護』、松井茂記『情報公開法入門』（いずれも章末「参考文献案内」）。情報公開の分野は、高度な関心を持つ学生が多いので、レベルの高いものもあげた。

参考文献案内

［学生向けの解説書］

●市川正人『表現の自由 「政治的中立性」を問う』（岩波新書、2024年）

●阪口正二郎／毛利透／愛敬浩二編『なぜ表現の自由か――理論的視座と現況への問い』（法律文化社、2017年）

●志田陽子『表現者のための憲法入門 第二版)』（武蔵野美術大学出版局、2024年）

［本格的な研究書］

●市川正人『表現の自由の法理』（日本評論社、2003年）

●右崎正博『情報法制の論点 公文書管理・情報公開・個人情報保護』（日本評論社、2024年）

●奥平康弘『「表現の自由」を求めて―アメリカにおける権利獲得の軌跡』（岩波書店、1999年）

●奥平康弘『なぜ「表現の自由」か』（東京大学出版会、1988年、新装版2017年）

●駒村圭吾／鈴木秀美編著『表現の自由Ⅰ-Ⅱ』（尚学社、2011年）

●松井茂記『情報公開法入門』（岩波書店、2000年）

●毛利透『表現の自由――その公共性ともろさについて』（岩波書店、2008年）

●毛利透編『人権Ⅱ：講座 立憲主義と憲法学 第3巻』（信山社、2022年）

第2章
「表現の自由」と人格権

第2章を学ぶために

　「表現の自由」には最大限の法的保障が求められる。しかしそれでも、その自由の保障には限界がある。表現活動が他者の権利を侵害したり圧迫したりする場合には、その表現に制約がかかる（憲法第13条「公共の福祉」）。

　「表現の自由」への制約については、「表現の自由」という広い海があり、「他者の権利」の島がいくつもある、というイメージでとらえるとわかりやすい。「他者の権利」がある島には、無断で上がり込んだり利益を取ったりしてはならず、その島の持ち主や住人に許可を求める必要がある。また、海の航行の安全を守るために必要なルールもある。第1章でも触れた、コンピュータ・ウイルスの作成・提供を禁止するルールがその代表である。

　「表現の自由」と衝突する「他者の権利」を大まかに整理すると、人格権のグループと、著作権など経済的利益に関わる権利のグループに分けられる。この章では人格権について見ていく。

　ここ数年、インターネット上の誹謗中傷被害が増加し、自殺者も出ている。「誹謗中傷」という言葉自体は法律用語ではないので、誹謗中傷が法的問題となった場合には、その被害の実際に応じて、名誉毀損か、プライバシーの暴露（アウティング）か侮辱か、差別表現による人格権侵害かを見定め、それに応じた救済を求める必要がある。

◇「表現の自由」における自由と制約のイメージ

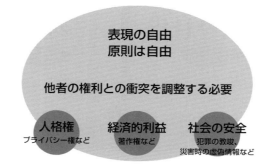

第1節　名誉権と名誉毀損

1　刑法上の名誉毀損

1-1　名誉権

　私たち各人は、自分の名誉を守る人格的権利を持っている。人の名誉を害する表現は「名誉毀損」として制約を受ける。[*1]

　法的に保護される「名誉」とは、本人の主観的な自己評価ではなく、社会に認められている客観的評価や信用である。たとえば傑作を描き上げたと確信している画家が「今回の作品は駄作」との批評を受けたとしても、表現者の側の論評の自由が優先し、画家の名誉権が害されたことにはならない。これに対して、「あの画家は受賞歴を詐称している」または「あの作品はほかの画家の作品の剽窃だ」といったコメントは、当人の客観的な社会的信用を下げる事実情報となるので、名誉毀損に当たる。

1-2　「公然と」

　刑法第230条では、相手の社会的信用を低下させる事実情報を「公然と」表現したとき、名誉毀損が成立する。たとえば、駅前や公道で演説をしたり、ビラを配ったり、新聞や出版物に掲載したり、テレビやラジオで放送したり、ネット上の公開の場に投稿したりすることが「公然と」に当たる。そしてこの場合、その情報が本当の話だったとしても虚言だったとしても、名誉毀損罪が成立する。

1-3　「公共の利害に関する事実」

　ただし、その内容が「公共の利害に関する事実」である場合には、それが社会の利益のための公表であり、公表された内容が「真実であった」場合に限り、名誉毀損は成立しないことが、刑法第230条の2に定められている。[*2]

　犯罪報道や企業や公人の不正問題などについて報道する場合、その多く

がまずは名誉毀損に当たることになるのだが、この規定によって名誉毀損に問われることなく報道することができる。

一方で、いわゆる疑惑報道が「名誉毀損」に問われた場合に、厳密な真実証明までを求めるのには無理がある。そこで裁判所は、「その事実を真実と信じるにつき相当の理由があったこと」の証明があった場合には、この規定に基づいて名誉毀損を不成立としている。

情報内容の公共性に照らして名誉毀損を不成立とした代表例としては、「月刊ペン事件」（最高裁第一小法廷判決 1981〔昭和56〕年4月16日）がある。[*3]

2　民法上の名誉毀損

2-1　不法行為

民法第709条は、「不法行為」について定めている。故意に（わざと）または過失（不注意）によって他人の権利を侵害した場合には、その損害を賠償する責任を負う、という規定である。[*4]本来は金銭に換算しにくい精神的損害も、金銭による賠償で解決することが民法第710条に定められている。[*5]

名誉毀損をはじめとする人格権侵害は、民法上この「不法行為」に当たり、この2つの条文が適用されることとなる。そのうえで、民法上の不法行為としての名誉毀損が成立するかどうかを判断する際には、先に見た刑法第230条が参照される。ただし、民法上の名誉毀損は、刑法上の名誉毀損よりも緩やかに解釈され、刑法230条の名誉毀損には当たらない「名誉感情」への侵害も不法行為として認められている。[*6]

これに加えて民法第723条では、「名誉毀損」に関して、裁判所が「名誉を回復するのに適当な処分を命ずる」場合があると定めている。たとえば、出版物への差し止め命令やネット投稿への削除命令もありうる。また「謝罪広告」の掲載が命じられることもある。

ところで民法には、刑法第230条の2のように名誉毀損が成立しない場合の特別規定がない。しかし、これについては刑法の規定の趣旨を民法に

も生かす道がとられ、刑法第230条の2に当たるような公共情報の公表で
あれば、民法上の責任も発生しない、と考えられている。そうした情報が、
多額の賠償金を支払うことと引き換えにはじめて公表可能になる、という
のでは、憲法第21条の「表現の自由」の趣旨が生かされない結果になる
からである。

　たとえば、農作物に有害物質汚染の被害が生じているという報道が風評
被害を招いたことが名誉毀損に当たるかどうかが問題となった「テレビ
朝日ダイオキシン報道事件」（最高裁 2003〔平成15〕年 10 月 16 日判決）
を見ると、最高裁はこの報道の公共性は認めつつも、「真実性」の根拠が
不十分として、報道機関の農家に対する名誉毀損を認めた。

---

example　　　　　　　　　　　　　　　「北方ジャーナル事件」

最高裁 1986（昭和61）年6月11日判決

　名誉毀損に当たる表現は、民事裁判の場合、いったん出版され
てから裁判になることが原則だが、出版前に差し止めの仮処分が
行われることもある。この裁判では、このことが「検閲」または「事
前抑制」に当たらないかが争われた。判決では、①事前抑制は「表
現の自由」に対する強度の規制なので原則として許されないが②
例外的に表現内容が真実ではない場合や、被害者が重大で回復不
能な被害をこうむるおそれがある場合には認められるとした。

example　　　　　　　　　　　　　　「長崎教師批判ビラ事件」

最高裁 1989（平成元）年12月21日判決

　成績通知表を児童に交付しなかった教員について、実名ととも
に「お粗末教育」「有害無能」等と記載したビラを作成・配布し
た者について、最高裁は「公共の利害に関する事項について自由
に批判、論評を行うこと」は「表現の自由の行使として尊重され」
る、として、名誉毀損の成立を認めなかった。

第 2 章　「表現の自由」と人格権　　47

| column | 美術批評と人格権侵害 |

　美術批評や鑑定は、ときに名誉毀損や侮辱の問題になりうる。そこで、論評の自由が認められる場合と、法的にアウトとなる場合について考えてみよう。

　ある作品の芸術的価値に関する見解は、それが否定的で辛辣な批判だった場合にも、事実情報を含まない意見・論評である場合（たとえば「創作的価値は低い」という論評）は、原則として法的問題にはならない。しかし、事実情報を前提とした論評（たとえば「他の作品の模倣であるため創作的価値は低い」という論評）は、名誉毀損の問題となりうる。また、事実情報を含まない意見の場合にも、個人攻撃や侮蔑的な言葉が含まれていた場合には民事上の名誉毀損、名誉感情侵害や侮辱（民事・刑事とも）に当たる。

　一方、「女性にこのジャンルは無理」「○○人がこんな難しいテーマをこなせるわけがない」といった一般論的な差別発言は、社会的に不適切であることはたしかだが、これ自体は法的な名誉毀損や侮辱には当たらない。しかし特定の人に対して批評に名を借りてこうした発言が行われた場合には、人格権侵害に当たる可能性が高まる。

　性別や出身国などをもとに、特定の作家の作品について「…だから盗作に決まっている」など不正行為を決めつける表現があれば、名誉毀損に当たる。一方、「…だから作品に創作価値はない」というふうに差別・偏見のみを根拠とした否定的論評は、名誉毀損には当たらないにせよ、社会的にもっとも不適切なタイプの論評である。職場や教育関係のなかでこうした発言があれば、ハラスメントの認定を免れないだろう。

　特定の芸術家や批評家、研究者などの《人》について、犯罪歴や経歴詐称やハラスメントがあったと指弾する公開批判は、まずは名誉毀損に当たる。そのうえで、その事実摘示が公共性のある事柄で、社会のために行った公開言論である場合には、その内容

に真実性が認められれば、名誉毀損に問われないことになる。た
とえば国から勲章などの栄典を受けた芸術家や、学校教育者が、
それにふさわしくない不正行為を行っていたといった報道など
は、公共性のある情報ということになる。

　特定の美術品の真贋や市場取引妥当価格など、作品の経済的価
値に関わる内容も、その美術品の持ち主にとっては自分の資産価
値の情報ということになるので、これが低められた場合には名誉
毀損の問題になりうる。一般論としては、ある美術品の市場価格
の下落を狙った発言などは刑法第230条の2の適用を受ける余地
はないが、公共（社会全体）のために公正な鑑定や論評を公表し
た場合には、第230条の2に該当すれば、名誉毀損は成り立たな
い。これについては、「佐伯祐三贋作事件」という判例があるので、
見てみよう。

「佐伯祐三贋作事件」

東京地裁　2002（平成14）年7月30日判決

（事実と判決の概要）

　『骨董の真贋』と題する書籍の著者Yが、この書籍中で、原告
Xが所有する佐伯祐三の作品が贋作であると記述した。これに対
してXは、著者Yとこの書籍の出版社に対して名誉毀損の訴訟を
起こし、慰謝料の支払いと民法第723条に基づいて謝罪広告の掲
載を求めた。これに対して裁判所は、①本件記述内容は原告の社
会的評価を低下させると認めたが、②本件記述はYがこの事実を
前提として意見ないし論評を表明したものであり、③その前提事
実は真実であると認められるので、Yの行為には違法性がなく名
誉毀損による不法行為責任は成立しない、とした。

　この「佐伯祐三贋作事件」では、まず「原告Xが所有する佐伯
祐三の作品が贋作である」という指摘は刑法第230条の名誉毀損
に当たる（①）。そのうえで、この指摘は公共性のある問題につ

第2章　「表現の自由」と人格権　49

左：中島誠之助『骨董の真贋』（二見書房、1996年）
右：『芸術新潮』（1996年4月号、新潮社）
当時、「佐伯祐三作品真贋論争」は多くの新聞・雑誌で取り上げられた。

いて行われた真摯な論評なので、第230条の2によって免責されるかどうかが検討され（②）、その結果、事実情報の部分が真実であると認定されたために、名誉毀損が成立しないとされた（③）。

[参考文献]
山口裕博『芸術法学入門』（尚学社、2006年）
高階秀爾『芸術のパトロンたち』（岩波書店、1997年）

第2節　個人情報保護とプライバシー権

1　個人情報保護の必要性

　最近は、携帯電話やスマートフォンなどの端末でも銀行との取引ができる。電話番号も口座番号も、番号・記号から本人が特定できるしくみになっているからだ。私たちは便利さを手にしたと同時に、自分のまったく知らないところで自分に関するさまざまな情報がデータベース化され、勝手に利用され不利益を受ける危険にもさらされている。この危険を防ぐため、技術と法ルールの両面からの対応が必要となる。個人情報保護法（正式名称「個人情報の保護に関する法律」）は、こうした場面での個人情報の取り扱いルールを法制化したものである。

　「個人情報」は、個人各人を特定したり生活状況を確認したりするさまざまな情報のことで、個人の氏名、住所、電話番号、戸籍（結婚離婚歴）、家族構成、銀行口座情報、納税額や資産状況、勤務先や所属団体、病歴などが含まれる。これらの情報を業務上、集積し管理している個人情報取扱事業者（国の行政機関や自治体、また学校・病院・金融機関・通信サービス関連企業など）は、これらの個人情報を目的外に使用したり本人の同意なく開示・流出させたりしないように保護することが、個人情報保護法によって義務付けられている。[7]

　こうした個人情報のなかでも、特に本人が秘匿したいと望むタイプの情報は「要配慮個人情報」ないし「センシティブ情報[8]」と呼ばれ、特にその保護（当人の意思に反した暴露などを行わないこと）が求められる。行政機関は、本人の同意なしにこれに該当する情報を取得してはならない。

　現在、各人には行政機関からマイナンバーが付与されている。2016〔平成28〕年から施行された「マイナンバー法」（正式名称「行政手続における特定の個人を識別するための番号の利用等に関する法律」）によって、行政による個人の把握がさらに進み、個人情報の管理責任も増すことになった。これによって住民票の発行手続きが楽になるなど利便性が強調される

一方で、国民の間には、管理ミスやシステム障害による漏洩などが起きないかという不安もある。厳密な管理と職業倫理が行政に求められる。

2　プライバシー権

2-1　プライバシー権の確立

　個人情報保護は、行政機関や企業・学校・病院などの業務ルールを整える、という事業者側の観点から個々人の情報プライバシーを守る事業者ルールである。これに対して、各人が個別にプライバシー侵害からの救済を得るための権利としては、プライバシー権がある。これは個人情報保護法による義務付けを受けた事業者以外の個人や団体の「不法行為」に対しても救済を求めることのできる権利である。

　プライバシー権は、憲法の条文中に明文規定はないが、憲法第13条の「幸福追求権」から導き出される人格権のなかの重要な内容として、裁判で定着している。これは、各人が自己の情報について他者から不当に調査されたり、開示するつもりのない事柄を無断で開示・公表されたりすることを拒否できる権利である。[9]

　日本で「表現の自由」を「プライバシーの権利」によって制約することは、民事の裁判に限られている。[10]以下にあげる判例も、すべて民事裁判の事例である。以下、裁判の流れに沿って、「プライバシー権」が確立された様子を見ていこう。

---

example	「『宴のあと』事件」

東京地裁　1964（昭和39）年9月28日判決

　この事例は、「プライバシー権」が裁判で最初に主張され確立したケースである。ここでは、三島由紀夫による小説『宴のあと』のなかでモデルとして描かれた有名政治家とその知人（私人）の私的な交友関係が小説中で公表されたことにつきプライバシー侵害が認められ、作家と出版社が損害賠償の支払いを命じられた。

裁判所は「プライバシー権」を「私生活をみだりに公開されないという法的保障ないし権利」と定義した。ここでは世界人権宣言第1条・第2条と憲法第13条の「個人の幸福を追求する権利」が根拠としてあげられている。

example 「『エロス＋虐殺』事件」

東京高裁 1970（昭和45）年4月13日判決

映画中の登場人物のモデルとなった人物が、自己の犯罪歴と恋愛事情について描かれた部分につきプライバシー侵害を訴えたが、これらの事実的内容はすでに本人が自伝の形で公表していたため、映画の上映が「公開を欲しない私事を暴露」することには当たらないとされ、プライバシー権の侵害は認められなかった。この判例によって、プライバシーの権利はあくまでも本人が秘匿してきた《事実》を他人によって開示されない権利であり、他人による描き方に本人の意に染まないところがあってもプライバシー侵害の問題にはならない、という線引きが明らかになった。

example 「『逆転』事件」

最高裁 1994（平成6）年2月8日判決

伊佐千尋著『逆転——アメリカ支配下・沖縄の陪審裁判』は、作者自身が陪審員の1人として参加した裁判について書いたノンフィクション小説である。この作品のなかで、傷害罪で有罪判決を受けたことを了解なく実名で描かれた人物が、作品がテレビドラマ化される際に自己の実名を使用しないように働きかけたことで多大な労力を費やしたとして、小説の著者に対し、プライバシー侵害による精神的苦痛について慰謝料の支払いを求めた。判決は、「モデルとされた人物はその前科に関わる事実を公表されないことにつき法的保護に値する利益を有しており、作家がその実名を

無断で使用したことまでは正当化できないので、作家側は不法行為責任を免れない」とした。

---

example 「『石に泳ぐ魚』事件」

最高裁 2002（平成14）年9月24日判決

この事件は、小説作品中でモデルとされた女性が、自らの顔の傷跡とともに出自や家族の逮捕歴などのプライバシー情報を無断で描かれたことによって精神的損害をこうむったケースである。最高裁は、公的立場にない女性の名誉、プライバシーが侵害され、単行本の出版により重大で回復困難な損害をこうむらせるおそれがあるとして、単行本化の差し止めを命じた。

顔の傷や大学名などの情報はそれ自体では「プライバシー情報」とはいえないが、それらの個人情報を組み合わせると個人特定性が高まり、本人が秘匿してきた事柄までが周囲に知られてしまう可能性が高まる。また、不特定多数の者が見る媒体に公表することは、それらの特徴において当人を注視させる効果を持ってしまう点で、総合的に見て「プライバシー権の侵害」とされた。この考え方からすると、友人としてのプライベートな打ち明け話を聞いた者がこのことを本人に無断でSNS上で公開投稿した場合、プライバシー侵害となる。「一橋大学アウティング事件」[*11]がその一例である。

---

example 「長良川事件」

最高裁 2003（平成15）年3月14日判決

18歳当時に犯したとされる殺人事件の刑事被告人が、雑誌『週刊文春』上で実名と類似する仮名を記載された。これにつき最高裁は、問題の記事は少年法第61条（推知報道の禁止）に反しない、とした。ここでは当人がすでに成人しているため、少年の成長発

達の権利ではなく、名誉毀損・プライバシー権だけが考慮対象とされた。

2-2 「カミングアウト」と「アウティング」

　皮膚の色などの身体的特徴と異なり、宗教やライフスタイルといった個性は、表出させずにいることもできる。特にその個性がその社会のなかで不利な扱いを受けやすいものであるときには、隠しておきたいと思う人が多いだろう。

　しかし、外面では社会に適応しつつ、内面では自らの個性（アイデンティティ）を否定的にとらえることは、当人にとって負担となる。これをよしとせず、これまで隠してきた自分の個性や事実情報（特にプライバシー情報やセンシティブ情報）を公言することを「カミングアウト」という。カミングアウトしてしまうと、裁判では、そのプライバシーの利益は、本人の意思で放棄したことになる。

　カミングアウトをするか否かは本人の自由だが、それによって失職や退学、ハラスメントなどの不利益をこうむることになるとすれば、その「表現の自由」やその内奥にある人格的自由は、保障されているとはいいがたい。たとえばアメリカでは、軍隊で、同性愛者などの性的マイノリティ（LGBTQ）であることを秘匿しているならばその件を問わずに雇用するが、このことを公言した場合には不採用または除隊となる、という策（Don't Ask, Don't Tell policy）がとられていた時期があったが、2010（平成22）年に廃止された。この「表現の自由」の確保は、実社会のなかでの「平等」の達成と不可分の関係にある。

　一方で、当人が秘匿してきた個人情報を、当人の同意なしに他者が暴露することを「アウティング」という。上述のカミングアウトは、当人にとって重大な自己決定を含む表現行為となるが、当人がこの自己決定に至っていないときに何らかの事情でこれを知った他者が情報を公表してしまうことはプライバシー侵害となり、当人を深刻に追い詰める場合もある。教員やカウンセラーなど、職業上の守秘義務を負っている者がこうしたことを

行えば職業倫理違反にも法律違反にもなる。これに対して、そうした職業倫理を負っていない一般人（友人など）がこの種のアウティングを行ったときに法的責任が発生するかは、具体的状況への考察を要する問題だが、民法上の不法行為に当たる可能性があることが裁判によって確認されている[*12]。少なくとも私たち1人1人が、友人知人関係のなかで、この問題の重さを理解する必要がある。

2-3　救済の方法——損害賠償・差し止め・「忘れられる権利」

　先に見た事例でプライバシー侵害が認められた事例のうち、「『石に泳ぐ魚』事件」以外は、公表（出版や映画上映）の差し止めまでは認められず、精神的苦痛に対する損害賠償だけが認められている。「表現の自由」の意義に照らすと、「差し止め」は最も重く否定的な手段となるため、作品自体の差し止めは、よほどの場合に限られる。

　この点、「『石に泳ぐ魚』事件」判決で最高裁は、「人格的価値を侵害された者は、人格権に基づき、加害者に対し、現に行われている侵害行為を排除し、又は将来生ずべき侵害を予防するため、侵害行為の差し止めを求めることができる」とした。これによって、問題となった記述を削除した改訂版の出版は可能だが、問題となった記述を含むオリジナル版は出版差し止め対象となることが確認された。

　現在では、ネット上に個人の犯罪歴などがいつまでも消えずに検索表示される場合があり、その救済を求める裁判も起きている。犯罪情報は公共情報であるため、逮捕・裁判が進行している間はニュースなどで実名報道が行われることが多い。しかし時間が経って当人が社会復帰をしている場合、この過去の情報はプライバシー情報となる。ネットに記事を掲載した新聞社などは、当人の申し出に基づいてそうした記事をネットから削除しているが、これは自社のサイト上の記事の削除に限られる。一方で、その後も、ネット上で拡散されたものはネット上に残ってしまい、これが検索によって表示されてしまう。こうしたことで過去の自己情報がいつまでもネット上に出てくることを苦痛に思う人が、グーグルやヤフーなどの情報検索サービス事業者に検索表示を止める作業を求める裁判が起きている。

学説では「忘れられる権利」とも呼ばれる問題である。

　これは事業者にとっては、記事の削除（通常の差し止め）よりも積極的な除去作業が必要となる点で、特殊な救済方法を含む請求となる。また、当人のプライバシーと一般社会の「知る権利」とが衝突することにもなるため、これが認められるための要件はかなりハードルが高くなる。裁判所は、プライバシー侵害などの権利侵害がある場合に、さまざまな要素を比較衡量して「（公表し続けることの意義に対して）公表されない法的利益が優越することが明らかな場合」には事業者にこうした削除を請求できるとしている（最高裁 2017〔平成29〕年2月1日決定）。「知る権利」に配慮しての判断基準といえる。

---

column　　　　　　　　　　　　　　　　　　　　　　　　**文芸とプライバシー**

　文芸も言語芸術として、芸術の分野に入る。ここでは文芸作品がプライバシー侵害に問われた事例のうち代表的な例を取り上げ、その法的な論点を整理してみる。

●創作表現と公共的価値——『宴のあと』と『逆転』

　本文で紹介した「『宴のあと』事件」では、世間の関心も集まりやすく、その点でモデル当人とその知人の精神的平穏が侵害されたことが認められた。被告となった著者・三島由紀夫は、この作品が公職選挙に関わる公共の関心事を扱っていることから、この作品は権利侵害には当たらない、と主張した。

　これが名誉毀損の事例だったら、この主張は認められたかもしれない。名誉毀損に関するこのルールの趣旨をプライバシー侵害の事例にも生かすという考え方は、その後、報道については認められるようになっていくが、「『宴のあと』事件」ではこの点は斟酌されなかった。

　これに対して、同じ小説作品でも「『逆転』事件」では、プライバシー侵害を認めた結論は「『宴のあと』事件」と同じだが、

その途中の論理が異なっている。まず、犯罪の前科等に関連する事実は社会一般の関心・批判の対象となるべき事項だ、との理解を示したうえで「前科などの事実を公表されない利益」と「これを公表することによって達成される表現の自由」のどちらが重要か、という利益衡量をしている。この判断方法の違いは、フィクションとノンフィクションという形式からくる違いだろうか、それとも、裁判所の判断方法がより緻密になってきたということだろうか。文芸作品についても、社会的・公共的価値を斟酌する姿勢がとられる可能性があると見る余地があるかもしれない。

●芸術性

「『宴のあと』事件」では、作品の芸術性からプライバシー侵害は成立しない、との主張も行われたが、裁判所はこの主張を退けた。一方、モデル小説がプライバシー侵害に問われた事例で、その「芸術的創造力」を認めて当該小説の権利侵害性を認めなかった例として、「『名もなき道を』判決」（東京地裁 1995〔平成7〕年5月9日判決（請求棄却）、1999〔平成11〕年3月和解成立）がある。

この判決については、芸術性の有無・高低の判断は裁判所の判断になじまないのではないか、との疑問もあるが、この疑問は専門家の意見書や証言などによって克服することもできるだろう。筆者自身は、この事例では「芸術性」まで問わなくても、肖像権侵害の認定と同じ思考に立って、創作的要素が加味された結果「本人特定性」が十分に薄まっているならば権利侵害に問わないこととすれば足りると考えている。しかし作品が真摯な作家的精神によって成立しているものであるとき、これを法の世界が汲み取ろうとする姿勢が示された事例として文学や芸術の世界に大きな意味を与える判決である。

これに対し「『石に泳ぐ魚』事件」では、当人を知っている人間がこの小説を読めば人物を特定できる書き方になっていた点

で、「『名もなき道を』判決」でいわれた「芸術的創造力」による抽象普遍化・匿名化（本人特定性の除去）が不十分だったケースといえるだろう。また、問題箇所の表現を改めた修正版の出版は実現しており、この事件での「差し止め」は作品そのものを完全に封殺するものではない点で、妥当と見ることができる。

●社会的差別とプライバシー

　残る問題は、プライバシー侵害に当たるとされた箇所を取り除くと作品が作品として成立しなくなるような場合（作品全体がその事実情報に完全に依拠している場合）、とりわけ作品が「事実」の迫力を持って社会に何かを告発しようとしていた場合にも、同じ判断枠組みで差し止めを命じるかどうかである。「『石に泳ぐ魚』事件」の最高裁判決は、この問題に答える基準までは示していない。

　たとえば深刻な差別・虐待があるような地域社会で、被害を受けている当人をモデルとして描くことの了解が得られなかった場合に、そのモデルに「社会の改善という公共の利益のためにさらなる不利益や心理的不安を甘受してください」といえるだろうか。

　プライバシー侵害の問題には、多くの場合、その情報を知られることによって社会的に不利益を受けるおそれがあるために秘匿しておきたい、という当人側の理由があり、その背後には社会のなかに残された差別の問題が存在することが多い。小説『石に泳ぐ魚』の登場人物のモデルとなった人物が抱えていた問題も、こうした性格のものだった。「『石に泳ぐ魚』事件」に関していえば、小説に自分のことが書かれていると知った当人を日常生活が継続できなくなるほどに追い詰めたのは、その小説以前にすでに当人のなかで内面化されていた偏見の眼差し（を受けるおそれ）だったといえないだろうか。

　社会的偏見によって不利益を受けることを避けたいという個人の現実的ニーズをプライバシー権によって守ることは、当面の現

第2章　「表現の自由」と人格権　　59

実的な法的救済としては必要である。しかし一方で、社会の側が、法的解決では完結しない事柄として《偏見の克服》を自分たちの課題として理解することも必要である。「『石に泳ぐ魚』事件」は、このジレンマを明るみに出した裁判だった。

第3節　肖像権とその周辺

1　肖像権の内容

　写真表現や似顔絵は「肖像権」と衝突することがある。肖像権とは、意に反してその容貌などを撮影・描画・公表・利用されない権利のことをいう。[*13]この内容は次の3つに整理できる。

　①自己の肖像の作製（写真撮影や描画）に関する、諾否の権利
　②作製された肖像（写真や肖像画）の公表に関する、諾否の権利
　③作製された肖像（写真や肖像画）の営利目的利用に関する、諾否の権利

　①から③のどれについても、「本人の意に反して」というところに重点がある。本人が承諾していれば問題はないが、もしも本人の承諾をとらず（意に反して）こうしたことが行われた場合には、本人がこれらの行為をやめさせることができる。
　このうち①については、意に反する撮影の対象となった人は、その時点でも、また事後にでも、この撮影行為を拒否することができる。事後の撮影拒否とは、撮影されたフィルムの破棄などを求めることである。②の「公表」とは、雑誌や公開ホームページなど、不特定多数の人が見るメディアへの掲載のことである。撮影時には本人の承諾をとってあっても、これを出版物やウェブ上に掲載する（公表する）ときには、あらためて本人の承諾が必要となる。③は「パブリシティ権」と呼ばれるもので、後述する。
　「肖像権」は、一般に私人（個人）同士の表現ルールとして語られることが多いが、労働組合員が経営者側から写真撮影されることを拒否しようとした人の事例（東京地裁 1965〔昭和40〕年3月30日判決）、警察によるデモ参加者の写真撮影を拒否しようとした人の事例（最高裁 1969〔昭和44〕年12月24日判決）など、《公共空間において特定されない自由》に深く関わる権利でもある。

第2章　「表現の自由」と人格権　　61

こうした初期の代表的な判例で、「何人も、その承諾なしに、みだりにその容ぼう・姿態を撮影されない自由を有する」ことが、憲法第13条（人格権）に基づく「個人の私生活上の自由」として「一般私人相互間の関係においても」保障されることが確認されている。したがって個人として撮るスナップ写真の場合にも、被写体となる人物の側の肖像権に配慮する必要がある。

肖像権侵害は、民法上の不法行為となるが、これを処罰する刑事法上の犯罪規定はない。ただ、撮影行為が他人の家の敷地内や住居内に立ち入る行為をともなう場合、事前に承諾を得ておかないと、建造物侵入罪（刑法第130条）などに問われる可能性がある。なお、18歳未満の被写体を性的に描写した撮影を行うことや、これを公表したり売買したりすることは、肖像権の問題ではなく、本人の承諾があったとしても「児童ポルノ法」（→本書第3章）によって処罰の対象となる。

---

column	報道の自由とプライバシー権・肖像権

●**報道の自由とプライバシー**

「肖像」は、生活上の自己情報（いつ、どこで、誰と、何をしていたか）に関わっていることが多いため、プライバシーの利益とも関連してくる。テレビのロケ番組などで、背景に映り込んだ通行人の顔にぼかしが入っていることがあるが、これは肖像権に配慮しているためである。

では、報道とプライバシーとが衝突した場合には、どうだろうか。これについては、2004（平成16）年に、雑誌『週刊文春』に掲載された某政治家の家族に関する記事が、政治家本人（公人）ではない個人のプライバシーを侵害しているとして、地方裁判所の仮処分命令により出版差し止めとされたが、その直後に上級裁判所がこの命令を取り消した事例がある（週刊文春事件：東京地裁 2004〔平成16〕年3月19日決定、東京高裁 2004〔平成16〕年3月31日決定）。

報道の社会的役割からすれば、報道の自由は可能な限り広く認められるべきだが、その公表内容が公共の関心に応えるものとはいえず、個人の私生活を本人の意に反して暴露しているといわざるをえない場合には、報道機関がプライバシー侵害の責任を問われることになる。しかしその場合でも、その出版物丸ごとの差し止めは、安易に認められるべきでない。

　ところで、常に公共の関心事に関わる立場にあるような人物は、「公人」と呼ばれ（前述）、プライバシーの権利や「肖像権」にもある程度の制約がかかる。この考え方は、「報道の自由」が国民の「知る権利」と結びついていることから考えて、必要である。

●肖像権と公共情報

　報道表現では、視聴者の関心に応えるため、また内容に正確を期すため、人物の写真が用いられることが多い。このとき報道機関は、報道に用いる人物写真のすべてについて、権利処理をしたり、肖像権料を支払っているわけではない。たとえば「公人」について報道をするときには、その肖像を撮影したりメディアに公表したりしても、その公共情報性が優先され、肖像権侵害に問われない。

　裁判や犯罪に関する報道は典型的な公共情報とされているので、被疑者・被告人の実名や肖像を媒体に出すことは、プライバシー侵害や肖像権侵害とはならない、と考えられてきた。しかし近年では、犯罪報道に実名・顔写真などの本人特定情報が本当に必要か問い直す議論も有力である。

---

column　　　　　　　　　　　　　　　　　　　　　　　**犯罪情報と人格権**

　裁判や犯罪に関する報道は典型的な公共情報とされているので、被疑者・被告人の実名や肖像をメディアが報道することは、プライバシー侵害や肖像権侵害とはならない、と考えるのが今の

ところの通説である。一方、逮捕時・裁判時に報道対象となった人物が刑事責任を終えて一般社会に復帰した後、あるいは無罪判決を受けて裁判手続きが終了した後は、その人物の実名や肖像は、ときの経過にともなってプライバシー保護や肖像権保護の対象となっていく。実例としては、本人に犯罪歴を秘匿する権利を認め、地方自治体がその情報を第三者に開示したことを「公権力の違法な行使に当たる」と判断した裁判例（「前科照会事件」：最高裁　1981〔昭和56〕年4月14日判決）、犯罪歴のある人が実名で描かれているノンフィクション小説についてプライバシー侵害を認めた事例（「『逆転』事件」、前述）がある。

　少年犯罪報道に関しては、少年法第61条によって、行為者である少年の氏名、肖像など、本人を特定できる情報を公表してはならない、という制約がある。これは人格の発達途上にある若年者に対する教育的配慮から行われている報道規制で、肖像権侵害の問題とは趣旨が異なる。

2　パブリシティ権

　芸能人や作家、スポーツ選手といった著名人の場合には、その氏名や肖像が財産的性格（商品価値）を持つ。こうした価値のある氏名や肖像については、契約外の他人がその価値を盗用することを拒否したり、一定の契約を結ぶことで使用を許諾したりできる「パブリシティ権」が発生する。この権利は今のところ、法律に明文規定はなく、裁判のなかで生み出されてきた権利であり、憲法第13条「幸福追求権」の一内容である「人格権」のなかに含まれると考えられており、民法第709条（不法行為）を根拠として損害賠償が認められている。

　日本では、俳優マーク・レスターの映像を本人に無断で使用したテレビコマーシャルが肖像権侵害に当たるとされた判決がある（マーク・レスター事件：東京地裁　1976〔昭和51〕年6月29日判決）。

64　　第3節　肖像権とその周辺

example 「ピンク・レディー事件」

最高裁 2012（平成24）年2月2日判決

　「パブリシティ権」とは、自分の氏名や肖像（顔、全身含む外見）を無断で商品の宣伝広告に使われることを拒む権利を指す。アイドルの氏名や肖像が下敷きやポスター、ブロマイドなどに無許可で用いられ、パブリシティ権侵害が認められた例がある。こうした有名人や芸能人の氏名や肖像は、それだけで人を引き付ける価値（顧客吸引力）を持っているので、無断利用されやすい。特に論争になるのは、有名人の氏名や肖像を使って書籍や雑誌を出版する場合である。有名人の伝記や批評本を執筆する際には、その人物の氏名や肖像を使うことは必要不可欠であるから、そうした執筆活動における表現の自由にも十分配慮する必要がある。こうしたことが問題となった「ピンク・レディー事件」を取り上げて考えてみよう。

　過去にメディア上に掲載されていた有名芸能人の写真が、その後に出版された女性向け週刊誌のダイエット記事に、体操のポーズの手本として掲載されたことについて、当の芸能人らが権利侵害に基づく損害賠償を求めた。

　これについて裁判所は、商業利用の対象となる肖像写真の使用について、商業目的で使用された芸能人の肖像に関する利益を「人格権」として認めたが、本件については権利侵害があったとは認めず、請求を棄却した。

　判決では、「人の氏名、肖像等（中略）は、商品の販売等を促進する顧客吸引力を有する場合があり、このような顧客吸引力を排他的に利用する権利（以下「パブリシティ権」という。）は、（中略）上記の人格権に由来する権利の一内容を構成するものということができる」としたが、この事件で問題となった写真利用については、「専ら上告人らの肖像の有する顧客吸引力の利用を目的とするものとはいえ（ない）」と判断し、請求を棄却した。この

第2章　「表現の自由」と人格権　　65

判決は、パブリシティ権を「人格の商業的価値」から発生する権利として認める立場（人格権説）を採用しつつ、この権利の侵害（民法上の不法行為）が認められる範囲を絞ることで、「表現の自由」とのバランスをとったものと考えられる。

コラム作成協力：比良友佳理

column　　　　　　　　　　　　　　　　表現者にとって身近な肖像権問題

　　肖像権について、学生から受けた質問に基づいて、身近な問題を整理してみた。

Q：【承諾がとれない場合1】撮影時に承諾を求めるのが難しいときは、どうしたらよいか。
A：撮影時に承諾をとることが困難な場合には、事後的にでも本人の承諾がとれればよい（事後的に拒否された場合には、フィルムやデータの破棄などが必要）。公表についても同じことがいえるが、無断公表後にその公表を拒否された場合には、相手方に差止請求権があるため、ネット上の媒体であれば削除しなければならないし、印刷媒体であれば出版差し止めや回収をしなければならないので、相当のリスクがともなうことを承知しておこう。

Q：【承諾がとれない場合2】雑踏のなかで撮影したスナップショットを作品としてコンクールに応募したいのだが、被写体になった人物の連絡先がわからない。
A：まず、その写真の内容が個人特定性のない群衆写真であった場合には、問題はない。しかし、ある人物が特定できるレベルで写っている場合には、その人物の肖像権が発生する。応募条件のなかに「肖像権に関する権利処理をすませていること」といった項目があった場合には、応募前にその人物の承諾を得なくてはな

らない。そうした条件がなく、個展などで自分の責任で作品を公表する場合には、状況から被写体となった人の不利益になることがないことを十分に考慮し、また、事後的に拒否された場合には差し止めに応じる義務があることを十分に承知しておかなければならない。

Q：【有名人の場合】有名な芸能人やスポーツ選手を偶然見かけたとき、手持ちのカメラで撮影してもよいか？
A：芸能人やスポーツ選手の肖像は商品価値を持つことが多く、これを管理し利用する権利が本人または所属プロダクションにある（「パブリシティ権」）。また、芸能人の私生活場面を撮った場合には、一般人の「肖像権」と同じ意味での肖像権侵害になる場合がある。

　ロケ中や、サイン会会場などの場面では、撮影時に相手から明示的に拒まれた場合や、「写真撮影はご遠慮ください」という告知があったときには、これを無視して撮影をした場合は「肖像権（パブリシティ権）」侵害となる。

　なお、「撮影会」というのは、そうした権利を持つ芸能人が特に撮影を許諾するイベントである。

Q：【有名歌手の声】有名人の声には権利があると聞いたが、楽曲の「著作権」や「著作隣接権」とは別にそういうものがあるのか。
A：アメリカでは、「声」にパブリシティ権が認められた事例がある。ベット・ミドラーという女性歌手は、アメリカでは広くその存在が知られ、その歌唱力が高く評価されてきた。アメリカのある自動車会社が、このミドラーのヒット曲をテレビコマーシャルに使用しようとしたところ、ミドラーから出演を断られたため、自動車会社は別人にその曲を本人そっくりに歌わせ、その音源をコマーシャルに使用した（この事例では、楽曲の使用については著作権者の許諾が得られていたので、問題は、ミドラーの

「声」をまねたところに絞られる)。この裁判では、ミドラーのアイデンティティの属性が盗用された、との理由で、ミドラーの主張が認められている(Bette Midler v. Ford Motor Co. and Young & Rubicam, U. S. Court of Appeal, 9th Cir. 1988.)。

コラム作成協力：比良友佳理

column　すでに死亡している有名人のパブリシティ権は？

　表現者としてプロになったらこんな悩みが身近になる、という一例を取り上げてみよう。

　「ある出版物にウォーホルのシルクスクリーン作品『マリリン・モンロー』を使おうとしたら、モンローに『肖像権料』を支払うようにと請求され、高額だったので断念した。モンローはすでに死んだ人なのに、この肖像権料は誰のところにいくのか。また、モンローは世界的に有名な人だから、『公人』ではないのだろうか」

　2008（平成20）年以前だと、女優マリリン・モンローの「肖像権」は有効だと考えられていたので、そのような高額の請求があったのだろう。しかし現在は、モンローには死後の「肖像権」はなく、生前の肖像は自由に利用できることが確認されている。2008年にアメリカ連邦地裁で出された判決により、モンローの死亡時の住所はカリフォルニア州ではなくニューヨーク州だったと確認され、その「肖像権」についてもニューヨーク州の法律の

アンディ・ウォーホル《青緑色のマリリン》
1962 年
© 2017 The Andy Warhol Foundation for the Visual Arts, Inc. /Licensed by ARS, New York & JASPAR, Tokyo C1888

適用を受けることとされた。その州では、「肖像権」を死後まで保護することを定めた法律はないので、モンローの「肖像権」はすでに消滅していることになる。

◉名前の使用も

有名人の名前も「パブリシティ権」の対象になるが、報道や一般の会話・記事などに特定の人物の名前を出すことは自由にできる。問題となるのは、何らかの商品や企業・団体を宣伝したり推奨したりするために、その人物の名前を使用する場合である。たとえば化粧品の広告で、「女優の○○さんも愛用しています！」という形でその名前を使用することは、「パブリシティ権」を発生させる使用となる。こういう使用は、当人と契約を結んでからでないとできない。また2023（令和5）年の景品表示法（正式名称「不当景品類及び不当表示防止法」）改正によって、いわゆるステルスマーケティング（実際は広告なのに一般消費者には広告ではないように見える表示）を防止する規制が入り、事業者は著名人を商品やサービスの広告として利用するときには、広告であることを明示しなくてはならない。

◉「公人」と「有名人」

日本では「公人」と「有名人」の区別があいまいで、「有名人」は事実上「公人」扱いになっているように見える。しかし、法の理論としては、この2つは別物である。公人は、公共の関心事に関わる地位や状況にある人物のことで、そういう人物に関する報道をするときには、その肖像を撮影してメディアに公表しても肖像権侵害に問われない。政治家は、「公人」の典型である。

たとえばマリリン・モンローは、俳優としては「有名人」ではあっても「公人」ではない。しかしモンローは、当時のアメリカ大統領との個人的関係を噂された人物でもあり、死亡時にもその原因が公的な関心の的となったので、その報道の過程で彼女の肖

像が使用されることについては「公人」の考え方が及び、報道機
関はこれを無断・無償で使用できる。

＊註

1　刑法第230条1項　公然と事実を摘示し、人の名誉を毀損した者は、その事実の有
　　無にかかわらず、3年以下の懲役若しくは禁錮又は50万円以下の罰金に処する。（2
　　項省略）

2　刑法第230条の2　1項　前条第1項の行為が公共の利害に関する事実に係り、かつ、
　　その目的が専ら公益を図ることにあったと認める場合には、事実の真否を判断し、
　　真実であることの証明があったときは、これを罰しない。

3　ただし最高裁の破棄差戻しを受けて事実審をやり直した一審判決およびその二審判
　　決は、真実性の証明がないことを理由として名誉毀損罪の成立を認めた。報道関係
　　者に対して刑事罰を認める判決はごく少数しかなく、これは重すぎる判断ではない
　　かとの見解もある。

4　民法第709条　故意又は過失によって他人の権利又は法律上保護される利益を侵害
　　した者は、これによって生じた損害を賠償する責任を負う。

5　民法710条　他人の身体、自由若しくは名誉を侵害した場合又は他人の財産権を侵
　　害した場合のいずれであるかを問わず、前条の規定により損害賠償の責任を負う者
　　は、財産以外の損害に対しても、その賠償をしなければならない。

6　名誉感情侵害が認められた例として、最高裁 2024（令和6）年2月8日決定などが
　　ある。

7　正式名称「個人情報の保護に関する法律」。2022（令和4）年までは、行政の業務に
　　ついては「行政機関個人情報保護法」が、民間事業者の業務についてはこの「個人情
　　報の保護に関する法律」が規律していたが、2022年からは行政機関と民間事業者の
　　両方が「個人情報の保護に関する法律」へと一本化された。

8　こうした個人情報保護は世界的な傾向である。OECD（経済協力開発機構）の「個
　　人情報保護ガイドライン」では、センシティブ情報（要配慮個人情報）を「（情
　　報漏洩によって）社会的差別を受けうる情報」としている。また、日本産業規格
　　（JIS）が定める「個人情報保護マネジメントシステムの要求事項」の旧規格である
　　「JIS Q 15001：2006」では、センシティブ情報として以下の5項目があげられている。
　　（1）思想及び信条に関する事項　（2）政治的権利の行使に関する事項　（3）労働者の団

体交渉に関する事項（4）医療、性に関する事項（5）犯罪の経歴、人種、民族、社会的身分、門地並びに出生地及び本籍地など社会的差別の原因となる事項

9　アメリカでは、各人の人生・私生活に関する事柄を国などから干渉されずに決定する権利のことも、「プライバシー権」という。尊厳死に関する患者の権利や人工妊娠中絶に関する女性の「自己決定権」などがここに入る。この意味の権利は日本では「自己決定権」と訳されることが多く、日本で「プライバシー権」というときにはこの意味は含まずに自己の情報に関わる権利とするのが通例である。本書でも「プライバシー権」はそのような意味で使用する。

10　ただし刑法のなかにも、住居侵入罪によって住居のプライバシーを保護する、信書開封罪によって私的コミュニケーションにおけるプライバシーを保護する、というふうに、個別具体的な場面に応じてプライバシー保護の意味合いを持っている犯罪規定はある。

11　学友によるアウティングを苦にして自殺した大学院生の遺族が、大学に安全配慮義務違反があったとして大学を訴えた事例で、東京高裁 2020（令和2）年11月25日判決は、遺族側の請求を棄却した。しかしその判決理由中でアウティングについて「人格権ないしプライバシー権などを著しく侵害するものであり、許されない行為であることは明らか」と説示した。アウティングが違法であることを述べた日本初の判決と考えられている。下記、註12参照。

12　この問題は、2015（平成27）年8月に法科大学院生が学内で転落死した事件に関わる民事裁判において争われた（一橋大学アウティング事件：東京高裁 2020〔令和2〕年11月25日判決）。この判決は、事件の舞台となった学校の安全配慮義務違反を問う裁判で、学校の法的責任までは認めなかった。上記、註11参照。

13　肖像権については、憲法第13条「幸福追求権」のなかの「人格権」の1つとする考え方と、「人格権」とはやや異なるが「幸福追求権」に含まれる権利だと見る考え方とがあるが、本書では「人格権」のなかに含めて考えることとする。

参考文献案内

［学生向けの解説書］

●五十嵐清『人格権法概説』（有斐閣、2003 年）

●阪口正二郎／毛利透／愛敬浩二編『なぜ表現の自由か：理論的視座と現況への問い』（法律文化社、2017 年）

●志田陽子『「表現の自由」の明日へ ―― 一人ひとりのために、共存社会のために』（大月書店、2018 年）

●浜辺楊一郎『名誉毀損裁判』（平凡社、2005 年）

●宮下紘『プライバシーという権利：個人情報はなぜ守られるべきか』（岩波書店、2021 年）

●山田隆司『名誉毀損―表現の自由をめぐる攻防』（岩波書店、2009 年）

［本格的な研究書］

●齊藤邦史『プライバシーと氏名・肖像の法的保護』（日本評論社、2023 年）

●齊藤博『人格権法の発展』（弘文堂、2021 年）

●佃克彦『プライバシー権・肖像権の法律実務（第 3 版）』（弘文堂、2020 年）

●松井茂記『表現の自由と名誉毀損』（有斐閣、2013 年）

●村上康次郎『現代情報社会におけるプライバシー・個人情報の保護』（日本評論社、2017 年）

●山本龍彦『プライバシーの権利を考える』（信山社、2017 年）

第3章
「表現の自由」と共存社会

第3章を学ぶために

　前章で見た人格権のように、「表現の自由」と衝突する権利が具体的に確認できる場合には、「表現の自由」に制約があることは理解しやすい。これに対して、ある表現が特定の者の権利を侵害しているとはいえない場合でも、社会全体の安全や言論環境を守るために表現が規制される場合がある。社会の構成員が多様化しつつあるなかで、人々の平等な共存のために弱者を守る規制が必要となる場面も出てきた。

　この領域では、表現規制が本当に必要か、社会が多様化したことへの不安感を表現規制によって解消しようとしていたりはしないか、ということを熟慮することが求められている。

第1節 多文化社会における共存と「表現の自由」

1 共存のための配慮——公共財の保護

1-1 社会のなかでの生存・共存のために

　私たちは個人として尊重されると同時に、社会のなかで、社会に属することの利便性を前提として生活している。そうした現実を考えると、自分たちの生活を支えている共通の基盤を公共財（インフラ）として守ることも必要になる。

　道路や公共交通機関（鉄道やバス）、電気、ガス、水道などが公共財の典型である。もしもこれらが突然止まったりしたら、私たちの暮らしは大混乱に陥るだろう。次に、今日ではこれらの運営と供給は圧倒的に情報技術に依存している。これらを成り立たせている情報技術が止まってしまうと、上記のさまざまなインフラが実際に停止することになり、私たちの実生活はやはり混乱に陥る（これを人為的に引き起こす行為は、「サイバー・テロ」と呼ばれる）。そのため、今日の情報化社会においては、こうしたことを防ぐためのサイバー・セキュリティが、私たちの文字通りの生存・共存を支えるものとして最重要視されている。こうした生存インフラは、すべての人に確保されなくてはならない。

　しかし社会のなかで人間が共存するために配慮を必要とする事柄は、こうした物的・技術的意味でのインフラだけではない。表現・情報が自由に流通している状態そのものが、私たちが生きるために必要なインフラとなっている。規制を必要とする事柄があっても、この根底に「表現の自由」を可能な限り最大限に尊重する思考が常に求められ、規制と自由のバランスが求められる。

1-2 情報インフラを守るための規制

　民法上の不法行為や刑法上の犯罪については、前章で見たように、具体的な個人の権利の侵害を防ぐためのルールがあるが、個人の権利を超えた

社会の安全の観点からの規制もある。そのなかには情報社会の安全性・信頼性を守るための規制もある。代表的なものが、コンピュータに不正な指令を与える電磁的記録（コンピュータ・ウイルス）の作成・提供を処罰する規定（刑法第168条の2及び第168条の3）である。これによって、正当な理由なく、他人のパソコンやプログラム等に使用者が意図する動作をさせなかったり、意図に反する動作をさせたりするウイルスを作成、提供した場合には処罰対象となる（3年以下の懲役または50万以下の罰金）。

　他にインフラの安全性を守るための規制としては、航空機や航行中の船舶の安全を損なう虚偽情報の通報が禁じられている[*1]。

　さらに災害時には、人命やインフラの安全性を守る必要性と切迫性が高まるので、それに応じた特別な規制がある。火災や救急患者に関して消防署（電話119番）に虚偽の通報をした者は、処罰されることがある[*2]。日本の現行法では、公務員の業務を請求する場面における虚偽通報のみが規制の対象となっており、民間人同士で、たとえばSNS上での虚偽情報の発信・拡散については、法的な規制は行われていない。これについてはプラットフォーム事業者が対応すべきかどうか、人命や健康に関する情報については特別なファクトチェックが必要か、という議論が行われている。

2　多文化社会と共存のための配慮

2-1　多文化社会とマイノリティへの配慮

　私たちはすでに多文化社会のなかで生活している。多文化社会では、さまざまな宗教上の習慣の違いなどを、善悪や優劣ではなく多様な文化のあり方と見て、平等に尊重することが求められる。法律の内容や実施のあり方についても、人と異なる個性を持っていることが、権利（たとえばプライバシー権や職業の自由）の制限の理由となってはならない。「社会の安全を守る」ということが語られるとき、私たちは時として、具体的な「害」や「危険」よりも、自分と異なる個性を持つ人々への漠然とした不安感を関心事にしてしまうことがある。こうした混同が起きないように両者の間に線引きをする理性思考が法の思考の基本であり、これが共存社会にとっ

76　第1節　多文化社会における共存と「表現の自由」

てますます必要となっている。むしろ、社会のなかで比較的弱い立場に置かれている人が圧迫されることを防ぎ、社会に属することの福利・恩恵を得やすくするために、弱者への配慮を行うことが求められる。

こうした考え方を、「(文化)多様性」ともいう。これは、人種、民族、性別(ジェンダー、性指向)、外見、文化的・宗教的慣習などさまざまな違いを持った人たちが、同化を強制されずに、多様なあり方のままで尊重され共存できる社会づくりをしていく、という考え方である。[*3]「多文化主義」とも呼ばれる。移民や先住民族(日本ではアイヌなど)の権利や自治をめぐる議論が中心だったが、今では「多様性」に関する課題領域は文化芸術の領域全般に広がっている。

美観や価値観、世界観、宗教といった文化的な事柄は、個人に私的な「自由」を保障し、国は関与せず中立の立場をとるべきものだと考えられてきた。そのため、淘汰される文化が出てきたり、あるライフスタイルを選んだ人が不利な立場に置かれたりすることがあるとしても、その問題は社会自身の成り行きに委ねて国や自治体は介入しない、と考えられてきた。そこを多様性の尊重という考え方によって修正し、弱い状況に置かれている民族文化の保存に配慮したり、歴史的に不当に不利な立場に置かれてきた人々への政策的配慮を講じたりすることが社会全体の公的課題として認識されるようになっている。この考え方に基づいて、公的資金で民俗資料館を建てる、といった文化政策もとられている。アイヌ民族の文化を保存展示している「ウポポイ(民族共生象徴空間)」はその例である(文化政策については本書第6章で扱う)。

2-2　多文化社会と衝突

世界を見ると、女性の役割、教育の平等保障などの分野では、その社会の伝統文化(たとえば女子に課される低年齢結婚の習慣や、女子に高等教育を行わない習慣など)を尊重するか、憲法的な平等・自由を普遍的人権として保障するか、という衝突も起きている。

また、社会が多文化化したことが文化的衝突を引き起こし、これがテロリズムを生んでいるとの議論もあるが、混迷する状況を「多文化社会の失

さまざまな文化を持った人々が、平等に同じテーブルにつける社会

敗」として語るのは性急すぎる。今日の世界は、コミュニケーション技術や交通技術の発達、国際化・グローバル化の流れのなかで、多様な異なる文化が常時交流し合う社会になっており、地理的なすみ分けをすれば衝突せずにすむという考えは成り立たない。そうしたなかでは、衝突を乗り越えるためのルールの模索と共有、異文化理解の姿勢がますます必要となっている。

多様なマイノリティの自己表現や意見表明は、不一致の存在を明るみに出すことになるかもしれない。しかしこれに真摯な応答でなく誹謗中傷や暴力で応じた者がいた場合、その責任は、多文化社会ではなく、そのような応じ方をした者にあると考え、その対処を議論していく必要がある。

2-3 差別表現、ハラスメント

差別表現とは、ある人が持っている特性を、その人の価値を低める方向で表現したり、その人々に対して社会が抱いている偏見を助長したりするような内容を表現することである。平等を目指す社会では、社会的慣行として残っている差別を克服することは重要な課題であり、偏見を当然視するような言葉は、この克服の妨げとなる。その種の言葉によって傷ついた

り社会参加が妨げられたりする人々が存在する事実を考慮すると、公的な表現空間ではこの種の言葉を使用しないという見識を各人が持つことが望ましい。しかし、そのために法律で表現を規制することは「表現の自由」の保障と強い緊張関係に立つ。そこで日本では、こうした表現の問題については原則として法律による規制ではなくメディアなどの事業者の自主規制や職業倫理に委ねることとしてきた。

たとえば偏見の対象となってきた病名を新しい病名に変更したときには、まず公務員や医師が率先して病名の正しい表記を実践することが、職業上の見識として要請される（「らい」が「ハンセン病」に、「精神分裂病」が「統合失調症」に改められたことへの対応など）。しかし、そうした目的のために一般人の表現を法律で規制することは、「表現の自由」全体とのバランスから、慎重な考え方がとられている。

したがって、個人が出版・放送などのメディアを介して発言するときにはその発言内容に一定のフィルターがかかるが、インターネットなどで直接発言するときには社会倫理面の配慮は各人の判断に委ねられることになる。その結果、実際には誹謗中傷問題やプライバシー暴露問題が頻発するようになり、これが深刻な社会問題となっている。特に近年、個人によるインターネット上の表現活動のなかに、差別を助長するような個人情報の公表や、個人をあまりにも精神的に追い込む攻撃的な中傷が目立つことから、この問題への対処が社会的議論になり、政府の関心事ともなった。

名誉毀損をはじめとする人格権侵害に当たるものについては表現者個人に法的責任が直接発生することを前章で見たが、そのような明確な「権利」への侵害とはいえないものでも、他者を精神的に追い込んで被害を与えたときには法的責任が発生することがある。たとえば学校内での児童へのいじめに関する「いじめ防止対策推進法」の第2条1項および第4条では、従来型のいじめに加えてインターネットを通じたいじめも防止対策の対象とされ、同第19条3項では発信者情報の開示について規定されている。

また、職場内のハラスメント問題として取り組む道も整ってきた。2020（令和2）年と2022（令和4）年の労働施策総合推進法の改正により、各企業の職場ハラスメント防止対策が義務化された。職場内で差別表現やヘイト

スピーチ、性的嫌がらせの言論があったときには、各企業がこれを解消するように対策を求められる。

---

example　　　　　　　　　　　　　アイヌ肖像権裁判：見識を欠く表現

　差別表現には、暴力を誘発して共存関係を破壊するような排撃的な言論がある一方で、表現者の側に十分な理解・見識がなかったために相手を傷つけたり追い詰めたりしていた、という場面もある。本稿ではこのタイプの表現を「見識を欠く表現」と呼ぶことにする。日本で「差別表現」として問題視されるもののなかには、このタイプの不用意な発言が多く含まれており、こちらのほうが表現者にとってより身近な問題だろう。「ヘイトスピーチ」と、こうした表現とは、分けて考える必要がある。

　日本では、「アイヌ肖像権裁判」といわれる裁判が1982（昭和57）年に提起され、1988（昭和63）年に和解に至っている（判例集未収録）。書籍に掲載された写真が、アイヌの実生活を撮影したものではなく、俗説（社会的偏見）としていわれるアイヌの身体的特徴を強調する内容のものであったこと、「滅びゆく民族」といった解説見出しが当事者の自尊心を傷つけたことが問題となった。写真使用については肖像権侵害、写真使用の方法や解説文については名誉毀損に当たるとして、当該書籍の出版差し止めが請求された。

　ここで問題となった表現は、ヘイトスピーチに該当するような排撃性のあるものではなく、執筆者が差別的意図を持って用いた表現とまでいえないもので、見識を欠く表現が当事者の人格的利益を傷つけた、というべき事例である。こうした場面は誰にとっても他人事ではなく、いつ何時自分が加害者になってしまうかわからないもので、心情を害された人々からの指摘があってはじめて気づく事柄も多い。こうしたタイプの表現に規制立法をもって対処しようとすると、多くの表現者に対して萎縮効果を発生させ

80　　第1節　多文化社会における共存と「表現の自由」

ることから、規制手段が重くなりすぎる。

　この事例は結果的に、原告と被告との和解によって終了している。ここでは、「被害を受けた」と感じた当事者の判断によって訴訟が提起され、和解のための協議が行われたこと、この経緯を社会に伝える書籍が出版され、当該民族に対する認識不足が反省されたことなどから見て、傷ついたマイノリティ側の対抗言論が働いていると見ることができる。このように当事者間での解決が有効な領域では、表現が公表された後に双方のコミュニケーションによる解決が図られ、マイノリティ問題に対する見識が社会に蓄積されていくことが、上からの法規制よりも望ましい。

［参考文献］
現代企画室編集部編『アイヌ肖像権裁判・全記録』（現代企画室、1988年）
金沢恵理「2月 チカップ美恵子さんとアイヌ民族運動（〈評論〉2010年の北海道）」札幌大学附属総合研究所編『札幌大学総合研究（2号）』（2011年）

2-4　ヘイトスピーチ（憎悪表現）

　差別表現のなかでも、ある特性を持つ人々に対する憎悪や暴力や社会的排除を内容とする表現のことを特にヘイトスピーチ（憎悪表現）と呼ぶ。ドイツをはじめとするヨーロッパの国々やアメリカのいくつかの州では、こうした表現を処罰対象とする法律がある。また、「人種差別撤廃条約」の第4条では、憎悪表現とともに憎悪表現の伝搬に資金を出すことを、刑事罰の対象とするように各国に求めている。日本は、この条項をそのまま国内で法律にすることは、憲法が保障する「表現の自由」に抵触するという立場から、この部分だけを留保したまま、条約に加盟している。アメリカの場合には、国（連邦レベル）ではこの問題を留保したまま加盟し、この種の法規制を採用することは州のローカルな判断に委ねている。

　人種、民族、宗教、性別、性的指向を理由とする差別が残酷な暴力的事態を引き起こしてきた歴史を見れば、その克服はたしかに各国の最重要課題とする必要がある[4]。また、実際の暴力に発展しなかったとしても、人格

第3章 「表現の自由」と共存社会　81

権侵害の一場面として被害者を救済することが必要である。

　日本では、2016（平成28）年の「京都朝鮮学校事件」（後述）などが直接のきっかけとなって、「本邦外出身者に対する不当な差別的言動の解消に向けた取組の推進に関する法律」（「ヘイトスピーチ解消法」）が制定された。その目的規定の第1条を見ると、「この法律は、本邦外出身者に対する不当な差別的言動の解消…に向けた取組について、基本理念を定め、及び国等の責務を明らかにするとともに、基本的施策を定め、これを推進することを目的とする。」となっており、国の責務を宣言しつつ、実際の取り組みは各自治体に委ねる内容となっている。具体的には相談体制の整備、教育の充実、啓発活動などが定められているが、罰則規定は設けられなかったため、その実効性について議論が続いてきた。現在、いくつかの自治体で罰則を導入した条例が制定されている。

　職場内のハラスメント防止を各企業に義務づける労働施策総合推進法の改正については前述したが、この法改正とほぼ並行して行われていた裁判がある。自分が勤める職場で民族差別的な文書（その内容はヘイトスピーチのレベルといえるもの）を繰り返し配られて精神的苦痛を受けた在日韓国人の女性が、会社側に賠償などを求めた訴訟で、最高裁は、会社側に賠償と文書の配布差し止めを命じた（フジ住宅事件：最高裁 2022〔令和4〕年9月8日決定）。

2-5　「表現の自由」との関係は

　規制の必要性が意識される一方で、好き嫌いの感情は「内心の自由」に属するものであって法で強制できるものではないこともたしかである。また、暴力や偏見を助長する発言のうち、特定の人物への暴力行為を呼びかける発言は、現行法上、犯罪の教唆犯として処罰できる。また名誉毀損や侮辱罪に該当するものは、この規定によって罰することもできる。こうしたことから、ヘイトスピーチ規制については、その解消と抑制が必要であることが認識されながらも、複雑な議論が続いてきた。

　「表現の自由」に対する規制は「(1) 規制がどうしても必要な事柄に限って、(2) 必要最小限度で行う」ことが求められるので、①「どうしても必

要」といえる社会状況が存在することと、②その解消改善のために「その規制がどうしても必要」といえる関連性があることを、日本の社会の実情に照らして認定していかなければならない。

　ヘイトスピーチの害には、それらの言論を向けられたマイノリティ自身が受ける被害と、マイノリティやその支援・擁護をしようとする人が沈黙してしまうことの社会的マイナスの両方がある。このことが民主主義の観点から見て社会的マイナスとなるのは、社会の自己治癒力が働かなくなってしまうからである。この考え方からすれば、社会的弱者が声をあげられないような「ヘイトスピーチの圧力」が働いている社会状況が認められる場合には、「表現の自由」の前提となる自由な精神環境が成立していないのだから、「表現の自由」の回復のためにこそ規制が必要だ、ということになる。日本社会がそういう状況にあるかどうか。考察の手がかりとしては、「京都朝鮮学校事件」（後述）や、戦前の関東大震災直後に起きた朝鮮人虐殺事件などがある。

---

example　　　　　　　　　　　　　　　　　　　**「京都朝鮮学校事件」**

最高裁 2014（平成26）年12月9日決定（判例集未収録）

　京都の学校周辺で起きた組織的なヘイトスピーチで、学校内の生徒・児童・教員が、拡声器を使った激しい攻撃的言論にさらされた。その内容は、人身攻撃の威嚇や社会からの排除を含むものだった。この事件に関する民事裁判では、1審（京都地裁 2013〔平成25〕年10月7日）は国際条約の考え方を導入してその被害を認め、控訴審（大阪高裁 2014〔平成26〕年7月8日）も被告に高額の賠償と街宣活動の差し止めを命じる判決を出し、最高裁もこれを支持した。

　「表現の自由」保障の原則からは、被害が生じてから裁判で救済すること（事後救済）を原則とすべきだが、一方で、社会のなかで不利な状況にある弱者がさらに攻撃的な言葉を浴びせられているときには、法によって事前に規制しなければ弱者の側の精神

第3章 「表現の自由」と共存社会　　83

的自由が確保されない。この裁判は、この問題が広く社会に認識
されるきっかけとなった。こうした社会問題を受けて、2016（平
成28）年には「ヘイトスピーチ解消法」が制定された（前述）。

3 児童・青少年への配慮

　未成年者には、いくつかの権利制限がある。本人の判断能力が未熟な
ことを考慮して、本人の利益を害する危険の高い事柄を法によって遠ざけ
ているのである。同時に成年者の側は、その種の事柄については、未成年
者を対等な相手方として扱うのではなく、その利益を保護する立場に立
つことが求められる。これも社会的弱者への配慮の一場面である。なお、
2022（令和4）年4月から、改正民法の施行によって成人年齢が18歳に引
き下げられ、18歳に達した人は保護者の同意なしに契約を行えるように
なった。

3-1　児童ポルノの禁止

　満18歳未満の者を性的表現の被写体とすることは、当人の同意があっ
ても、「児童ポルノ法」（「児童買春、児童ポルノに係る行為等の規制及び
処罰並びに児童の保護等に関する法律」）によって禁止されている。撮影・
公表とも処罰されるが、2015（平成27）年からは、これに該当する画像の
単純所持（販売目的でない自己のための所持）までが禁止対象となった。[*5]
またこれらの輸出・輸入も禁止されている（関税法第69条の2、同第69
条の11）。

　自己決定能力のない幼年者を被写体とする性表現を禁止することは、児
童を現実の性的虐待、性的利用から保護するために必要なこととして理解
できるため、一般に憲法違反とは考えられていないが、コンピュータ・グ
ラフィックや漫画・アニメーションなどの架空表現を規制対象とすること
については、憲法上問題がないかどうか、踏み込んだ議論が必要である（後
述）。

3-2　有害な情報からの「健全な発達」の保護

　青少年の健全な発達に配慮した規制としては、「青少年が安全に安心してインターネットを利用できる環境の整備等に関する法律」や、各自治体の青少年保護育成条例などによる制約が課され、「有害情報」「有害図書」への規制が行われている。

---

example　　　　　　　　　　　　　「岐阜県青少年保護育成条例事件」

最高裁　1989（平成元）年9月19日判決

　岐阜県青少年保護育成条例は、「著しく性的感情を刺激しまたは著しく残忍性を助長する」との理由で「有害図書」の指定を受けた図書を自動販売機で販売することを禁止している。この条例の憲法適合性が争われた判決で、裁判所は「青少年の健全な育成を阻害する有害環境を浄化する…必要やむを得ない制約」としてこれを合憲とした。

　福島県の同様の条例に関する判決も、ほぼ同様の判決内容である（最高裁　2009〔平成21〕年3月9日判決）。

3-3　少年事件における本人特定情報の保護

　刑事事件（犯罪）に関する報道で被疑者・被告人の情報を媒体に出すことは、情報の公共性が優先されるので、一般にはプライバシー侵害や肖像権侵害とはならない。しかしこれが「少年事件」の場合には別扱いとなる。少年法第61条では、少年事件を報道する場合には、行為者である少年の氏名、肖像など、本人を特定できる情報の公表を控えることが求められている。これは少年が未発達な状態にあり、今後の人格発展の可能性から、教育的・保護的発想に立ってその利益を守ろうとしているのである。

　一方でこれは報道側にとっては制約になるため、特に犯罪を行った少年に同情の余地が感じられない残忍な事件が起きて国民の多くが強い関心を示しているような場合には、「表現の自由」と「知る権利」への過度の制

約になっているのではないかとの議論が起きる。専門家の間でも見解は分かれている。

　社会一般の側が「裁判の公開」原則の意義を正確に理解し、事件情報の娯楽的消費や報道対象となった少年の半永久的な社会的排除を目的とするのでなく、公正な身柄の取

少年の保護か、報道の自由か……

り扱いと審判が行われているかを見守るために情報の公開を求めているのであれば、「表現の自由」と「知る権利」を第一に考えることに理がある。しかし、当面の社会の現状を考えると、当人の利益のための情報保護のほうに理があるように思われる。近年では、成人の犯罪についても、実名・顔写真報道が本当に必要かどうかを問う議論がある。

3-4　性犯罪の場合の被害者情報

　性犯罪被害者が刑事告発を行ったり、民事訴訟で損害賠償などを求めようとする場合に、公判で当人のプライバシー保護のために顔の見えない配慮をしたり、実名を伏せたりすることが認められている。たとえば、裁判所は、性犯罪などの被害者の氏名など「被害者特定事項」について公開の法廷で明らかにしない旨の決定をすることができる（秘匿命令）。この決定が行われると、起訴状の朗読などの訴訟手続は被害者の氏名などの情報を明らかにしない方法で進められる。検察官も、被害者の名誉または社会生活の平穏が著しく害されるおそれや、その身体または財産に害を加えられるなどのおそれがあると認められるときは、弁護人に対して被害者特定事項がほかの人に知られないようにすることを求めることができる。

第2節　道徳か、弱者への配慮か

　性表現規制は現在、複雑化する社会のなかで、どのような観点・理由に基づいてどのようなものを規制するべきか、それ自体が議論となっている分野である。ここでは「わいせつ表現」と差別表現の一種としての「ポルノグラフィ」と被写体への暴力・虐待問題を分けて考える。

1　わいせつ表現規制

1-1　性表現規制のための法律・条例

　日本の法律には、多くの性表現規制の規定がある。刑法第175条は、わいせつな文書、図画、電磁的記録などを人々に頒布、販売、陳列、送信することを禁止し、また、人目に触れないプライベートな所持でも、販売目的での所持を禁止している。次に、18歳未満の者を被写体とする性表現は「児童ポルノ」として処罰される（前述）。

　海外から輸入される物品については、関税法第69条の11の7項で、「公安又は風俗を害すべき書籍、図画、彫刻物その他の物品」と「児童ポルノ」の輸入が禁止されている。このうち、「公安又は風俗を害すべき…物品」については刑法第175条「わいせつ」に当たる物品がそのままこれに当たると考えられている。

　また、青少年の健全な発達を守ることを目的とした性表現規制としては、「青少年が安全に安心してインターネットを利用できる環境の整備等に関する法律」や、各自治体の条例がある（前述）。

第3章　「表現の自由」と共存社会　　87

example 「『チャタレイ夫人の恋人』事件」

最高裁 1957（昭32）年3月13日判決

　D.H.ロレンス原作の小説『チャタレイ夫人の恋人』が露骨な性描写の場面を含むとして、翻訳者および出版社が刑事告訴された事例。表現の自由が手厚く保障される日本国憲法のもとで、戦後はじめて文学作品に刑法第175条が適用された事例だった。ここでは、「羞恥心を害すること」「性欲の興奮・刺戟を来すこと」「善良な性的道義観念に反すること」が「わいせつ」とされた。

左2冊：D.H.ロレンス『チャタレイ夫人の戀人』（ロレンス選集 第1-2巻、伊藤整訳、小山書店、1950年）。
右：D.H.ロレンス『完訳 チャタレイ夫人の恋人』（伊藤整訳、伊藤礼補訳、新潮文庫、1996年）

example 「ロバート・メイプルソープ写真集事件」

最高裁 2008（平成20）年2月19日判決

　最高裁は、芸術写真家ロバート・メイプルソープの写真集の海外版を処分対象にした税関検査につき、このような芸術表現については処分すべき物品に当たらないとした。

R・メイプルソープ写真集『MAPPLETHORPE』（日本語版、アップリンク、1994年）
下は外函

| example | 「ろくでなし子事件」 |

最高裁 2020（令和2）年7月16日判決

　　被告（作家名「ろくでなし子」）は、2014（平成26）年、都内アダルトショップに女性器をかたどった立体造形物を展示した。また、3Dプリンタによって女性器をかたどった写実的な立体造形物が再現できるデータを送信し、このデータを記録したCD-Rの販売も行った。

　　このうち、造形物の展示については刑法第175条「わいせつ物陳列罪」に問われ、データ送信と販売については同条「わいせつ電磁的記録等送信頒布」「わいせつ電磁的記録媒体頒布」に問われた。一審で東京地裁は、写実性が薄く装飾の要素の多い造形物の展示については芸術性を考慮して「無罪」とし、データの送信とCD-R販売については「有罪」とした。被告は有罪とされた部分について無罪を主張し、最高裁まで争ったが、最高裁は一審の判決を支持した（この判決の詳細は本書「資料レポートの参考例」で扱っている）。

1-2　害か道徳か、自己決定か配慮か

　わいせつ表現規制については、表現の送り手と受け手との合意による流通や、まだ流通させていない所持の段階を処罰対象としており、直接の被害者がいないため、不必要な規制ではないか、また規制対象が広すぎるのではないかという疑問が出されてきた。「児童ポルノ法」のなかの、自己の好奇心による所持までを処罰するとした部分についても、同じ疑問が当てはまる。裁判所が採用する規制理由は「最小限の性道徳の維持」が憲法第13条「公共の福祉」に含まれるというものである（「『チャタレイ夫人の恋人』事件」）。

　見たくない者や、子どもに見せたくない親の「自由」を守ることは必要だが、その観点からは、映画館のように見たいと思う者だけがその表現に

第3章　「表現の自由」と共存社会　　89

接するようにするゾーニングを行ったり、消費者への告知を義務付けたり、見たくない者に遮断技術を提供したりする方法で目的が達せられるものが多々あり、そうした技術が使えるものについては、規制手段をそちらへ移行させるべきではないか。しかし現在の判例や多くの学説の立場からすると、そのように手段のあり方を綿密に問う思考ステップが抜け落ちてしまうのが実情である。

1-3 じつは除外されている？

　憲法第21条1項は、「一切の表現の自由はこれを保障する。」と定めている。したがって、あらゆる表現について、裁判所が規制の目的や手段について厳格に審査する趣旨に見える。しかし実際の裁判はそうはなっておらず、「表現の自由」の理論から除外されるカテゴリーが設けられている。アメリカの判例を見ると、「わいせつ」「名誉毀損」「暴力誘発的言論（fighting words）」については、「表現の自由」の厳格な審査方法は使われていない。その理由として、これらは類型的に「価値の低い言論」だからだ、と説明されている。[*6] これに対して、「わいせつ」ではなく差別克服の観点から問題とされる性表現（英語圏ではこの種の性表現がとくに「ポルノグラフィ」と呼ばれている）については、通常の「表現の自由」の理論で審査されている。[*7]

　一方、日本の判例を見ると、初期には「公共の福祉」による制約を受ける、との粗い理由づけのもとに制約が認められていたが、1960年代以降は「表現の自由」の優越性を認識する方向に進展した。しかし性表現規制裁判を見ると、「わいせつ」規制（刑法第175条）と有害表現規制の両方が、規制方法の合憲性を厳格には問わない形で判断されている。つまり「わいせつ」だけでなく、青少年の健全な発達育成など、規制の目的や理由は正当と考えられる事例を憲法問題として考えるとき、その目的に対して規制のあり方が過剰ではないか、的が外れていないか、と問うステップが抜けた状態で合憲判断が出されている。本来はこの思考ステップを抜かすべきではないのではないか、と筆者は考えている。

2 有害表現、架空表現、「ポルノグラフィ」

2-1 東京都青少年の健全な育成に関する条例第7条

近年の規制の方向には、「公共の福祉」の基本である他者の権利の尊重
——「見たくない者の権利」「子どもに見せたくない親の権利」「青少年の
精神発達の保護」——という理由からは説明しきれないものもある。漫画
やアニメーション映画などの架空表現への表現規制については、これを規
制することに、「それを嫌う人の選好」ではない公共的な理由が存在する
か否か、そしてそれが「表現の自由」の重要性を勘案したうえでなお必要
な規制であるかを議論しなければならないだろう。

国内で最初にこの種の規制を行ったのは東京都の「東京都青少年の健全
な育成に関する条例」第7条（改正後）である。[*8]規制は表現そのものでは
なく業者による流通を規制する形になっている。

2-2 差別的「ポルノグラフィ」をめぐる議論

現在の国際社会では、性道徳を守るという立法目的から「わいせつ」を
規制するよりも、差別・虐待から社会的弱者を守るための「ポルノグラフィ」
規制に関心が移っている。

この議論は、その作品の「わいせつさ」ではなく、人の品位と平等性を
傷つける侮蔑性・暴力性（表現の内容自体の害悪性）と、差別や暴力の助
長効果（社会的影響）を問題としている。これはヘイトスピーチ規制と本
質的に同じ考え方である。ただ、ヘイトスピーチは排撃的なメッセージを
表現した場合に規制対象となるのに対し、ここでいわれるポルノグラフィ
は、言葉による排撃メッセージを掲げていなくても、人々にとって心理的
浸透性の強い性的ビジュアルがそうした影響力を持っている場合に規制す
る、という考え方を採っている。そうなると、その表現物が「ポルノグラ
フィ」に該当するかどうかの判断は、視聴者がそれをどう読み取るかにか
かっていることになる。判断のためには、受け手（社会）の側に複数の解
釈の余地があるか、その解釈しかない状況なのか、という問題が重要になっ
てくる。日本では、こうした関心からの性表現規制法は、今のところ存在

たとえば、このように誠実に描かれた絵に、たまたまある身体部分までが描き込まれていたとき、それを価値のない表現といえるだろうか

しない。

　たとえばある作品が、犯罪をそそのかすこと（教唆）に利用されたときには、処罰や規制の対象となるべきなのは作品ではなく、そそのかす行為のほうである。この点で緻密な議論が必要と考えられる。法的規制よりも、平等・共存の倫理への無神経さ・不適切性を指摘する対抗言論（「ポリティカル・コレクトネス」を指摘する言論）によって社会の気づきを促していくほうが実益がある場合もあるだろう[*9]。

2-3 強要・虐待は「表現の自由」以前の問題

　「表現の自由」の保障を受けることができるのは、その表現を行っている表現者が全員、自由意思でそれを行っているときだけである。脅迫や詐欺的勧誘、過大な違約金要求によって途中でやめることができないなど、自由意思とはいえない出演強要によって作成された映像表現は、「表現の自由」の問題以前に、強要罪などの犯罪に当たり、契約も無効となる。特に性表現についてこうした強要が起きると、被害者にとって自力救済が困

難になることから、法令で特にルールを定める「AV新法」が制定された。この法律では、実写の映像による性表現を作成する場合、作成者と出演者の間で書面で契約を結ぶことが義務づけられ、契約後、撮影後、公表後にも出演者の意思で契約を取り消せる。[10]

---

column 視覚表現と差別解消の課題

性表現に関する現在の国際社会の関心は、児童および社会的弱者への差別や虐待をなくすため、差別や虐待を助長するような画像や動画の流通を止めよう、というところにある。

2016（平成28）年3月、国連本部で開かれた国連女性差別撤廃委員会の日本への「見解」が公表された。そのなかには、女性に対する「性的暴力を描写したゲームや漫画などの架空（virtual）表現」の販売規制に関する提言が含まれている。[11]ただし、この見解は、既存の規制やモニタリングを活用して倫理的に許容できない事態が起きないようコントロールすることを求めるもので、新たな禁止や処罰を求めていたわけではなかった。

日本のように市場が成熟している社会では、ポルノグラフィックな作品を避けて、高い好感度を獲得できる安全な商品を出すことのほうが、営利の観点からは圧倒的に大きな関心事である。こうしたなかでは、ポルノグラフィとみなされるリスクを負いやすいのは、商業的成功とは異なる動機でつくられる芸術作品のほうになってくる。芸術表現は、その本質上、社会規範への挑戦を含む作品が多く、萎縮効果をこうむる可能性があるため、自由を制約するに当たっては、綿密な議論と理論が必要となってくる。

国連女性差別撤廃委員会の見解のなかには、差別や虐待や児童の性的描写を内容とする表現（物）は、それらに対する社会一般の許容度を上げてしまうために、その流通を規制する必要がある、という見方が示されている。表現の社会的効果を重視する立場といえる。

第3章 「表現の自由」と共存社会　93

ただし、この社会的効果は、不確実性を多く含むため、綿密な考察が必要である。たとえば、戦争画として有名な藤田嗣治の「アッツ島玉砕」を考えてみたとき、これが少なからぬ国民に殉死を神聖視させ全体主義へと向かわせるような心理効果を及ぼしたことは事実であるとしても、それはその政治利用のあり方と組み合わさってのことであり、この絵画作品が単独で引き起こした現象だとはいえない。ここで禁止されるべきなのは、戦争を描くことではなく、芸術作品をそのように一定のメッセージ発信の道具として政治利用する行為のほうである（→本書第6章）。

　その作品が、表現の受け手にとってさまざまな解釈の余地が開かれたものである限り、当該作品をただちに規制対象とすべきではなく、いくつかの要素が組み合わさって表現の受け手に別解釈の余地を与えないようなものとなっている場合にのみ、視覚表現の一時的な抑制が憲法上許容されると考えるべきだろう。

　国や自治体が虐待・搾取・差別の防止という任務を積極的に果たそうとする場合、とるべき筋道は、第一に福祉政策である。たとえば、現実の児童虐待の実態把握と救済は、人の力を要するデリケートな仕事である。国がそうした手のかかる仕事を二の次にしたまま表現規制のほうに解決策を求めたときには、憲法は「より人権制約的でない他の手段があるときにはそちらを選択せよ」とする原則[*12]や比例原則[*13]によって、これをいったん違憲とすべきではないだろうか。

＊註

1　この種の虚偽情報規制は、「航空の危険を生じさせる行為等の処罰に関する法律」や「民間航空の安全に対する不法な行為の防止に関する条約」「海洋航行の安全に対する不法な行為の防止に関する条約」などによって行われている。

2　消防法第44条20号、軽犯罪法第1条16号（公務員に対する虚偽の犯罪や災害の申告）、刑法第233条（偽計業務妨害罪）などの規定がある。

3　この用語は、2005（平成17）年にユネスコの総会で採択された「文化的表現の多様性の保護と促進に関する条約（文化多様性条約）」がもとになっている。日本では、文化庁・文化審議会文化政策部会「文化芸術の振興に関する基本的な方針」の「重点戦略4」（2015〔平成27〕年閣議決定・文化庁HPに掲載）などにこの用語が使用されている。

4　ヨーロッパやアフリカの諸国は、人種・民族・宗教などの対立による紛争や地域内少数派民族への迫害の場面で、ヘイトスピーチが事態を悪化させたという深刻な歴史的経験があるため、この問題に対する認識は厳しい。とくにドイツのナチス・ドイツに対する反省と、ルワンダの内戦時の虐殺事件に対する反省は切実なものがある。

5　児童ポルノの単純所持（特に7条の「自己の性的好奇心を満たす目的」での画像所持や画像データの保存）の処罰については、専門家の間で賛否が分かれている。

6　この点を解説した参考文献として、志田陽子「表現内容に基づく規制――わいせつ表現・差別的性表現を中心に」阪口正二郎／毛利透／愛敬浩二編『なぜ表現の自由か――理論的視座と現況への問い』（章末「参考文献案内」）。

7　この点を解説した参考文献として、平地秀哉「『品格ある社会』と表現」駒村圭吾・鈴木秀美編著『表現の自由Ｉ――状況へ』（章末「参考文献案内」）。

8　「東京都青少年の健全な育成に関する条例」の第7条（改正後）は、「漫画、アニメーションその他の画像（実写を除く。）で、刑罰法規に触れる性交若しくは性交類似行為……を、不当に賛美し又は誇張するように、描写し又は表現することにより、青少年の性に関する健全な判断能力の形成を妨げ、青少年の健全な成長を阻害するおそれがあるもの」と規定している。児童を性行為の対象とすることおよび児童ポルノ（実写）は刑罰法規に触れる犯罪となるので、仮に実写であれば「児童ポルノ」に該当するような架空表現にも適用されうることになる。この条例改正については、制定当時は出版社や作家から多くの発言があった。規制の目的は多くの人が認めるものであるとしても、採用された規制のあり方が規制の目的に対して広汎すぎないか、強すぎないか、ということを問う議論が必要だろう。

9　たとえば江戸時代の郭芸者を描いた春画は一時、「わいせつ」に当たるかどうかが

議論された。さらに「児童を含む人身売買をベースにした反倫理的な文化を紹介するに当たっては慎重さが必要」という指摘もある。現在、これらの絵画や伝承文化は、芸術としての価値と同時に当時の風俗を伝える歴史資料としての価値も認められている。その見せ方については法規制にはなじまず、展示者の見識と社会の相互作用に期待することが望ましい。

10 「AV新法」（正式名称「性をめぐる個人の尊厳が重んぜられる社会の形成に資するために性行為映像制作物への出演に係る被害の防止を図り及び出演者の救済に資するための出演契約等に関する特則等に関する法律」2022〔令和4〕年制定・施行）。この法律は、意に反する出演や意思の不確かな出演を防ぐための方策が綿密に規定されている反面、自らの意思で出演し、その領域で継続的に活動している出演者の表現活動を強く制約する結果となっていることについて、当事者から改正を求める声も上がっている。

11 国連女性差別撤廃委員会「最終見解案」。
Committee on the Elimination of Discrimination against Women, "Concluding observations on the combined seventh and eighth periodic reports of Japan" (15 February-4 March 2016).

12 「LRA（Less Restrictive Alternative）のテスト」。アメリカの裁判所が採用している判断方法。

13 「比例原則」とは、達成しようとする目的に対して、国がとる手段の重さは、均衡が取れていなくてはならない（アンバランスに人権制約的なものであってはならない）とするドイツの考え方。

参考文献案内

[学生向けの解説書]

●北田暁大ほか編『社会の芸術／芸術という社会』（フィルムアート社、2016年）

●阪口正二郎／毛利透／愛敬浩二編『なぜ表現の自由か──理論的視座と現況への問い』（法律文化社、2017年）

●志田陽子「多文化主義とマイノリティの権利」杉原泰雄編『新版 体系憲法事典』（青林書院、2008年）

●志田陽子『「表現の自由」の明日へ──一人ひとりのために、共存社会のために』（大月書店、2018年）

●清水晶子／ハン・トンヒョン／飯野由里子『ポリティカル・コレクトネスからどこへ』（有斐閣、2022年）

●ナイジェル・ウォーバートン（森村進訳）『「表現の自由」入門』（岩波書店、2015年）

●林陽子編著『女性差別撤廃条約と私たち』（信山社、2011年）

●師岡康子『ヘイトスピーチとは何か』（岩波書店、2013年）

[本格的な研究書]

●キャサリン・マッキノン／アンドレア・ドウォーキン『ポルノグラフィと性差別』（中里見博／森田成也訳、青木書店、2002年）

●駒村圭吾／鈴木秀美編著『表現の自由Ⅰ──状況へ』（尚学社、2011年）

●園田寿／曽我部真裕編著『改正児童ポルノ禁止法を考える』（日本評論社、2014年）

●田島泰彦／新倉修編『少年事件報道と法──表現の自由と少年の人権』（日本評論社、1999年）

●藤野寛・齋藤純一編『表現の〈リミット〉』（ナカニシヤ出版、2005年）

第4章
産業財産権法

第4章を学ぶために

　「知的財産法」とは、私たちがつくり出すさまざまな知的創作物について、その利用行為に関するルールを定めた法律の総称である。知的財産法という名前の法律があるわけではなく、法律の1つのジャンルを指す名前だ。

　それでは、知的創作物とは何だろうか。なぜ、知的創作物に関するルールが特別に定められているのだろうか。

第1節　知的財産法とは

1　有体物と無体物の区別

　私たちの身の回りにある「モノ」には2つの側面がある。手紙を例に考えてみよう。紙に書かれた手紙の物理的存在（紙それ自体）は、手にとって触ることができる「有体物」としての「モノ」である。「有体物」の利用に関する権利は「所有権」と呼ばれ、民法等の法律で利用に関するルールが定められている。手紙を差し出すと、手紙の所有権は受取人に譲渡されるので、受取人は有体物としてのその手紙を、燃やしても、破いても、ヤギに食べさせても自由である。それに対し、手紙に書かれた内容＝情報（コンテンツと呼んだほうがわかりやすいかもしれない）は、手にとって触ることができないが、読み上げたり、複製したり、翻訳したりと、さまざまな形で利用可能である。その意味で、情報は有体物とは異なる存在だ。人間が知的な活動を通して創作するさまざまな情報（「無体物」という）の利用に関するルールを定めた法が、知的財産法である。手紙を送っただけでは、手紙の無体物に関する権利＝著作権は、手紙の差出人のところに残っているので、受取人は差出人に無断で手紙の内容をネットにアップロードしてはならない。

　1つの「モノ」にも、有体物と無体物という2つの側面があるということをまず理解しよう。

2　知的財産権と自由

　情報の創作には時間も費用もかかるが、他方でいったん出来上がった情報を他人が利用することは簡単だ。たとえば、Xが長年の研究開発の結果、難病の特効薬のつくり方を発明したとしよう。Xがつくった試作品の薬それ自体（有体物）は、研究所の金庫のなかに入れておけば盗まれないし、仮に泥棒が入って盗まれたら、減っているので気づくことができる。しか

し、「特効薬のつくり方」という情報（無体物）が一度外部に漏れてしまうと、材料さえそろえば誰でも同じ薬をつくることができる。情報はいくら利用しても物理的に減ったり競合したりしないので、ほかの多くの人が同じ医薬品を製造したからといって、Xが製造できなくなってしまうわけではない。ただし、他者は自分で研究開発投資をしていない分、Xよりも安価で薬を販売できるだろう。そうなると、Xが販売する薬は値段が高いということで売れ行きが伸びず、Xが研究開発にかけてきたこれまでのコストを市場で回収するのは難しい状態になってしまう。

　もし他人のつくった情報を誰でも完全に自由利用できてしまう世のなかだと、わざわざ時間や労力をかけて最初に情報をつくろうという人は減るだろう。コストを考えるならば、誰か他人が情報をつくってくれるのを待って、それを利用したほうがはるかに楽だからだ。このように、情報の利用に関するルールがない世のなかでは、情報を創作する意欲が減退してしまうおそれがある。そこで、他人による利用を阻止できるよう人工的に法制度を設定することで、情報の創作活動を促進するというのが知的財産法の基本的な発想である。具体的には、成果に関する情報は社会のために公開しつつ、その利用や模倣を一定期間禁止することで、創作者の創作意欲を萎縮させず促進していこうというしくみを採用している。こうしたやる気、誘因のことを「インセンティヴ」という。

　ただし、他人のつくったものにただ乗り（フリーライド）することが、常に悪とは限らない。社会の発展や豊かさは、先人たちの功績への積み重ねによって成し遂げられてきた。また、無体物は物理的には誰でも、どこでも、同時に利用可能なものである。したがって、無体物の利用に何か権利を設定すると、それはたくさんの人が本来であればできるはずの自由な行動を規制することになる。知的財産権の保護を拡大しすぎると、表現の自由や学問の自由、経済活動の自由などのさまざまな自由権と衝突してしまう関係にある。そのため、フリーライドは原則自由としたうえで、放っておいては情報の創作意欲が減退してしまう場合に限って、法による規制が許されると考えるべきだろう。知的財産権のあり方を考えるに当たっては、権利者の利益の保護と利用者や社会全体の利益という2つの視点のバ

ランスを常に念頭に置く必要がある。

◇知的財産権のアウトライン

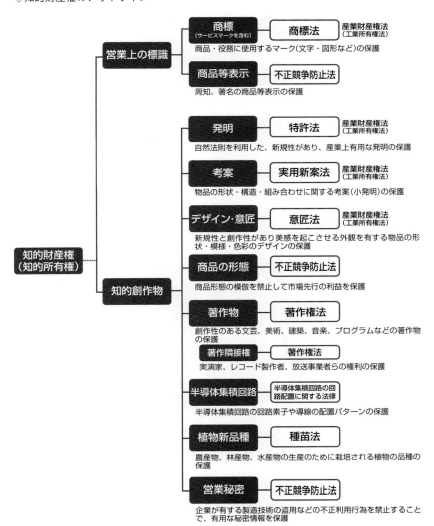

3　知的財産法の種類

「知的財産法」とは、前ページに示したような、さまざまな知的財産権について規定した法律の総称である。このなかでも、「商標法」「特許法」「実用新案法」「意匠法」の4法をまとめて、「産業財産権法」あるいは「工業所有権法」と呼ぶことがある。これらはどれも産業の発展に関わり、権利の発生に特許庁への出願・登録が必要という共通点がある。

また、知的財産法の分類として、「標識法」と「創作法」という整理のしかたもある。営業上の信用が化体した標識に関する権利を規律するものは「標識法」と呼ばれ、商標法と不正競争防止法のなかにある商品等表示の利用行為に関する規律等が含まれる。それに対し、人間の知的創作活動の成果について規律するものは「創作法」と呼ばれ、特許法、実用新案法、意匠法、著作権法等が含まれる。

◇知的財産制度の保護対象

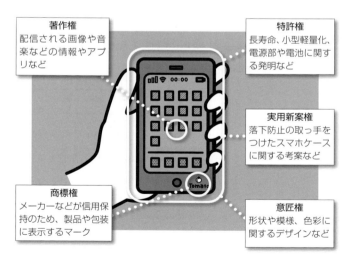

特許法は技術的なアイディアである「発明」の利用行為、実用新案法は発明よりは簡単なアイディアである「考案」の利用行為について定めた法律である。意匠法は意匠（産業上利用されるデザイン）の利用行為に関する権利を、商標法は商標、すなわち商品やサービスにつけられているマークの利用行為に関する権利を、そして著作権法は小説や絵画、楽曲、映画などのさまざまな著作物の利用行為に関する権利を定めている。このほか、不正競争防止法には、周知や著名な商品等表示の利用行為や、商品形態のデッドコピー、営業秘密の不正利用行為等を規律する条文がある。

　以下本章では、将来、デザインや商品開発、研究開発、教育等、さまざまな分野で活躍する読者を念頭に、主要な知的財産法のしくみや大まかな考え方を解説していく。

◇知的財産法の制度の違い

		保護対象	出願、審査、登録	保護期間
標識法	商標法	商標	あり	登録日から 10 年、更新可
	不正競争防止法第 2 条 1 項 1 号、同 2 号	商品等表示	なし	周知、著名の限り
創作法	特許法	発明	あり	出願日から 20 年
	実用新案法	考案	あり（手続き迅速化のため実体審査なし）	出願日から 10 年
	意匠法	意匠	あり	出願日から 25 年
	不正競争防止法第 2 条 1 項 3 号	商品の形態	なし	日本国内で最初に販売された日から 3 年
	著作権法	著作物	なし	創作時から著作者の生存中および死後 70 年（原則）

第 4 章　産業財産権法　　105

第2節　標識の保護に関する知的財産法

ブランドに蓄積する信用を守り、市場の秩序の保護を図る法律として、商標法と不正競争防止法第2条1項1号、同2号がある。

1　商標法

1-1　商標とは

私たちが普段お金を払ってさまざまな商品やサービスを選ぶ際、その性能やサービス内容が信頼できるものであってほしいと思う。無名メーカーの掘り出し物を見つける喜びもあるが、ある程度名が知られていて、「信頼性が高い」と定評のある商品を選ぶ人も多い。多くの企業は、自社の製品やサービスが信頼を得られるよう、製品の改良やサービスの向上に、多大な努力を払っている。そうした信頼や定評は多くの場合、そのイメージを呼び起こす商品名やマークに結びついている。私たちは商品名やマークを頼りに同種の商品やサービス同士を区別し、探し出して、購入している。このように、商品やサービスについて、ほかのものと区別し識別する力のことを「識別力」という。

　商品名やロゴマークなどの識別力のある商標は、次のような機能を持っており、その機能によって市場の秩序維持に貢献している。

① 出所表示機能

商品やサービスを提供している出所を識別できるようにする機能

②品質保証機能

マークが付された商品やサービスに対して消費者は一定の品質を期待・信頼する。この信頼関係が損なわれないように保護する機能

③広告・宣伝機能

マークを広告に使用することで、需要者・消費者にその商品やサービスの購入・利用を喚起させる機能

商標法第1条は「商標を保護することにより、商標を使用する者の業務上の信用の維持を図り、もつて産業の発展に寄与し、あわせて需要者の利益を保護することを目的とする」と定めている。識別力のある商標を保護することで、商品やサービスの提供者はもっとよい品質の商品を提供しようとする意欲がわき、安心して資本を投下することができるようになる。それと同時に、需要者も、商標を信頼して商品選択を行うことができるという恩恵を受ける。

　商標権は、自己の商品または役務(サービス)について使用する商標(マーク)をあらかじめ登録し権利を取得することで、他人がそれと類似する商標を、指定商品、役務に類似する商品、役務に使用すること等を禁止することができる権利である。また、商標権者は、登録商標の使用を認める代わりに対価を得たり、商標権の譲渡や質権の設定などにより、商標権を経済的取引の対象にすることもできる。

　商標権を取得するためには、特許庁長官に出願し（第5条）、審査を経る必要があり、審査の結果、要件を満たすと判断されれば商標登録を受けることができる（第18条）。登録により権利が発生する制度のことを、登録主義という。

　権利範囲をあらかじめ示すという理由から、商標登録出願に当たっては、登録商標をどのような商品、役務について使用するのかを指定しなければならない。商標法施行令別表では、商品と役務を合計45に分類している。商標の登録は1つの商標ごとに、それぞれの分類のなかで1つ以上の商品・役務分類を指定して登録出願する。

　商標として登録できるものとしては以下のものがある。

・文字
・図形
・記号
・立体的形状
・上記の結合、またはこれらと色彩との結合によって構成される標章

◇商標法施行令別表（商標法別表）

第 1 類	工業用、科学用又は農業用の化学品
第 2 類	塗料、着色料及び腐食の防止用の調整品
第 3 類	洗浄剤及び化粧品
第 4 類	工業用油、工業用油脂、燃料及び光剤
第 5 類	薬剤
第 6 類	卑金属及びその製品
第 7 類	加工機械、原動機（陸上の乗物用のものを除く。）その他の機械
第 8 類	手動工具
第 9 類	科学用、航海用、測量用、写真用、音響用、映像用、計量用、信号用、検査用、救命用、教育用、計算用又は情報処理用の機械器具、光学式の機械器具及び電気の伝導用、電気回路の開閉用、変圧用、蓄電用、電圧調整用又は電気制御用の機械器具
第 10 類	医療用機械器具及び医療用品
第 11 類	照明用、加熱用、蒸気発生用、調理用、冷却用、乾燥用、換気用、給水用又は衛生用の装置
第 12 類	乗物その他移動用の装置
第 13 類	火器及び火工品
第 14 類	貴金属、貴金属製品であって他の類に属しないもの、宝飾品及び時計
第 15 類	楽器
第 16 類	紙、紙製品及び事務用品
第 17 類	電気絶縁用、断熱用又は防音用の材料及び材料用のプラスチック
第 18 類	革及びその模造品、旅行用品並びに馬具
第 19 類	金属製でない建築材料
第 20 類	家具及びプラスチック製品であって他の類に属さないもの
第 21 類	家庭用又は台所用の手動式の器具、化粧用具、ガラス製品及び磁器製品
第 22 類	ロープ製品、帆布製品、詰物用の材料及び織物用の原料繊維
第 23 類	織物用の糸
第 24 類	織物及び家庭用の織物製カバー
第 25 類	被服及び履物
第 26 類	裁縫用品
第 27 類	床敷物及び織物製でない壁掛け
第 28 類	がん具、遊戯用具及び運動用具
第 29 類	動物性の食品及び加工した野菜その他の食用園芸作物
第 30 類	加工した植物性の食品（他の類に属するものを除く。）及び調味料
第 31 類	加工していない陸産物、生きている動植物及び飼料
第 32 類	アルコールを含有しない飲料及びビール
第 33 類	ビールを除くアルコール飲料
第 34 類	たばこ、喫煙用具及びマッチ
第 35 類	広告、事業の管理又は運営、事務処理及び小売又は卸売の業務において行われる顧客に対する便益の提供
第 36 類	金融、保険及び不動産の取引
第 37 類	建設、設置工事及び修理
第 38 類	電気通信
第 39 類	輸送、こん包及び保管並びに旅行の手配
第 40 類	物品の加工その他の処理
第 41 類	教育、訓練、娯楽、スポーツ及び文化活動
第 42 類	科学技術又は産業に関する調査研究及び設計並びに電子計算機又はソフトウェアの設計及び開発
第 43 類	飲食物の提供及び宿泊施設の提供
第 44 類	医療、動物の治療、人又は動物に関する衛生及び美容並びに農業、園芸又は林業に係る役務
第 45 類	冠婚葬祭に係る役務その他の個人の需要に応じて提供する役務（他の類に属するものを除く。）、警備及び法律事務

さらに2014（平成26）年改正により、新しいタイプの商標が登録を認められるようになった。

- 動き商標（文字や図形等が時間の経過にともなって変化する商標）
- ホログラム商標（見る角度によって変化して見える文字や図形等の商標。偽造防止のためにクレジットカードなどで使われている）
- 色彩のみからなる商標（単色または複数の色彩の組み合わせからなる商標）
- 音商標（音楽、音声、自然音等からなる商標で、聴覚で認識される商標。CMで流れるサウンドロゴやパソコンの起動音等）
- 位置商標（文字や図形等の標章を商品等に付す位置が特定される商標）

---

column　　　　　　　　特許、実用新案、意匠、商標の調べ方

　商標権をはじめとする産業財産権の情報の検索サービスとして、「特許情報プラットフォーム」がある。明治以降に発行された特許、実用新案、意匠、商標の公報などとその関連情報について検索できる。

　特許情報プラットフォーム（J-PlatPat）

　https://www.j-platpat.inpit.go.jp/web/all/top/BTmTopPage

　（最終アクセス2024年11月8日）

1-2　登録要件

①識別力（商標法第3条1項各号）

　商標が付された商品と他社の商品を区別するだけの特徴があることを、「識別性」ないし「顕著性」という。識別力がないものは、商標登録できない。

　次のものは識別力を欠く商標ということで、商標登録できない。

　(a)普通名称を普通に表示したもの。普通名称とは、特定のものではなく

◇商標の具体例

株式会社NTTドコモ
商標登録第5216227号

ヤマトホールディングス株式会社
商標登録第6478440号

立体商標

アメリカ合衆国　ケンタッキー　フライド　チキン
インターナショナル　ホールディングス
リミテッド　ライアビリティ　カンパニー
商標登録第4153602号

位置商標

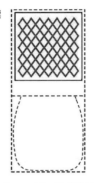

キユーピー株式会社
商標登録第5960200号
（網目模様は赤色）

音商標（サウンドロゴ）

商標登録第5985746号

商標登録第4307867号

大幸薬品株式会社

110　第2節　標識の保護に関する知的財産法

一般的な名称として知られる言葉のことをいう。あまいぶどう（指定商品ぶどう。以下、カッコ内は指定商品・役務）など。ただし、同じ言葉でも、商品・役務との関係で普通名称とはならないこともある。たとえば、「アップル」という名称はりんごの商標としては普通名称だが、コンピュータの商標としてならば識別力があるといえる。

(b)商品・サービスの慣用表示。プレイガイド（興行座席の手配・販売）、温泉旅館（宿泊施設）、カフェ（喫茶店）など

(c)商品の産地・販売地・品質・原材料・効能・用途・数量・形状・価格・生産方法・使用方法・生産時期を普通の方法で示したもの。カカオ豆（チョコレート）、美顔（効能・美容）、炭火焼き（肉製品）など

(d)ありふれた姓や名称。長崎屋、花子（コンピュータソフト）など

(e)極めて簡単でありふれた標章。数字やアルファベット1～2文字の組み合わせ、丸、三角、四角などの単純な図形など

(f)その他、「需要者が何人かの業務に係る商品又は役務であることを認識することができない商標」。習う楽しさ教える喜び（知識の教授）など

②使用による識別力の獲得（商標法第3条2項）

ただし、上記(c)(d)(e)については、特定の企業が長期間にわたって使用したり広告努力を続けたりした結果、特にその企業を示す名称として一般に知られるようになることもある。その結果、識別力が出てきたことが認められれば、商標登録をすることができる。例：トヨタ（自動車会社）、ホンダ（自動車会社）、チキンラーメン、日本ハム

③商標登録を受けることができない商標（第4条1項）

公益に反するものや、他人の権利と抵触するものは登録できない。

たとえば、品質誤認を引き起こす商標や、日本および外国の国旗・紋章、国際連合や赤十字の標章、地方公共団体や公益団体の標章と同一または類似の商標は登録できない。また、公序良俗に反するものや、他人の氏名・芸名を無関係の人が出願した商標も登録できない。

1-3　権利の発生と保護期間・権利の失効

　商標権は設定の登録によって発生する（第18条1項）。権利保護期間は登録の日から10年だが、更新登録料を納めることで、10年の存続期間を何度でも更新できる。

　なお、保護期間内であっても、登録した商標を使用しないでいると、登録が取り消されることがある。使用されておらず、したがって信用が化体されていない商標の商標権を維持していると、他者の商標選定の自由が害されてしまう。この制度は登録商標の使用を促すとともに、使用されていない商標の登録は取り消すために設けられている制度である。登録商標を継続して3年以上、その指定商品または役務に使用していないと、何人でもそれを理由として、特許庁に対し当該商標登録の取り消しを求めて審判を請求できる（第50条）。

---

column　　　　　　　　　　　　　　　　　　　　　　　　　　Ⓡマーク

　登録商標を使用する際、その社名や商品名が商標登録済みの商標であることをアピールする意味で、それが登録商標であることを示すⓇマーク（アールマーク、レジスターマーク）をつけることが多い。Ⓡマークは日本の商標法に基づく商標登録表示ではなく、米国商標法にならって使用されているにすぎないため、登録商標にこのマークをつけるかどうかは権利者の自由である。しかし逆に、登録商標でないものにⓇマークをつけると、虚偽表示に該当するおそれがある。

　日本の登録商標表示としては、「登録商標第12345号」という形で、「登録商標」＋登録番号で表示するやり方がある。

1-4　商標権の及ぶ範囲

　商標権者以外の者が、登録商標に類似する商標を指定商品、役務に類似する範囲で使用等すると、商標権侵害となる（第25条、第37条）。偶然

による一致であっても、結果として同一または類似の商標を使用した場合には侵害とされる。したがって、自分が何らかの商標を使用するときには、抵触する他人の登録商標がないかどうか、調査する必要がある。

　侵害が肯定されれば、商標権者は、その商標を使用した商品の回収などの差止請求、および、その商標を使用したことによって生じた損害を金銭で賠償するよう求める損害賠償請求を行うことができる。さらに、侵害行為のために使用した設備の除去など、侵害を予防する措置を請求することもできる。

1-5　侵害の要件

①商標の類似性

　商標は微細な違いだけでは誤認を招くおそれが高い。そこで、登録された商標とまったく同一のものだけでなく、類似の範囲まで、商標権侵害となる（第37条）。具体的には、被告商標と原告の登録商標について、外観、称呼、観念を対比して、商標自体が取引において取り違えられるおそれがあるほど類似しているか否かで判断される。

- ・外観類似　商標の見た目が似ているか（文字商標「ライオン」と「テイオン」など。また、図形の絵柄や色合いが似ているか）
- ・称呼類似　商標を発音したときの音声が似ているか（「ファイブミニ」と「ファイVミニ」など）
- ・観念類似　商標を見た人が受け取る意味内容が同じかどうか（文字商標「タイガー」と虎のシンボルマーク）

②商品、役務の類似性

　登録出願の際には商品・役務を指定するのは前述の通りだが、商標によって引き起こされる混同を抑止するというのが商標法の趣旨である以上、厳密には登録された商標と分類が異なっていても、商品や役務自体を取り違えるおそれがある場合には侵害を肯定すべきであろう。したがって、同一企業が製造・販売しそうな程度に商品・役務のカテゴリーが類似していれば、商標権の効力が及ぶこととなっている。商標法第6条3項でも、商品および役務の区分は、商品または役務の類似の範囲を定めるものではない

と規定している。つまり、異なる区分でも商品・役務が類似していると判断される場合もあり、逆に、同じ区分でも商品・役務は類似していないという場合もあるということだ。

③商標的使用

　商標法は第2条3項、第37条1項1号で「使用」の要件を定義しているが、形式的には「使用」に該当するような行為であっても、自他商品・役務の識別表示としての商標の機能が害されていないような場合には、商標権侵害にはならないと判断される。この考え方は「商標的使用」といい、裁判例の積み重ねで発展してきたが、2014（平成26）年の商標法改正で条文に追加された（第26条1項6号）。

(a)指定商品・役務の出所を識別する商標として使用していない場合

　　例：書籍等のタイトル。書籍等の出所は出版社であってタイトルではないので、『朝バナナダイエット成功のコツ40』というタイトルの書籍を出版する行為は、登録商標「朝バナナ」（指定役務：雑誌、書籍、ムック等）を侵害しない

　　例：商品の品種名・内容。ブドウの巨峰を入れるための段ボール箱として、段ボールに「巨峰」と印刷して段ボールを製造販売する行為は、指定商品を包装容器とする登録商標「巨峰」を侵害しない

(b)出所識別機能を害さない場合

　　例：商標権者自身が商標を付した商品が転々譲渡される場合。条文上は譲渡は「使用」に当たるため、譲渡のたびに商標権侵害に該当しうるが、出所に混同が生じていなければ侵害にはならない

---

column	パロディと商標

　既存の表現の特徴を残しつつ、つくり替えることで、笑いや風刺の意味を付加するパロディは、古くから存在する表現手段の1つである。しかし、ブランドのロゴや商品名などの登録商標をパロディのターゲットにすることは許されるだろうか？　ここでは、①他人の商標をパロディに用いることができるかという問題

と、②パロディ商標を商標登録できるかという2つの問題について考えてみよう。

●**他人の商標をパロディに利用する行為は商標権侵害に当たるか**

　登録商標の使用について、パロディであることを理由に商標権侵害を否定する制限規定は商標法には存在しない。特別の制限規定がない以上、通常の商標権侵害訴訟と同様の基準で、商標の類似性が検討されることになる。一般的な基準に従えば、外観、称呼、観念等によって取引者に与える印象、記憶、連想等を総合し、取引の実情等にも照らして全体的に考察して、商品の出所を誤認混同するおそれが認められるか否かで判断される。元のネタをある程度再現しつつも、少しそれに変更を加えるというパロディの特徴を踏まえれば、パロディによる利用行為のほとんどのケースでは、外観、称呼、観念のいずれかが変更されているように思われる。そのうえで、人々が取り違えたり関連企業が製造・販売していると勘違いしてしまったりしないのであれば、登録商標との類似性が否定されるということになる。

　石屋製菓が販売する「白い恋人」によく似たパッケージの図柄を用いて、吉本興業が「面白い恋人」という菓子を販売したことにつき、商標権侵害に該当するか等が争われた事件があった。この訴訟は、最終的に両者の間で和解が成立したため、裁判所は判決を下していないが、このケースを例にとれば、少なくとも観念（「白い」と「面白い」の言葉の意味）に相違が生じており、さらに「白い恋人」が北海道土産なのに対し「面白い恋人」は大阪、京都、兵庫限定で販売され、パロディ商品として有名になりつつあったことを踏まえれば、商標権侵害には当たらないと考えることも可能であるように思われる。

●**パロディ商標を登録できるか**

　それでは、より積極的に、他人の商標をもじったパロディ商標

について商標登録は認められるだろうか。「他人の業務に係る商品又は役務と混同を生ずるおそれがある商標」（第4条1項15号）は商標登録を受けることができない。需要者を惑わし、取引秩序を乱すような商標は登録できないということである。実際には元ネタの周知性、著名性や類似の程度、用途や目的の関連性の程度、その他取引の実情に照らして総合的に判断されることになる。また、他人の商標の名声に便乗して不当な利益を得ようとする出願については「公の秩序又は善良の風俗を害するおそれがある商標」（同7号）と判断される可能性もある。

　過去にあった事例では、PUMAをもじったKUMAが、特許庁で一度登録が認められたものの、その後登録が無効であると判断されている（KUMA事件：知財高裁2013〔平成25〕年6月27日判決）。他方で、同じPUMAをもじったSHI-SAという商標について、知財高裁は非類似であり、PUMAと出所混同しないと判断している（SHI-SA事件：知財高裁2010〔平成22〕年7月12日判決）。KUMAはPUMAと同じ4文字なのに対しSHI-SAは4文字ではない、という違いに加え、SHI-SAは沖縄県内のみで、なおかつごく小規模でしか使用されていなかったという取引実情も考慮されたようである。

【PUMA　登録第3324304号】

【KUMA　登録第4994944号】
（現在は無効により権利消滅）

【SHI-SA　登録第5040036号】

column	コーポレート・アイデンティティ

コーポレート・アイデンティティ（CI）とは、企業の個性や独自性を意味する言葉で、企業が自らのブランドや評判、名声を高め、他社と差別化し競争で優位になるための、企業イメージの統一を図る戦略を指す。

たとえば、社名やブランド名はもちろん、ロゴや企業理念、スローガン、コーポレートカラー、制服などといったものが、コーポレート・アイデンティティを構成する要素としてあげられる。これらを見ただけで、その企業と認識できるよう、企業は戦略的にこれらの要素を使用することで、ブランドイメージが形成される。経営戦略やマーケティング、さらにはコーポレート・コミュニケーションでの活用が期待されている。

2 不正競争防止法の商品等表示の保護

不正競争防止法のなかにも、信用の保護に関する条文があるので簡単に見ていこう。

2-1 商品等表示の保護

ある営業者が商品やサービスの質の向上のために努力を続けた結果、私たち需要者はその営業者が提供する商品やサービスの質に対して一定の期待、すなわち信用を寄せることがある。たとえば、メーカーAが出しているチョコレート菓子Bはとてもおいしいから、次にAから出る新商品もおいしいにちがいない、というように。ところが、まったく関係のない別の会社がBという表示を模倣してB'という表示を付したチョコレート菓子を販売してしまうと、需要者はBを買おうとしていたのに混同してB'を買ってしまうかもしれない。また、B'がおいしくなかったりすると、Aの信用が傷つけられてしまう可能性もある。こうした模倣を放置すると、信

用を構築していくインセンティヴが失われるし、需要者も間違った商品を
つかまされるという不利益をこうむる。こうした趣旨から、需要者の混同
を防止するために、「商品等表示の保護」を図っているのが不正競争防止
法第2条1項1号だ。

　ところで、商標法による商標の保護には、あらかじめ登録が必要であっ
たり、商品・役務の指定があるなど、保護に限界がある。全国展開を予定
していない等の理由によってあえて商標登録をしていないケースや、出願
もれのケースでも、需要者に混同のおそれが生じているのであれば、放置
すべきではない。不正競争防止法では、商標法の限界を補うために、商品
等表示について、「周知表示の保護」と「著名表示の保護」という2種類
の制度を用意している。これらの保護は、商標法とは異なり、あらかじめ
登録出願しておく必要がないという点に特徴がある。

2-2　不正競争防止法第2条1項1号——周知表示の保護

　不正競争防止法第2条1項1号は、他人のよく知られた商品などの表示
と同一もしくは類似の表示を使用して、需要者に混同のおそれを引き起こ
す行為（周知表示混同惹起行為）を不正競争行為として禁じている。

　1号の保護の要件は、①Xの表示が周知であること（周知性）、②XとY
の表示が類似していること（類似性）、③混同のおそれ、の3つである。

①周知性

　周知表示と認められるためにはその表示が全国的に知られている必要は
なく、一地域で知られているのみで要件を満たす。周知の限りで保護され
るので、たとえば横浜市のとんかつ屋「勝烈庵」は、横浜市とその周辺で
知られているということで横浜市と近い鎌倉市大船にあるとんかつ店「か
つれつ庵」の表示を止めることができるが、県を越えて離れた静岡県富士
市でまで知られていたとはいえないのであれば、富士市にある「かつれつ
あん」の表示まで止めることはできない（勝れつ庵事件：東京地裁 1976
〔昭和51〕年3月31日、かつれつあん事件：横浜地裁 1983〔昭和58〕年
12月9日を参照）。また、有意な混同が起こるおそれがあれば保護すべき
だという観点から、それほど高い割合の人に認識されていなくても周知性

の要件は満たされる。裁判例では、アンケート調査で10〜15％前後の一般消費者が正しく出所を答えられたという事案でも周知性が肯定されている。

②類似性

　類似性の判断に当たっては、混同を引き起こすほど似ているかという観点から、外観・称呼・観念に基づく印象、記憶、連想等から全体的に類似のものと受け取られるかで判断される（日本ウーマン・パワー事件：最高裁　1983〔昭和58〕年10月7日第二小法廷）。

---

example　　　　　　　　　　　　　　　　　　　　　　　類似性の判断

◆類似性肯定例

「マンパワー・ジャパン株式会社」と「日本ウーマン・パワー株式会社」

「株式会社明治屋」と「株式会社池袋明治屋」（東京地裁　1961〔昭和36〕年11月15日判決）

　ただし、独占を認めるべきではない部分が共通しているにすぎない場合には、共通部分は識別力を欠いており要部ではないという理由で、類似性が否定される。

◆類似性否定例

　熊本（火の国とも呼ばれる）にあるホテルの名称として、Xが「火の国観光ホテル」、Yが「ニュー火の国ホテル」という表示を使っていた。「火の国」「ホテル」という部分が共通しているが、これらの言葉は熊本にあるホテルとしては特定の者に独占を認めるべきではないので、要部とはならない。その部分を除外して対比すると、X「観光」、Y「ニュー」という部分が残り、非類似となる（熊本地裁　1977〔昭和52〕年4月26日判決）。

　その他、類似性が否定された例として下記がある。

　・京都市伏見区のホテル「アーバンイン伏見」と「アーバンホ

第4章　産業財産権法　　119

テル京都」（京都地裁　1995〔平成7〕年6月22日判決）
・千葉県柏市の診療所「柏皮膚科」と「柏東口皮膚科・内科」（東京高裁　2001〔平成13〕年6月28日判決）

③混同のおそれ

　ここでいう混同とは、商品や営業が同一企業から出ている（出所が同じである）と混同する場合のみならず、同一企業ではないが何か関連するところから出ているのではないか、と誤信する場合も含む。近年は経営の多角化により、企業がさまざまな事業を営むことも少なくないため、裁判例もゆるやかに混同のおそれの要件を認定する傾向がある。

　実際に混同が生じていなくても、その「おそれ」があれば侵害と認められる。

---

example　　　　　　　　　　　　　　　　　　　　混同のおそれの判断

◆混同のおそれ肯定例

　「VOGUE」「VOGUE NIPPON」というファッション誌と、東京都港区南青山にある「La Vogue南青山」というデザイナーズマンションは、混同のおそれがあると判断された。（La Vogue南青山事件：東京地裁　2004〔平成16〕年7月2日判決）

◆混同のおそれ否定例

　宗教法人泉岳寺と都営地下鉄の駅名「泉岳寺」について、宗教法人やその関連企業が都営地下鉄事業を行うと誤認することは考えられないと判断され混同のおそれが否定された（泉岳寺事件：東京高裁　1996〔平成8〕年7月24日判決）。

120　　第2節　標識の保護に関する知的財産法

2-3 商品形態と「不正競争防止法第2条1項1号」

　不正競争防止法第2条1項1号が保護する「商品等表示」には、氏名、商号、商標、標章、商品の容器や包装が含まれると規定されているが、この規定は例示にすぎないと考えられており、商品の形態それ自体も、出所識別機能を有していると認められる場合には、1号で保護されることがある。商品形態それ自体が、商品の出所を指し示すものとして、いわば名刺代わりになっている場合には保護できるということだ。ただ、商品の形態というものは往々にして同じタイプの商品と同様の形態をとっていることが多い。同種のほかの商品とは異なる特異な形態をしていて、それが宣伝、広告されて特定の出所を識別できるようになってはじめて保護される。

　また、商品としての機能を確保するために必然的に選択される形態を保護してしまうと、その商品自体の独占を認めることになる。そのため、その商品として通用するにはそうならざるを得ない形態については、商品等表示に該当しない。たとえば、ルービック・キューブについて、六面体で各面が9つのブロックで区分される形状は、回転式立体組み合わせ玩具の形態としてその形をとらざるを得ず、独占を認めるべきではないということになる（ルービック・キューブ事件：東京高判 2001〔平成13〕年12月19日判決）。

2-4 不正競争防止法第2条1項2号──著名表示の保護

　有名ブランドの名前をもじった風俗店のように、需要者が「これはさすがにあのブランドとは無関係だろう」と区別できているケースでは、混同のおそれという要件を満たさないので、上述した不正競争防止法第2条1項1号で規制するのは難しい。しかし、たとえ混同のおそれを生じさせないような利用であっても、著名な表示を使用することで人の目を引きつけるフリーライドについて、それを放置してしまうと著名表示をつくり上げた人の利益を害すことがあり、ブランドを形成して育て上げようとする意欲が失われてしまう。そこで、不正競争防止法第2条1項2号では、混同のおそれが生じないような場合でも、①Xの表示が著名で、②XとYが類似しており、③Xの利益を害する場合には、Yの表示利用を禁止できると

第4章　産業財産権法　　121

定めている。

①著名性

　不正競争防止法第2条1項2号の著名性は同1号の周知性よりも高い認知度が要求されると考えられている。また、混同のおそれがなくても広くさまざまな分野での表示の使用を禁止できてしまう2号を正当化するためには、単に表示が高度に認知されているだけでなく、表示が独占に適するものであるかどうかも考慮する必要がある。

②類似性

　Xの著名表示を想起させるほど似ていれば、類似性が肯定される。

③営業上の利益の侵害

　著名表示とXとの1対1対応を崩し、著名表示から喚起されていたイメージを薄めてしまう「ダイリューション（表示の希釈）」や、ポルノやギャンブルなどの分野に使用されることで著名表示のイメージを汚染する「ポリューション、ターニッシュメント（表示の汚染）」が生じているかで判断される。Xの飲料品や食品の著名表示をYが殺虫剤等に使用する場合も、表示の汚染が生じるといえる。

2-5　侵害の効果

　不正競争防止法第2条1項1号・2号の行為者に対しては、差止請求（第3条1項）のほか、侵害行為組成物（例：類似表示を付した看板）の撤去、侵害行為に使用される設備の除却（例：類似表示の印刷原版の廃棄）など、侵害の停止、予防に必要な行為を請求することができる（第3条2項）。また、故意または過失ある侵害者に対しては、損害賠償請求も請求できる（第4条）。さらに、刑事罰も定められており（第21条2項1号）、法人には重課される（第22条）。

| column | 広告表現規制 |

　広告や表示は、消費者への商品知識（情報）を提供するという機能を持ち、事業者側にとっても、自己のビジネスの促進やブラ

ンド戦略、マーケティング戦略にとって重要な役割を担っている。しかし、競争が激化すると、広告には欺瞞・誇張・虚偽が含まれやすいという問題がある。広告や表示について、どのような法規制が存在するのだろうか。

　広告や表示に関する法律としては、公正な競争の確保と消費者保護という観点から、景品表示法（景表法）が制定されている。景表法は主に、（A）「不当な表示の規制」と（B）「過大な景品類の提供の禁止」を規制しており、特に（A）「不当な表示の規制」としては、①優良誤認表示（商品・サービスの品質、企画その他の内容についての不当表示。例：輸入牛肉を国産ブランド牛肉であるかのように表示する）、②有利誤認表示（商品・サービスの価格その他取引条件についての不当表示。例：通常販売の基本価格の半額に当たらない価格にもかかわらず、「今なら半額」と表示する）、③一般消費者に誤認されるおそれがあると認められ公正取引委員会が指定する表示を禁じている。

　また、景表法は独占禁止法の補完法として制定されたため、独占禁止法の不公正な取引方法のうち、不当顧客誘引行為の規制を補完するという側面がある。より一般的な不当顧客誘引行為は独占禁止法第2条9項6号で規律されている。誘引行為の対象者が一般消費者だけでなく事業者も含んでいる点で、景表法よりも広汎な禁止規定となっている。

　このほか、不正競争防止法にも広告に関する規定がある。不正競争防止法では、公正な競争と国民経済の健全な発展という観点から、原産地・品質誤認等の誤認行為（第2条1項20号）、営業誹謗行為（同21号）を不正競争行為として列挙している。景表法と独占禁止法に違反すると、公正取引委員会から排除措置や警告等の行政措置がとられる。それに対し、不正競争防止法は不正競争行為に対する民事救済（差止請求権、損害賠償請求権）と刑事罰を定めているという違いがある。

　このほか、特定の業種に関わる規制として、安全や衛生、人々

第4章　産業財産権法　　123

の健康や環境保全の観点から、食品、医薬品、化粧品、不動産、金融、運輸、通信などの分野で、商品ラベル等に一定の事項を記載させる義務が課されたり、広告・表示の規制がなされている（「食品衛生法」「健康増進法」「酒税保全及び酒類業団体法」「薬事法」「宅地建物業法」等）。

[参考文献]
伊従寛／矢部丈太郎編『広告表示規制法』（青林書院、2009年）
電通法務マネジメント局編『広告法』（商事法務、2017年）

column	キャラクターの商品化権

　人の肖像や氏名の利用行為については、肖像権やパブリシティ権といった権利があることはすでに見た通りだが（→本書第2章）、実在する人物だけでなく、架空のキャラクターにも一定の権利が認められることがある。キャラクターには商品価値があり、そこから大きなビジネスチャンスが生まれることがある。漫画やアニメ、ゲーム等の登場人物やキャラクターは人々を引きつける顧客吸引力を有しており、さまざまなグッズにするなどの商品化ビジネス（マーチャンダイジング）において、「キャラクターの商品化権」という概念が生まれている。「キャラクターの商品化権」とは、キャラクターを利用したさまざまな商品を製造、販売する権利のことを指して使われることが多い。商品化権それ自体は、今のところ、法律に明文規定がない。その権利の内容は著作権や商標権、意匠権、不正競争防止法と密接に関係しているが、それらだけでカバーしきれない、契約上生まれた一種の業界用語である。したがって、「商品化権」が何を指すのかについては、「商品化契約」と呼ばれる契約で定められている対価関係や使用条件など契約の内容に照らして慎重に見極めなければならない。

第3節　創作を保護する知的財産権

　知的創作を保護する知的財産権のうち、文化の世界に関わる「著作権法」は次の章で扱う。ここでは、産業分野に関わる産業財産権について、特許権と意匠権を見ていこう。

1　特許法

1-1　特許とは

　特許権は、発明に一定期間与えられる独占的な権利である。発明者は発明内容を世のなかに公開することと引き換えに、その発明を一定期間独占する権利を与えられる。特許権者は、他人が無断で同じ発明を実施（生産・販売等）している場合に、特許権に基づいてこれをやめさせることができる。

　技術のなかには、その内容を公開せず、「門外不出の秘伝」として守っておいたほうがよい場合もある。料理のレシピや香水の製法などは、現代の技術をもってしても、世のなかに出回る製品を分析して再現することが難しいので、製法は公開せず秘密として守っておいたほうが有利に働くことがある。後で紹介する「営業秘密」の保護に関する不正競争防止法の規定は、このような発想から、営業秘密の管理体制を守る制度となっている。それに対し特許制度は、発明の内容を広く一般に公開させ、改良の参考にしていくことで、産業全体の発展を図るという考え方のもと、発明内容を誰でも知ることのできる公共情報としつつ、発明について排他的な保護を特許権者に付与して新しい発明の研究開発インセンティヴを与える制度となっている。

　特許法は第1条で、発明を保護することで産業の発達に寄与することを目的とすると宣言している。特許法は発明を奨励し、その公開を促すことでこの目的を達成しようとする制度だということだ。具体的には、優れた発明の内容を世のなかに公開するとともに、原則として特許権を有してい

第4章　産業財産権法　125

る者（特許権者）以外の者が一定の期間、その発明を利用することを禁止
できる制度を設けて、その発明の研究開発にかけた投資を回収する機会を
特許権者に確保するしくみとなっている。

　特許権を得るためには、まず特許権の対象とする発明の内容について詳
細に記載した書類（出願書類）をそろえ、特許庁に提出（出願という）し、
審査を受ける必要がある。特許庁は出願された発明について特許法が定め
ている要件を満たしているか審査を行い、要件を満たすと判断された場合
には、特許査定が下され、特許料の納付等の手続きを行うことによって、
晴れて特許登録がなされ特許権が発生する。

　出願書類の内容は、出願から一定期間経過後は社会に広く公開され、さ
らに特許権が与えられた発明については、特許公報で公開され、誰でもそ
の内容にアクセスすることができる。

1-2　特許権の保護対象——「発明」とは

①「発明」であること（第2条1項）

　特許法第2条1項1号は、「発明」とは「自然法則を利用した技術的思想
の創作のうち高度のもの」であると定義している。自然法則そのもの（例：
万有引力の法則そのもの）を発見したというだけでは発明とはならないし、
自然法則に関わりのない、頭のなかだけで考えられる人為的な取り決め
（例：ゲームのルール、5のつく日はポイント2倍！など）も発明には当た
らないとされる。また、技能（例：フォークボールの投げ方）のように、
セカンドランナーが真似しようのないものは技術的思想には当たらないと
される。「高度のもの」という文言は「考案」（高度性が要求されない）を
保護する実用新案法との住み分けをするための要件である。

　特許が認められるためには、いくつかの要件を満たしている必要があり、
特許庁はこれらの要件を満たしているか、出願書類を日々、審査している。

②産業上の利用可能性（第29条1項柱書き）

　具体的な用途がまだ不明確な、抽象的な自然法則をただ発見したにすぎ
ない段階では、特許が認められず、何らかの産業分野で利用できる見通し

がなくてはならない。また、「太平洋をコンクリートで埋め尽くす台風の発生防止方法」のように、実施が実際上考えられないものも産業上の利用可能性がないとされる。

さらに、人間の生命や身体の尊重という観点から、医療行為の現場で特許権がその妨げとならないよう、医療業（治療法や手術方法など）はここでいう「産業」には当たらないと解されている。

③特許を禁じられている発明ではないこと（第32条）

公序良俗や公衆衛生を害するおそれのある発明には特許が認められない。例えば、「紙幣の偽造用機械」や「覚醒剤密輸用ベスト」といった、違法な目的のための発明がこれに該当する。

④新規性（第29条）

すでに公開されている発明は、出願をさせても技術の豊富化に役立つわけではないので、特許権を付与する必要がない。したがって、特許出願前に日本国内または外国において「公然知られた」発明、「公然実施をされた」発明、「頒布された刊行物に記載された」発明、「電気通信回線を通じて公衆に利用可能となった発明」は特許を受けることができない。

⑤非容易推考性（進歩性）（第29条2項）

また、その発明に属する分野において通常の知識を有する者（当業者）が容易に発明することができた場合にも、特許を受けることができない。技術は日々進歩するものであるから、当業者が簡単に思いつけるような発明は、特許権を与えなくても遅かれ早かれ誰かが思いつくので、特定の者に20年間も独占的な権利を認めることは、かえって社会一般の経済活動の自由を害してしまうからだ。

⑥先願主義

先願と同一の発明でないこと（第39条）、出願公開された先願の明細書に記載されていないこと（第29条の2）が求められる。特許法は、先に発明を完成した者ではなく、先に出願した者に特許権を与えるしくみを採用している（先願主義）。特許制度は発明の内容を世のなかに公開する代わりに与えられる権利であるので、公開するという意思を最初に表明した者に権利を与えるべきであると考えられるからだ。

第4章 産業財産権法　127

これらの実体的な要件に加え、特許出願をする際には、所定の様式をそなえた書類を用意しなければならない。特許の出願に必要な書類は以下の通りである。

　(a)特許願　発明者や出願人等の情報を記載
　(b)特許請求の範囲　権利を求める発明の範囲の内容を特定して「請求項」ごとに記載
　(c)明細書　発明の内容等（発明の名称、解決すべき課題、技術分野、従来技術実施の形態等）を記載
　(d)図面　必要であれば、発明の内容理解に役立つ図面を記載できる
　(e)要約書　発明全体のポイントを簡潔に記載

　このなかでも、発明の内容を文字で記述した「特許請求の範囲」（クレームとも呼ばれる）が、特許権の権利範囲の内容を特定するものであるため重要である。特許請求の範囲については、以下のような記載要件を満たしていなければならない（第36条6項）。

　・サポート要件　特許を受けようとする発明は、「明細書」（発明の詳細な説明）に記載されたものでなくてはならない。
　・明確性要件　排他権の権利範囲が第3者にとってわかるように、明確できちんと確定されてなくてはならない。
　・簡潔性要件　請求項ごとの記載は簡潔でなければならない。

　また、「明細書」（発明の詳細な説明）については以下の記載要件がある（第36条4項）

　・実施可能要件　当業者が実施できる程度に明確に記載しなくてはならない。
　・先行技術文献情報開示要件

　特許法で保護の対象になる「発明」には3つのカテゴリーがある（特許法第2条3項）。

128　　第3節　創作を保護する知的財産権

- 物の発明
- 方法の発明
- 物を生産する方法の発明

◇特許の例

「熱変色性筆記具」（特開2012-6315号）パイロットインキ株式会社

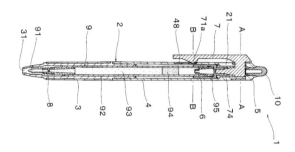

特許出願公開番号「特開2012-6315」に提示された縦断面図

「フリクションボールノック」として実際に発売された商品

この公開特許公報［請求項1］には「内部に熱変色性インキを収容した筆記体を軸筒内に収容し、前記軸筒に設けた操作体を操作して前記筆記体を前後方向に移動させ、前記筆記体のペン先を筆記具の先端から出没可能に構成した熱変色性筆記具であって、前記熱変色性インキの筆跡を摩擦しその際に生じる摩擦熱で該筆跡を熱変色可能な摩擦部と、少なくとも一の前記操作体としてのクリップ体とを備え、前記摩擦部を前記軸筒の後端に設けるとともに、前記軸筒における後端以外の部位に前記クリップ体を設けたことを特徴とする熱変色性筆記具。」と記されている。「請求項」は特許権の権利範囲を特定する、特許の最も核となる文章である。

第4章　産業財産権法　129

| column | 職務発明 |

　発明は個人発明家によってなされることもあるが、現代社会では相当の投下資本と多くのノウハウを持つ企業などの組織のなかで行われることが多い。企業などの組織で行われる発明を促進するためには、研究者個人の研究開発に対するインセンティヴを高めると同時に、研究開発投資を企業等が積極的に行える環境を整える必要がある。そこで特許法は、職務発明について特別の規定を定めている（第35条）。企業（使用者）の社員として雇用されている研究者（従業者）が、その職務の内容として研究開発にたずさわり、その結果、特許になるような発明をした場合には、その発明は「職務発明」となる。

　従来の職務発明制度は、「特許を受ける権利」や「特許権」を原始的には従業者に帰属させ、使用者には法定の通常実施権（→134頁）を与えるとともに、特許権を使用者へ承継させる場合には「相当の対価」（補償金）の支払いを受ける権利を従業者に与えていた。これは、従業者は使用者よりも交渉力が弱く、不利な立場になりがちであるので、従業者を保護するという観点から設けられたしくみであるが、特にこの「相当の対価」の算定をめぐる訴訟が相次いだ。そのなかでも、従業者が会社の意向に反しながら独力で研究した結果、世紀の大発明といわれ、その後ノーベル物理学賞受賞へもつながる、青色発光ダイオードの発明に成功したという事案では、発明者が退職後に元勤務先の会社を訴え、裁判所が相当な対価の額を600億円余りと認定して世間の注目を集めた（青色発光ダイオード事件：東京地裁 2004〔平成16〕年1月30日判決）。この事件はその後、控訴審において会社が元従業員に8億円余りを支払う旨の和解が成立したが、従業者へのインセンティヴのあり方や、巨額な対価の支払いという企業側の負うリスクなど、職務発明をめぐるさまざまな問題がクローズアップされるきっかけとなった。

そこで、2004（平成16）年の改正を経て、2015（平成27）年に
以下の3点について改正がなされ、企業戦略に応じてより柔軟に
社内インセンティヴ制度を構築できるようにするとともに、職務
発明の権利関係を安定させ、職務発明関連の紛争を抑制するため
のしくみが導入された。

①特許を受ける権利の帰属について、原始的に使用者と従業者の
　どちらに帰属させるか選択できるようにした（第35条3項）。

②従業者の権利が、「相当の対価」支払請求権から「相当の利益」
　給付請求権へ変更された（第35条4項）。これにより、ストッ
　クオプションなど金銭以外の経済上の利益も「相当の利益」に
　含まれるようになった。

③「対価・利益の決定手続に関する指針」（ガイドライン）が定
　められ公表されることになり、法的予見可能性を向上させた（第
　35条5項・6項）。

1-3　権利の発生と保護期間

　特許権は、設定登録によって権利が発生する（第66条1項）。発明が登
録されると、所定の事項が特許公報に掲載される（第66条3項）。

---

column　　　　　　　　　　　　　　　　　　　　　　　　**医薬品と特許**

●存続期間の延長制度

　医薬品や農薬は、それぞれ医薬品医療機器等法（旧称薬事法）
や農薬取締法等で、安全性確保のための制約が課せられている。
これらの法律に基づき製造許可を得るためには、かなりの実験や
臨床試験（治験）、審査が必要で、新薬を発明しても、実際に医
薬品として販売するまでに時間がかかってしまう。特許権の存続
期間は特許出願日から起算が始まるため、特許権はあるのに事実
上特許発明が実施できず目減りしてしまうという現象が生じる。

第4章　産業財産権法　　131

そこで特許法では例外として、存続期間の延長制度を設けており、特許庁の審査の結果、延長登録が認められた場合には、実際に実施ができなかった期間を限度に最長5年まで存続期間を延長することができる（特許法第67条2項）。

●ジェネリック医薬品

　CMや病院の窓口などでよく耳にする、ジェネリック医薬品という言葉は、実は特許権と深い関係がある。ジェネリック医薬品とは、新薬（先発医薬品）の特許権が切れた後に同じ有効成分で販売される後発医薬品のことをいう。新薬開発に莫大な時間・費用の投資が必要なのに対し、ジェネリック医薬品は安全性や有効性がすでに確認されたものを使用しているため、短時間での開発が可能で、価格も安く抑えることができるという特徴がある。ジェネリック医薬品の製造販売に特化した製薬会社も多数存在しており、患者負担の軽減や医療保険財政の改善に役立つことが期待されている。

　ほかにも、意匠権が切れたデザイン家具を安価につくり直した「ジェネリック家具」という言葉がある。

●医薬品特許と人権問題

　新薬開発には多額の研究開発費が必要であることは事実であり、特許権が医薬品メーカーの開発インセンティヴに重要な役割を果たしているのもまた事実である。しかし、医薬品は私たち人間の健康や生命に直結するものであり、特許権によって人々の医薬品へのアクセスが不当に妨げられるべきではないということが国際的に議論されるようになってきている。とりわけ、1990年代中頃から、エイズ感染が急速に広がり始めると、先進国で開発されるエイズの高価な新薬を、途上国のエイズ患者が大量に必要とする事態になった。新薬のおかげで先進国の患者が健康を取り戻す一方で、途上国の患者の多くにとって、新薬は高価で手が届

かず、多くの人が命を落としていった。新薬を開発した製薬会社は特許権に基づき、保護期間中は製造販売を独占し、開発にかかった莫大な費用を回収するため、価格を下げようとはしなかった。途上国側の市民グループは、強制実施権設定の要件緩和や特許無効化、TRIPS協定（知的所有権の貿易関連の側面に関する協定。特許をはじめとする知的財産権全般の保護に関する多国間協定である）に医薬品特許の例外を明記することなどを要求する運動を起こし、現在もさまざまな国際機関を通じて途上国側と製薬会社側の利害の調整が進められている。

医薬品と知的財産権を考える際には、「健康への権利」という人権問題としての視点が求められる。

1-4　権利の内容

特許権は、他人が業として特許発明を実施する場合に、それを排他的に禁止できる権利である（第68条）。「業として」とは、経済活動・事業の一環として行うという意味で、個人的、あるいは家庭内といった産業とは関係のない実施は、特許権侵害にはならない。

「実施」に当たる行為は特許の種類に応じて、次のように整理できる。

①物の発明

たとえば、発明が、スマートフォンの部品Xだったとすると、以下の行為が「実施」となる。

(a)その部品Xの生産、(b)その部品Xの使用、(c)その部品Xの販売、(d)その部品Xの輸出・輸入、(e)その部品Xの売り込みや展示、(f)その部品Xを使ったスマートフォンの生産（そのスマートフォンの販売、輸出入、売り込みや展示についても同様）

②方法の発明

たとえば、発明Xが、x、y、zというステップで行われる検査方法であったとすると、以下の行為が「実施」となる。

(a)方法Xの使用（x、y、zというステップで検査を行うこと）

第4章　産業財産権法　133

③物を生産する方法の発明

　たとえば、発明が、これまでにない新しい発色と耐久性を備えた塗料素材Yを生産する方法Xだったとすると、以下の行為が「実施」となる。

　　(a)方法Xの使用、方法Xによって生産された素材Yの(b)使用、(c)販売、(d)輸出・輸入、(e)売り込みや展示、(f)方法Xによって生産された素材Yを使って製品をつくること（その製品の販売、輸出入、売り込みや展示についても同様）

　「②方法の発明」との違いは、その方法で生産した物にまで特許権の効力が及ぶ点である。

　特許発明は、権利者である企業や個人自身によって実施されるばかりではなく、実施権（ライセンス）を設定したり許諾することで、他者が実施する形でも利用される。たとえば、大学での研究成果を特許化し、企業にライセンスを与えることで、発明は事業化され、研究開発費用を回収でき、さらなる研究へのインセンティヴとなる。大学は、自分では事業化するノウハウや設備を持たないことがほとんどなので、大学の研究成果は論文発表等で止まってしまうことが多いが、特許権を活用した大学から企業への技術移転は、発明の実用化、事業化や投資回収に役立つとして注目されている。

　実施権には、専用実施権、通常実施権、独占的通常実施権、裁定通常実施権がある。

　専用実施権は、実施権者が実施を完全に独占する権利である。実施権者以外の者が実施することを排除する権利であるため、一定の手続きを踏んで専用実施権を設定すると、特許権者は、同一の発明について実施権者以外の者に対して実施権を設定したり許諾したりすることができなくなる。また、特許権者自身も実施する権利がなくなる。

　一方、通常実施権は排他性がない。特許権者は、同一の発明について、実施権を複数人に許諾できる。ただし実務的には、上記の専用実施権の登録手続きの手間を省き、通常実施権の設定契約を結ぶ際に、「他人に実施権を付与しない」という特約をつけることが多く行われている。このタイ

134　　第3節　創作を保護する知的財産権

プの実施権は、「独占的通常実施権」と呼ばれる。

　発明が、特許権者によって長期間、実施も実施の許諾もされないとき、その実施をしようと思う者は、協議を開いて裁定通常実施権を設定することができる（第83条、第92条、第93条）。

　一般的に、実施権を得る場合にはそれと引き換えに、実施料（ロイヤルティ）を支払うことになるが、複数の企業が、それぞれ自社の持っている特許発明の実施を互いに無償で許諾し合う場合もある。これはクロスライセンス（実施権の相互許諾）と呼ばれ、交渉コストや紛争コストを減らすという意義がある。

1-5　権利侵害と権利の行使

　同一の発明内容を、他人が、権限なしに、業として実施すると特許権侵害になる。特許権侵害があった場合には、特許権者は損害賠償請求や差止請求、不当利得返還請求、信用回復措置請求をすることができる。また、特許権侵害者はこれらの民事責任に加え、刑事責任も問われる。

2　意匠法

2-1　意匠権とは

　意匠法は、工業デザインの創作の奨励を目的として制定された法律である。私たち需要者は、ふだんさまざまな製品を買うとき、機能面だけでなくデザイン面に魅力を感じて製品を選ぶことが少なくない。たとえばハンドバッグを購入しようというとき、純粋に物を入れて運ぶ機能だけに着目して、たくさん物が入って丈夫なのはどのバッグか、という観点で選ぶ人もいるかもしれないが、それだけでなく、A社製品のバッグは持ち手のデザインが洗練されているとか、B社製品は全体の形が素敵だといったように、デザインの好みで選ぶ人が多いだろう。このように、私たちは消費者としてさまざまな商品に実用品としての価値だけでなく、それを選んで持っていることによる心の満足や自己表現の充足といった価値も求めているのである。したがって、商品の見た目のよし悪し（美観）は、その機能

第4章　産業財産権法　135

の価値と並んで、需要を増大させるという機能がある。しかし魅力的なデザインほど模倣されやすく、それを放置してしまうと、創作にコストがかかるデザインの開発がされなくなってしまうおそれがある。そこで意匠法は、新規で創作が容易ではないデザインについて、登録制度のもと（第20条1項）、審査をしたうえで登録意匠権の保護を与え、デザインの創作を奨励している。

　意匠権は、美的なデザインに対して与えられる権利なので、この点で、美術の著作物に関する著作権や、不正競争防止法第2条1項3号の商品形態の保護と似ている。しかし意匠権は、もっぱら工業デザイン、つまり産業分野を対象としている点で、文化の領域を対象としている著作権とは趣旨・目的が異なる（応用美術→152頁）。また、特許庁に登録が必要である点、当該物品へのアクセスがない偶然の一致であっても同一・類似の意匠の併存を許さない排他的権利である点でも、著作権法・不正競争防止法とも異なる。

2-2　意匠とは

　意匠法が保護する「意匠」とは、物品あるいは物品の部分の形状、模様・色彩またはこれらの結合であって、視覚を通じて美感を起こさせるものと定義されており（第2条1項）、いわゆるプロダクトデザインなどがこれに当たる。車やパソコンなどのインダストリアル・デザイン、化粧品や食品のパッケージ、服飾、食器、家具等、さまざまな分野のデザインに関係する権利である。

　近年の改正で、スマートフォン等、情報家電の操作画面のデザインや画像、建築物、内装のデザインも保護対象になった。

2-3　意匠権の登録要件

　特許庁による審査の結果、下記の要件を満たす意匠には登録が認められる（第3条）。

①工業上利用可能であること

　一点しか作製されない美術品や職人の勘による手法は含まれない。大量

136　　第3節　創作を保護する知的財産権

生産が可能なもののみが対象である。

　工業上利用できないものの例）自然石をそのまま置物としたもの、純粋美術の分野に属する著作物（絵画、彫刻等）

②新規性

　出願前にそれと同一または類似の意匠が存在しない必要がある。

③当業者が容易に創作できないものであること

　当業者とは、その意匠の属する分野における通常の知識を有する者のことをいう。新規な意匠であっても、創作性が低いと判断される意匠は登録できない。

④他人より先に出願していること（先願）

　先願主義（第9条）に基づき、同一・類似の意匠がすでに出願されている場合には、先に出願した者のみが権利を得ることができる。

⑤不登録事由に該当しないこと（第5条）

　次に該当するものは、公益的な見地から登録が認められない。

　(a)公序良俗を害するおそれがある意匠

　(b)他人の業務にかかる物品と混同を生ずるおそれがある意匠

　(c)物品の機能を確保するために不可欠な形状のみからなる意匠

⑥出願の書面において、内容が十分に開示されていること

　意匠登録を受けようとする場合、決められた内容を記載した願書に意匠を記載した図面、写真、ひな型、見本等を添付して出願する。

2-4　さまざまな意匠制度

①部分意匠

　物品全体で登録する以外にも、登録を受ける意匠の範囲を限定して、物品の一部分だけの意匠登録を行うことができる。

　例）コーヒーカップの取っ手の部分、カバンの外ポケット部分

②組み物の意匠

　同時に使用される2つ以上の物品で、組み物全体として統一があるものを、組み物の意匠という。意匠法施行規則で定めるカテゴリーに属し、組み物全体として統一があるときには、一意匠として出願、意匠登録を受け

ることができる。

　例）一組の下着セット、一組のコーヒーセット（コーヒー茶わん、受け皿、ポット、ミルクピッチャー、砂糖入れ）、一組の飲食用ナイフ、フォークおよびスプーンセット等

③画像意匠

　2019（令和元）年改正により、登録が認められるようになった意匠。インターネットサービスの多様化やスマートフォンの普及により、アプリ等の画像や物品以外の場所に投影される画像のデザインも、製品の利便性を左右する重要な役割を担うようになった。そこで、画像のデザインに保護を与えイノベーションを促進するという趣旨から、画像のデザインが意匠法で保護できるようになった。

　例）アプリのアイコン用画像、ウェブサイトの商品購入用画像等

④建築物の意匠

　同じく令和元年改正により、登録が認められるようになった意匠。これまで、意匠法で保護される「物品」は、有体物である動産を意味しており、不動産である「建築物」は意匠登録が認められていなかった。しかし近年、店舗の外観に工夫をこらしてブランド価値を創出する事例が増えてきているほか、住宅販売においても、その形状やデザインをアピールポイントに販売活動を行う不動産会社も増えているなど、建築物のデザインの重要性が増している。こうした現状に鑑みて、「建築物」が新たに意匠法の対象となった。

⑤内装の意匠

　同じく令和元年改正により、登録が認められるようになった意匠。昨今、空間全体のデザインを重視し、企業が内装のデザインに工夫をこらしてブランド価値を創出する事例が増えていることに鑑み、家具や什器等の複数の物品等の組み合わせや配置、壁や床等の装飾により構成される内装が、全体として統一的な美感を起こさせるときは、1つの意匠として意匠登録ができるようになった。

⑥動的意匠（動きのある意匠）

　形状等がその機能に基づいて変化する場合、その形状ごとに意匠登録す

る必要はなく、1つの願書で動的意匠として出願・登録ができる。

例）形が自動車に変形するロボットの玩具

⑦関連意匠

　デザイン開発においては、1つのデザイン・コンセプトから多くのバリエーションの意匠が同時期に創作されることが多い。そこで、1つのデザイン・コンセプトから創作された多数のバリエーションの意匠については、同日に同一出願人から出願された場合に限り、同等の価値を有するものとして保護し、それぞれの意匠について権利行使ができるという関連意匠制度がある。シリーズ展開の整髪料や化粧品のパッケージ・デザインなどでよくこの制度を活用した登録がされている。

⑧秘密意匠

　意匠権が設定登録されると、その意匠は公開されるのが原則だ（第20条3項）。しかし、自動車など、意匠内容が決まった後でも、それを製品化して市場に出すまでに、さらに開発期間を要するような物品も多い。こうした物品について登録後に公開すると、その意匠が模倣されやすい状態にさらされてしまう。そこでこうした公開後の侵害を防止するため、一定期間、登録された意匠の内容を秘密にすることが認められている（第14条）。出願時に出願人が請求すれば、意匠権設定登録日から3年以内に限り、公開しないようにすることができる。

2-5　権利の内容

　登録査定された意匠登録出願については、出願人が登録料を納めることで意匠権の設定の登録がされ、意匠公報が発行される。

　意匠権の存続期間は、出願登録の日から25年（2019年改正）である。

2-6　権利侵害と権利の行使

　「意匠権者は、業として登録意匠及びこれに類似する意匠の実施をする権利を専有する」（第23条）。ここでいう「実施」とは、意匠に係る物品を製造し、使用し、譲渡し、貸し渡し、輸出し若しくは輸入し、譲渡またはその譲渡若しくは貸し渡しの申出をする行為のことをいう（第2条2項）。

第4章　産業財産権法　　139

3 不正競争防止法のデッドコピー規制

商品の形態については、意匠法のほかにも、商品等表示であると認められれば前述の商品等表示に対する保護（不正競争防止法第2条1項1号、同第2号）による保護が可能だ。これらに加え、商品形態を模倣から守る制度として、同第2条1項3号のデッドコピー規制がある。

何か新しい商品を開発する者は、試行錯誤を重ね、ヒットするかどうかもわからないというリスクを負いながらも、いち早く市場に商品を出して先行者としての利益を得ようとする。ある市場で先行者になれれば、他者に追いつかれるまでの間は独占的に販売活動が行えるし、他者が競合し始めても、すでに販路を確保しているなどの面で有利になれる。

しかし、新商品の登場後、間髪を入れずに、その商品の形態をそっくりそのまま模倣する行為は、こうした市場先行の利益を著しく失わせてしまう。商品化のための労力、費用を大幅に節約して、ヒット商品だけをピンポイントで模倣する行為を許してしまうと、誰もコストやリスクを負担して新商品を開発しようと思わなくなってしまう。そこで不正競争防止法第2条1項3号は、新商品開発を促進し、市場先行の利益を守るため、商品形態のデッドコピーを禁止している。

3号は意匠権とは異なり、出願、登録が不要で、新規性等、創作的価値を問わないという点に特徴がある。

模倣とは、他人の商品形態に依拠して、実質的に同一の形態の商品をつくり出すことをいう（第2条5項）。先行商品に改変を加えたとしても、ほとんど費用がかからないような改変であれば実質的同一性が肯定される。たとえば衣服の形態について、先行商品のカットソーの袖をなくすという改変は、需要者の視点に立てば大きな違いかもしれない（袖の有無で需要者が持つ印象は異なるだろうし、着用時期も変わるため）。しかし、創作者の視点に立てば、袖をなくすという改変にほとんどコストがかからないので、実質的同一性を肯定すべきということになる（ベルーナ・RyuRyu事件：東京地裁 2002〔平成14〕年11月27日）。

> **example** 「ドラゴンソード事件」
>
> 　龍が刀に巻きついたデザインのキーホルダーについて、一審では形態が酷似しているとされたが、控訴審で判断が覆った事例がある（「ドラゴンソード事件」）。Xは龍の頭が1つなのに対しYは双頭になっている点、Yの面積がXの商品の約2倍である点などの相違点を控訴審は考慮したようである。このように、第2条1項3号では対比的に、XとYの形態を並べて比較し、実質的に同一かどうかを判断する。

　また、商品の形態であっても、当該商品の機能を確保するために不可欠な形態は保護されない。

　日本国内における最初の販売から3年が経過した商品の形態は適用除外となっており（第19条1項6号イ）、3年経過後は第2条1項3号に基づく差止や損害賠償請求が認められなくなる。最初の販売から3年保護されれば、先行者は投下資本を回収できるだろうという想定で期間が定められている。

> **column** ファッションと知的財産権
>
> 　ファッションを知的財産法で保護するにはどのような選択肢があるだろうか。
>
> ●**ブランドの信用の保護**
> 　まず、「商標法」によって、ファッションブランドのロゴの保護が図れる。高級ブランドのロゴやエンブレムを付した模造品などは、商標法に基づいて摘発可能なケースが多い。
> 　ロゴではなくファッションデザインについてはというと、デザインそれ自体が特定のブランドを示すものとして広く知れ渡っ

第4章　産業財産権法　141

た場合には、周知な商品等表示として不正競争防止法第2条1項1号で保護される場合がある。婦人服にランダム・プリーツを施して人気ラインとなったイッセイ・ミヤケのプリーツ・プリーズや（プリーツ・プリーズ事件：東京地裁 1999〔平成11〕年6月29日判決）、ジーンズのバックポケットに付された弓形ステッチ（リーバイス弓形ステッチ事件：東京地裁 2000〔平成12〕年6月2日判決）について保護を認めたケースがある。しかし、これらはいずれも長年展開されてきたデザインでかなりの宣伝、販売実績があったという事案である。ファッションデザインが第2条1項1号で保護されるのはどちらかというと例外的なケースであるだろう。

また、デザインの立体的な形状が立体商標として認められるケースがあるが、これもやはり立体形状そのものが識別力を有しないと登録が認められないため、幅広くデザインを保護できるわけではない。

●ファッションデザインの創作に対する保護

アパレル・デザインは、あらかじめ登録しておくことで、意匠法による保護が可能である。しかし、意匠権は審査に時間もコストもかかる。それに比べファッションの流行り廃りは移り変わりが早く、模倣品の製造販売が短期間で行われることがあり、産業財産権の保護があまり大きな意義を持たないことも少なくない。アパレルデザインそれ自体をスピーディーに保護するには、登録制度は大きな足かせとなってしまう。

それに対し、次章第5章で紹介する著作権法による保護は、登録なしに創作された時点から保護が開始するという点にメリットがある。しかし後述するように、衣服や靴、鞄など実用的な側面が強いものについては、応用美術の問題として、保護のハードルが高いのが実情である。

●商品形態のデッドコピー規制

　不正競争防止法第2条1項3号は、出願、審査、登録という手続きを必要とせず、商品形態のデッドコピーを禁止することができる制度である。日本国内で最初に販売されてから3年までと、保護期間はけっして長くはないが、流行の移り変わりが激しいアパレル業界での活用が期待されている。

　ファッションデザインについては、ハイブランドがつくり上げたトレンドを一般のブランドやメーカーが模倣して安価な商品として人々のもとに送り届け、大量に消費されるというサイクルを繰り返して発展していくともいわれており、模倣し、模倣されることが暗黙の了解となっている部分もある。高級ブランドからファスト・ファッションまで、私たちは今や質・価格ともに多様なファッション・アイテムに囲まれている。ファッションの選択肢が多様化するなか、私たちは消費者として、改めてファッションと法のあり方を考えていく必要がある。

4　不正競争防止法の営業秘密の保護

4-1　営業秘密とは

　顧客情報やマニュアル、レシピ、製法など、企業は営業上さまざまなノウハウを蓄積しており、それらはビジネスを遂行していくうえで重要な価値を有している。せっかく開発した価値ある情報が外部に漏れ、ライバル企業にそれを利用されてしまうと、そうした成果を開発しようというインセンティヴが損なわれてしまう。もちろん、工場や事務所への無断侵入は住居侵入罪として、図面や複写紙を盗む行為を窃盗罪や業務上横領罪として構成することはできるが、カメラやスキャナで顧客名簿を撮影するなどして従業員が権原ある状態で持ち出すといったように、無形の情報を盗むことは、刑法上の犯罪として構成することができなかった。また、従業員やライセンシーと秘密保持契約や競業避止契約を締結するという方法もあ

第4章　産業財産権法　　143

りえるが、物理的なスパイ行為には無力であった。産業スパイの危険性に加え、転職の際の情報持ち出し等、さまざまな場面で営業秘密の保護の必要性が唱えられるようになった。

　こうしたなか、GATT ウルグアイ・ラウンドの交渉などの国際的な流れも受け、1990（平成 2）年に、不正競争防止法に営業秘密の保護が導入されることとなった。情報を秘密管理している者を秘密管理体制突破行為から保護するため、不正競争防止法では営業秘密に関して、次の 6 つの行為類型を不正競争と規定している。

①不正取得行為（第 2 条 1 項 4 号）

　窃取、詐欺、強迫その他の不正の手段により営業秘密を取得する行為。

②不正取得者の不正利用行為（第 2 条 1 項 4 号）

　不正取得行為により取得した営業秘密を使用、開示する行為。

③正当取得者の不正利用行為（第 2 条 1 項 7 号）

　営業秘密を保有する事業者（保有者）から営業秘密を示された者が、不正競争その他の不正の利益目的で、あるいは保有者に損害を加える目的で営業秘密を使用、開示する行為。

④悪意重過失転得者の不正利用行為（第 2 条 1 項 5 号、8 号）

　営業秘密の不正取得や不正開示、法的義務違反開示について悪意（不正の介在を知りながら）、重過失（知らなかったことについて重大な過失がありながら）で営業秘密を取得、使用、開示する行為。

⑤事後的悪意重過失者の不正利用行為（第 2 条 1 項 6 号、9 号）

　営業秘密を取得した後に、不正取得や不正開示、法的義務違反開示について悪意（不正の介在を知りながら）、重過失（知らなかったことについて重大な過失がありながら）となった者がそれを使用、開示する行為。

⑥営業秘密侵害品の譲渡、輸出入等（第 2 条 1 項 10 号）

　営業秘密の不正使用により生産した製品（営業秘密侵害品）を譲渡、輸出入等する行為。2015（平成 27）年改正で追加された。

　不正競争防止法において「営業秘密」として保護が認められるには、以下の要件を満たす必要がある（第 2 条 6 項）。

①秘密として管理されていること（秘密管理性）

　マル秘マークをつけたり施錠管理するなど、その情報が会社にとって秘密にしたいことがわかる程度に、一般の情報と区別して秘密管理措置がなされていなければならない。

②事業活動に有用な技術上、営業上の情報であること（有用性）

　脱税情報や有害物質の垂れ流し情報など、成果開発のインセンティヴとは無関係な情報は保護対象にはならない。

③公然と知られていないこと（非公知性）

　一般に知られた情報に保護を与えると情報の自由な利用を妨げてしまうため、保護対象は一般に入手できない情報に限られる。

参考文献案内

●麻生典『デザインに関わる人のための知的財産法入門』（弘文堂、2024年）

●稲穂健市『楽しく学べる「知財」入門』（講談社現代新書、2017年）

●愛知靖之／前田健／金子敏哉／青木大也『知的財産法 第2版』（有斐閣、2023年）

●大石玄／佐藤豊編『18歳からはじめる知的財産法』（法律文化社、2021年）

●小野昌延／三山峻司『新・商標法概説 第3版』（青林書院、2021年）

●小泉直樹『知的財産法 第2版』（弘文堂、2022年）

●小泉直樹／田村善之編『特許判例百選 第5版』（別冊ジュリスト55巻3号〔通号
　244〕、有斐閣、2019年）

●駒田泰土／潮海久雄／山根崇邦『知的財産法Ⅰ 特許法』（有斐閣、2014年）

●渋谷達紀『不正競争防止法』（発明推進協会、2014年）

●島並良／上野達弘／横山久芳『特許法入門 第2版』（有斐閣、2021年）

●角田政芳／辰巳直彦『知的財産法 第9版』（有斐閣、2020年）

●角田政芳／関真也『ファッションロー 第2版』（勁草書房、2023年）

●高林龍『標準 特許法 第8版』（有斐閣、2023年）

●田村善之『商標法概説 第2版』（弘文堂、2000年）

●田村善之『不正競争法概説 第2版』（有斐閣、2003年）

●田村善之『知的財産法 第5版』（有斐閣、2010年）

●田村善之／清水紀子『特許法講義』（弘文堂、2024年）

●茶園成樹編『商標法 第2版』（有斐閣、2018年）

●茶園成樹編『不正競争防止法 第2版』（有斐閣、2019年）

●茶園成樹編『知的財産法入門 第3版』（有斐閣、2020年）

●茶園成樹編『意匠法 第2版』（有斐閣、2020年）

●茶園成樹／田村善之／宮脇正晴／横山久芳編『商標・意匠・不正競争 判例百選 第2版』
　（別冊ジュリスト56巻2号〔通号248〕、有斐閣、2020年）

●茶園成樹／上野達弘編『デザイン保護法』（勁草書房、2022年）

●虎ノ門総合法律事務所『わかって使える商標法』（太田出版、2017年）

●中山信弘『特許法 第5版』（弘文堂、2023年）

●平嶋竜太／宮脇正晴／蘆立順美『入門知的財産法 第3版』（有斐閣、2023年）

●前田健／金子敏哉／青木大也編『図録 知的財産法』（弘文堂、2021年）

第5章
著作権法

第5章を学ぶために

インターネットの発達やスマートフォンなどのデジタル機器の普及によって、今ではすべての人が手軽に意見や情報を発信する「表現者」となることができる。このため、表現者が知っておくべき各種のルールや倫理も、出版・放送に関わるメディア関係者が知っておくべきプロのルールから、すべての人が知っておくべき社会ルールへと性格を変えてきた。

そのなかでも特に著作権法は、度重なる改正によって権利保護の強化が図られ、一般社会における知識共有の必要が強く意識されてきた分野である。アーティストも、デザイナーも、メディア関係者も、SNSを使う表現者も、学芸員や図書館員や学校教員も、それぞれの立場でかならず著作権法の知識が必要となる。この章ではこの著作権法について学ぶ。

第1節　著作物とは

　著作権法で保護されるのは「著作物」である。つまり、「これには著作権があるので著作権法のルールを守ってください」と利用者に向けて要求できるのは、「著作物」に当てはまる表現物についてだけである。

　著作権法では、著作物とは、「思想又は感情を創作的に表現したものであつて、文芸、学術、美術又は音楽の範囲に属するもの」と定義されている（著作権法第2条1項1号）。まずこの条文について詳しく見ていこう。

1　思想または感情の創作的表現

1-1　表現されたものであること

　私たちがある作品をつくり上げるまでには、さまざまな段階を経る。他人の作品を見て感動する。「今度は広々とした空間を感じさせるような作品にしたい」といった基本コンセプトを考える。そのコンセプトに具体的な形を与える。人によっては考えるより先に手が動いている。そんなさまざまな段階を経るなかで、その作品が著作権法上「著作物」と認められるのは、どの段階、どの部分なのだろうか。

　著作物と認められるためには、思想または感情の「表現」であることが必要である。心のなかで構想を描いているだけで、まだ外部に表現されていない段階のものや、作品のテーマ、コンセプト、学説、作風など、抽象的なアイディアの段階にあるもの、表現の背後にある思想または感情そのものは、著作物ではない。推理小説の要となるトリックを思いついても、それ自体はまだ著作物ではなく、そのトリックを使った小説作品が言葉として書かれてはじめて「表現」となる。

　抽象的なアイディアは保護せず、具体的な表現のみを保護するという著作権法の大原則のことを、アイディア・表現二分論という。実際にはアイディアと表現はグラデーションのような関係で、明確な線引きをすることは難しいが、「それを独占させたら他の人が同じ内容を別の形で表現でき

第5章　著作権法　149

るか」という観点から検討することは有益だろう。

1-2　創作性

　何かを具体的に表した「表現」であっても、思想や感情を表現したとはいえないもの（列車の時刻表や料金表）は、著作物とはいえない。著作物といえるためには「創作性」が必要となる。

　ここでいう「創作性」とは、他の人がつくったものと異なっており、つくり手の何らかの個性が表れていること、といった意味である。

　そして、この「創作性」は、「芸術性」とは別のものである。法（裁判になったときには裁判所）は、その作品の芸術性の高低の評価をすることができないし、するべきではないからだ。したがって、落書きや個人的な日記、子どもが描いた拙い絵であっても、他のものと異なってさえいれば、著作物である。こうしたものを、創作した本人の意に反して公表したり複製した場合、著作権の侵害となる。その意味では私たちは、すでに無数の著作物の著作者なのである。

　逆に、一度アイディアが決まれば誰が作成しても同じになる表現は、創作性が否定される。

---

example	定義やあいさつ文の著作物性

　「城の定義事件」（東京地裁　1994〔平成6〕年4月25日判決）
　　城郭の研究者である原告は、解説書『日本の城の基礎知識』のなかで、城の定義として次のような文を執筆した。
　　「城とは人によって住居、軍事、政治目的をもって選ばれた一区画の土地と、そこに設けられた防御的構築物をいう。」
　　これに対し被告が別の書籍に無断で同様の定義を記載したため、原告は著作権（複製権）侵害等に基づき損害賠償を請求した。裁判所は、原告の上記定義は学問的思想そのものであって、その表現形式に創作性は認められず、たとえ定義が学問研究の分野で新規なものであるとして尊重されることがあったとしても、著作

150　　第1節　著作物とは

権の対象となる著作物として著作権者に専有させることは著作権法の予定したところではないとして、著作物性を否定した。

「ラストメッセージin最終号事件」（東京地裁 1995〔平成7〕年12月18日判決）

　休刊や廃刊となった雑誌の最終号の読者あてのあいさつ文を集めて複製し掲載した書籍『ラストメッセージin最終号』を発行した被告に対し、雑誌を発行していた出版元らが著作権（複製権）侵害を主張した。

　裁判所は、問題となっていた複数のあいさつ文のうち、短い文章で構成され、休・廃刊の告知に加え、読者に対する感謝、再発行予定の表明等の内容しか含まれず、表現が日頃よく用いられる表現、ありふれた言い回しにとどまっている7個の文については創作性を否定した。他方、残りのあいさつ文については執筆者の個性がそれなりに反映された表現として創作性を備えていると判断した。ありふれた表現、形式的な表現は独占できないということが明らかにされた判決である。

◇創作性否定例

おしらせ

　いつも『なかよしデラックス』をご愛読いただきましてありがとうございます。『なかデラ』の愛称で15年間にわたって、みなさまのご声援をいただいてまいりましたが、この号をもちまして、ひとまず休刊させていただくこととなりました。今後は増刊『るんるん』をよりいっそう充実した雑誌に育てていきたいと考えております。『なかよし』本誌とともにご愛読くださいますようお願い申し上げます。　　　　　　　　　　　　なかよし編集部

第5章　著作権法　　151

◇創作性肯定例

> あたたかいご声援をありがとう
>
> 　昨今の日本経済の下でギアマガジンは、新しい編集コンセプトで再出発を余儀なくされました。皆様のアンケートでも新しいコンセプトの商品情報誌をというご意見をたくさんいただいております。ギアマガジンが再び店頭に並ぶことをご期待いただき、今号が最終号になります。
>
> 　長い間のご愛読、ありがとうございました。

1-3　文芸、学術、美術または音楽の範囲に属するもの

　著作権法第2条1項1号によれば、著作物は「文芸、学術、美術または音楽の範囲に属するもの」と規定されている。この規定から広く「文化」の範囲に属すれば「著作物」となると考えられている。美術の場合、純粋美術がここに含まれることは間違いないが、「応用美術」の場合には注意が必要になる。

　同第2条2項は、「美術の著作物」には「美術工芸品が含まれる」と述べている。ここでいう「美術工芸品」とは、床の間に置かれる壺や壁面に飾られる絨毯など、鑑賞が目的となっている工芸品のことで、通常は大量生産品でなく一点制作のものである。こうした美術工芸品は純粋美術として文化の世界に属しており、著作権法が担当することに疑いの余地はない。

　他方、実用品のデザインは産業の世界に属しており、第4章で見た「意匠権」の対象である。意匠権の成立要件や保護期間の定め、出願登録を求めていることなどの意義を失わせないためには、著作権は意匠権と住み分けをし、文化の世界への関心を使命とすることが基本原則となる。しかし近年、工業工芸デザインが高度に発展し、この境界の見定めが難しい美的な実用品が数多く生み出されており、この分野の議論も活発になっている。

152　第1節　著作物とは

| column | 応用美術をめぐる裁判例の発展 |

◉「美術工芸品」と「応用美術」

　鑑賞を目的として一点ものとして制作される「美術工芸品」は、「美術の著作物」として著作権法の保護を受ける（著作権法第2条2項）。これに対して実用品のデザインは、本来は産業の世界のルールである意匠法の対象である。しかし、文化と産業の領域は重なり合うことがある。絵画がプリントされたマグカップなど、工業生産品に美術を応用させたものを「応用美術」というが、この応用美術に著作権の保護を与えるかどうかが問題になる。

　基本的な考え方としては、意匠制度でも保護が可能なデザインを、重ねて著作権で保護することには、慎重な姿勢がとられてきた。著作権は意匠権よりも保護期間が長く、また「業として」の行為を規制対象とする産業財産権と違って私人の非営利の利用行為まで禁止できる権利であるため、身の回りのありとあらゆるものが著作物となってしまうと、私たちの行動の自由が害されるおそれがある。また、意匠法は物品のデザインについて出願、審査のうえで、新規で容易に創作できないもののみ登録して保護を与えるしくみになっている。それに著作権法によって二重の保護を与えると、意匠法制度が併存する意義がなくなってしまうため、両者の重複がどの程度必要かという視点も重要になる。

　今日では、絵画が施された食器や、デザイン性の高い椅子など、鑑賞に値する「美」と実用に耐える「機能」が両立し、飾って鑑賞もできるし実用品としても使える「物」が多数存在する。一方では、人々の日常の生活文化のなかに感性面での豊かさをもたらす高度なデザインが広く受け入れられてニーズも増していること、もう一方では産業の世界で素材の開発や部品の機能的配列の技術が進んだことによって、美的で繊細な形態を備えつつ実用品としての強度や機能性も備えた製品が生産可能となったことによる。

第5章　著作権法　153

このような「応用美術」にも著作権の保護が及ぶだろうか、また、及ぶとすればどの程度及ぶのだろうか。裁判所がどのように判断しているかを見てみよう。

● 「応用美術」をめぐる裁判例
　応用美術が問題となった代表的な裁判例は、以下の3つの類型に整理できる。
①第一類型：平面的なイラストや図案が実用品に応用されている場合
　イラストをTシャツの図柄にした例（アメリカTシャツ事件：東京地裁 1981〔昭和56〕年4月20日判決）やイラストをレターセットにした例（レターセット事件：東京地裁 2003〔平成15〕年7月11日）で著作物性が肯定されている。しかし、図柄が単純なものになると保護が否定されている。文字を中心としたペットボトル用お茶のパッケージデザイン（サントリー黒烏龍茶事件：東京地裁 2008〔平成20〕年12月26日）の例がある。
　当初イラストとしてつくられた平面作品が、後に実用品にプリントされた瞬間に、著作物性の判断が変わるという扱いは適切ではない。このタイプの応用美術に関しては、通常の絵画やイラストの著作物性の基準と同じように考えるべきだろう。

◇「アメリカTシャツ事件」　　　　◇「サントリー黒烏龍茶事件」

原告・被告画像

原告画像

②第二類型：立体的な量産品（ぬいぐるみ・玩具等）

フィギュアやぬいぐるみなど、立体的な量産品については、「純粋美術と同視しうるか」という基準を使って、通常の著作物に比べ高い創作性が要求されてきた。量産される人形について著作物性を肯定した判決もあるが（博多人形赤とんぼ事件：長崎地裁佐世保支部1973（昭和48）年2月7日決定）、動物のフィギュア（チョコエッグ事件：大阪高裁 2005〔平成17〕年7月28日）、電子ペット玩具「ファービー」（ファービー事件：仙台高裁 2002〔平成14〕年7月9日判決）、プードルのぬいぐるみ（プチホルダー事件：東京地裁 2008〔平成20〕年7月4日）などで著作物性が否定されている。

◇「プチホルダー事件」

原告画像

③第三類型：工業製品の立体的な形状

従来、実用品の機能を実現するという制約を強く受けているデザインについては著作物性を否定する判決が大半を占めていた（装飾窓格子事件：東京高裁 1992（平成4）年9月30日判決）。しかし、近年の「TRIPP・TRAPP事件」（知財高裁 2015〔平成27〕年4月14日）で知的財産高等裁判所は、著作物一般に求められる著作物性の要件さえ満たせば、応用美術も美術の著作物として保護すべきであり、高い創作性などの付加的な基

◇「TRIPP・TRAPP事件」

原告画像

準を要求しないという見解を示し、幼児用の椅子のデザインについて著作物性を肯定した（ただし結論としては、類似していないとして侵害は否定されている）。

他方、最近の傾向のもう1つの流れとして、「実用目的に必要な構成と分離して、美的鑑賞の対象となる」か否かという、分離可能性基準を用いて、ファッションショーの髪型やスタイリング、コーディネート等の著作物性を否定した判決もある（激安ファストファッション事件：知財高裁 2014〔平成26〕年8月28日判決）。最近ではこの基準を踏襲し、実用目的との分離可能性という観点から判断する判決が主流になりつつある傾向にあり（タコの滑り台事件：知財高裁 2021〔令和3〕年12月8日判決）、今後の動きが注目される。

◇「タコの滑り台事件」

原告画像

被告画像

| column | AIと著作権 |

●AI生成物は著作権で保護されるか？

　著作権法では、創作行為を行った者だけが著作者となり（第2条1項2号）、原則としては人間を想定している。そのため、動物に絵筆を持たせて描かせた絵画のように、人間がコントロールできないもの、偶然性に左右されているものは、自然物であるとして著作権では保護されない。では、AIはどうだろうか。人間は筆や絵の具のような道具を使って多くの創作物を創作してきたが、AIもそうした道具と同一視できるのだろうか。

　一口に生成AIといってもさまざまなタイプのものがある。基本的には、人間がAIを道具として使って作成されたものは人間が作った著作物として認められるが、AIが自律的に作成した場合には著作物とはならないと考えるべきだろう。具体的には、詳細かつ長いプロンプトを入力したり、何度も入力と生成の試行錯誤を繰り返して調整したり、あるいはAIが生成したものを人間がさらに加筆修正するなど、人間の創作的寄与がどれくらいあるかがポイントになると考えられる。

　本書執筆の2024（令和6）年時点で、米国や中国でいくつか裁判例が下されているが、日本ではまだ生成AIに関する裁判例は存在しない。日本でも近い将来、裁判所の判断が示される日が来るだろう。

●AI生成物は他人の著作権を侵害するか？

　上記の問題とは別に、生成AIが、世のなかのさまざまな既存の著作物を学習して、AI生成物がつくられたところ、既存の著作物にそっくりな成果物が出力されてしまった場合に著作権侵害は成立するのだろうか。これは法的には、依拠の問題となる。著作権法の世界では、YがXにアクセスしたことがなく、たまたま偶然似てしまった（独自創作）場合には、YはXに依拠していな

第5章　著作権法　　157

いとして、著作権侵害は成立しない。これは、著作権法は文化の世界、すなわち多様性の世界を扱っており、他と異なるものが創作されることに価値があるという考え方が背景にある。たまたま他人の著作物と類似する著作物をつくってしまった場合に著作権侵害になるというのでは、独自創作者に不測の不利益を与えてしまう。また、多様性の世界であるため、たまたま同じような著作物が創作されることは稀なので、依拠を侵害の要件としても、著作権の実効性は失われることはない。

こうした依拠の要件の趣旨を踏まえると、AIを操作する人間が元の著作物にアクセスしたことがあっても、AIがその著作物を学習していない（依拠していない）場合には、創作を左右しているのは人間ではなくAIの方なので、AIが依拠しているかどうかで考え、著作権侵害は成立しないと考えるべきだろう。ただし、操作する人間が試行錯誤を繰り返して、特定の著作物と類似する生成物が制作されるようAIを仕向けた場合には、創作を左右しているのは人間であると考えられるので、人間がアクセスしたことがあるかで依拠を判断すべきだろう。

●AIの学習行為は著作権侵害になるのか？

AIによる学習行為に関係する著作権法の条文としては、第30条の4　1項2号と第47条の5　1項2号がある。著作物の非享受利用（著作権に表現された思想・感情を享受する目的がないこと）に関する制限規定である第30条の4では、情報解析までしか行えず、また必要な限度に限られ、著作権者の利益を不当に害してはならないという制限がある。他方、情報解析と軽微な利用に関する条文である第47条の5は、情報解析にとどまらず、解析結果の提供も可能で、享受目的があっても適用可能な条文となっている。ただし、必要な限度内で、軽微な利用であることが求められ、著作権者の利益を不当に害してはならないとされている。

画風を真似する目的で情報解析を行ったとしても、画風のよう

な著作権法で保護されない抽象的なものだけを享受しようとする場合、すなわち具体的な創作的表現は享受していないという場合には、非享受利用であり、なおかつ著作権者の利益を不当に害するものでもないと考えるべきだろう。

●AIと著作権の未来

　現在は過渡期であり、従来の伝統的な技法を用いる創作者（例：自分の手で描くイラストレーター）と、AIを活用した創作者が分化、対立しさまざまな議論が交わされている。しかし近い将来、多くの人がAIを活用する時代が来るだろう。その時に、著作権法が新しく便利な創作手段の足かせになってしまわないよう、慎重にルールづくりを進めていく必要がある。

2　さまざまな著作物

著作権法第10条は、著作物の例として以下のものをあげている。

一　小説、脚本、論文、講演その他の言語の著作物
二　音楽の著作物
三　舞踊又は無言劇の著作物
四　絵画、版画、彫刻その他の美術の著作物
五　建築の著作物
六　地図又は学術的な性質を有する図面、図表、模型その他の図形の著作物
七　映画の著作物
八　写真の著作物
九　プログラムの著作物

これは例示規定にすぎず、著作物をこれらのものに限定する趣旨ではな

第5章　著作権法　　159

い。また、「美術の著作物」「映画の著作物」などには後述するように特別の規定があるため、ある作品の扱いについてそれらの条文の適用が問題になったときには「美術の著作物」「映画の著作物」に該当するかどうかを論じる必要があるが、そうした問題が生じる場面以外では、どのカテゴリーに属するかはあまり気にする必要はない。また、漫画（美術の著作物＋言語の著作物）のように、複数のカテゴリーに重複する著作物もある。以下、それぞれについて見ていく。

2-1　言語の著作物

　小説、論文など文字で表現されたもの、講演、スピーチなど口頭で表現されたものを総合して、「言語の著作物」という。文章表現や言葉の選択に創作性が認められれば、著作物として保護される。しかし、時候のあいさつ、転居通知、キャッチフレーズ、標語、スローガンなどのきわめて短い表現は、創作性を発揮する余地が限られてしまうので、多くの場合、「ありふれた表現」とみなされ、保護が認められない傾向にある。日本では、「五七五」の17文字で表される俳句が文化として定着しており、この長さが言語の著作物として認められるための最小限の目安と考えられている。

---

example　　　　　　　　　**短い言葉で表された表現の著作物性**

◆**作品のタイトルは？**

　小説や楽曲、映画等の題名（題号）は、基本的には、それ単独では著作物とは考えられていない（タイトルが非常に長く、もはや作品の一部となっているような場合には創作性が認められる余地がありうる）。したがって、同じ題名の歌や小説が複数あったとしても、内容が別のものであれば、複製権侵害の問題は生じない。例えば『桜』や『さくら』というタイトルの楽曲はかなりの数が存在するが、著作権侵害にはならない。ただし、ある小説作品を出版する際に、出版社が作者から改変許諾をとらずに題名だけを変えて出版した、といった場合には、題名と小説本文とを一

160　　第1節　著作物とは

体のものとしてとらえたうえで、著作者の同一性保持権（著作物を勝手に改変されない権利：「著作者人格権」の項目で後述→本書197頁）が侵害されたと判断される可能性がある。

◆交通標語
「ボク安心　ママの膝より　チャイルドシート」という原告の交通安全標語について、「全体としてのまとまりをもった5・7・5調の表現」に創作性が認められるとして著作物性を肯定した判決がある（交通標語事件：東京高裁　2001〔平成13〕年10月30日判決）。しかし、被告のスローガン「ママの胸より　チャイルドシート」と比較した結果、実質的な同一性はないと判断し、著作権侵害は否定していることから、原告の20文字の標語について裁判所は広く禁止権を行使できるような強い保護を与えるつもりではないようである。

◆「ヨミウリオンライン事件」
新聞社のウェブサイト上のニュース記事見出しを無断で他人が使用していたことが問題となった事件で、裁判所は、下記の見出しについて著作物性を否定した（ヨミウリオンライン事件：知財高裁　2005〔平成17〕年10月6日判決）。
「A・Bさん、赤倉温泉でアツアツの足湯体験」
「マナー知らず大学教授、マナー本海賊版つくり販売」
裁判所は、見出しというものはその性質上簡潔な表現で報道対象となる出来事の概要を伝えるものであるから制約が多く、表現の選択の幅が狭いことから、創作性を発揮する余地が比較的少ないと述べている。
ただし、見出しは新聞社の多大の努力、費用をかけた報道機関としての一連の取材活動が結実したものであり、法的保護に値する利益となると述べ、他人が特段の労力を要せずデッドコピーすることは、新聞社の法的保護に値する利益を違法に侵害するもの

第5章　著作権法　　161

として不法行為^{*1}に該当すると判断した。

　記事見出しは、事実をそのまま短い言葉でまとめた非常にシンプルな表現であり、1社に独占を認めてしまうと同じ事実を他社が報道しにくくなってしまうという性質がある。しかし、自らは全く取材活動を行わない第三者がフリーライドできてしまうと、新聞社等が労力を費やして取材体制を組もうとするインセンティヴが失われてしまう。本判決は、著作権法では独占を認めるわけにはいかないシンプルな記事見出しについて、民法の不法行為による保護を認めている点で、裁判所の苦渋の判断がうかがえる。

2-2　音楽の著作物

　思想または感情が音によって表現された著作物。歌詞は詩としては言語の著作物でもあるが、歌唱のための歌詞は音楽の著作物を構成する。創作さえなされていれば、楽譜などに記録されない即興による演奏も、著作物となる。

2-3　舞踊、無言劇の著作物

　思想または感情を、身体を使って表現した振りつけ。バレエやダンス等。なお、身体表現そのものの実演（ほかの人が創作した振りつけにしたがって踊った舞踊や、伝統芸能の実演など）は、著作隣接権によって保護される（後述）。

2-4　美術の著作物

　思想または感情が、線、色彩、明暗などによって、平面または立体の形で表現されている著作物。絵画や彫刻に加え、書や生け花なども含まれる。

2-5　建築の著作物

　思想または感情が土地の上の工作物によって表現される著作物で、創作性が認められるものをいう。寺院、公会堂、記念塔、橋などの建築物はこ

れに該当する場合が多く、一般のビルや居住用建物は含まれない場合が多いが、独自の創作性があれば、建築の著作物として認められる。

2-6 地図・図形の著作物

思想または感情が図の形状・模様によって表現されている著作物。地図は、事実を正確に写し取っただけと思われるかもしれないが、現実の地形や建物等のさまざまな情報を取捨選択し、記号や色分けによって表すものであるから、その選択の結果、創作性が認められると考えられている。なお、平面の図面だけでなく、模型（立体）も著作物となりうる。建築物の設計図を複製することは、「図形の著作物」の複製に当たる。

2-7 映画の著作物

思想または感情が映像の連続において表現されている著作物。また、映画の効果に類似する視覚的または聴覚的効果を生じさせる方法で表現され、かつ、物に固定されている著作物。演劇やミュージカルといったライブ表現は、言語・音楽・舞踊の著作物の複合といえるが、これがフィルムなどの媒体に固定されて、再現（上映）や複製が可能なものになった場合、この固定されたものは映画の著作物となる。

映画の著作物については、監督、演出など映画の著作物の全体的形成に創作的に寄与した者が著作者となるが、その著作権は映画製作者[*2]に帰属することになっている（第29条）。また、保護期間について特別の規定がある。[*3]

2-8 写真の著作物

思想または感情を写真で表現する著作物。シャッターチャンスや構図、アングル、レンズ、色彩、露光などを選択し具体的な結果物としての写真を表現すると、そこに創作性が認められる。そのため、芸術写真、報道写真だけでなく、日常的に撮影されるスナップ写真やスマートフォンで撮影した写真も基本的には保護される。人物写真については、撮影者の創作性が含まれる肖像写真は著作物となるが、自動証明写真機を使用した証明写真のように構図などが決まっていて技術的要素のみで成り立っているもの

第5章 著作権法 163

には創作性がないと考えられる。

---

column　　　　　　　　　　　　**写真の著作物の著作物性と保護範囲**

●絵画を撮影した写真

　写真の著作物の場合、シャッターチャンスや構図、レンズの選択等が創作性を裏づける重要な要素となるため、そうした選択の余地があまりない写真については創作性が生じない。たとえば、絵画を忠実に写し取るために正面からそのまま写真撮影したものは、絵画の複製と考えられ、その写真自体に独自の著作物性は認められない（版画を忠実に写した写真について、創作性を否定した判決として版画事件：東京地裁 1998〔平成10〕年11月30日判決）。

●被写体の工夫と写真の著作物性

　被写体の選択や工夫については、裁判所の判断が分かれている。被写体をカメラマン自らが用意し、並べ方等に工夫を加えたという事案で、別の場所で別の人が似た被写体を撮影した写真について、著作権侵害に当たると判断した例がある（みずみずしいすいか事件：二審・東京高裁 2001〔平成13〕年6月21日控訴審判決）。

　しかし、果実を選んで切って並べる、という被写体の選択、並べ方等はアイディアにすぎず、また仮に被写体そのものが美術の著作物に該当するとすれば、それは被写体自体の著作権であって、それを写真にどう切り取るか、という写真の著作権とは別個の問題であるはずである。被写体を用意した人とカメラマンが別の人だった場合を想定すれば、このことは明白であろう。「みずみずしいすいか事件」の一審では異なる判断が下されている（みずみずしいすいか事件：一審・東京地裁 1999〔平成11〕年12月15日一審判決）。また、同じ場所の風景写真を別時刻に異なる構図・

アングルで撮影したというケースでも、著作権侵害が否定されており（廃墟の写真事件：知財高裁 2011〔平成23〕年5月10日判決）、被写体の選択と写真の著作物性は切り分けて考えるべきだろう。

◇「みずみずしいすいか事件」

原告画像　　　　　　　　　　　　被告画像

●**写真からイラストを起こした場合**

　それでは、他人が撮影した写真を参考にイラストを描くと、写真の著作権を侵害することになるのだろうか。裁判例では、神社の祭りの様子を撮影した写真について、克明にカラーの水彩画で写し描く行為が、写真の著作権の侵害（翻案権侵害→本書191頁）に当たると判断されたケースがある（八坂神社祇園祭ポスター事件：東京地裁 2008〔平成20〕年3月13日判決）。その一方で、人物写真の輪郭を大まかに線でなぞったという例で著作権侵害が否定されたケースもある（創価学会写真ビラ事件：東京高裁 2004〔平成16〕年11月29日判決）。前者は、写真を絵画にしてもなお、写真の創作性（シャッターチャンス、構図、色彩等からなる写真の表現）が絵画のなかに残っていたのに対し、後者は写真としての創作性が残っていなかったために異なる結論になったと考えられる。また、有料で販売されている写真素材のサンプル画像をトレースしてイラストを描いたというケースで、写真の著作物性は認められたが、イラストが2.6cm四方と小さく白黒で、被写体の頭髪の流れや光の当たり具合などがイラストで再現され

ていないことなどを理由に、類似性が否定されたケースがある（コーヒーを飲む男性事件：東京地裁 2018〔平成30〕年3月29日判決）。

　絵画や、特に漫画の制作現場では、写真をもとに絵を描くことがよく行われているが、参考資料として写真を見ながら自分の手で描くのであれば写真の著作権には抵触しないと考えられる。逆に、いわゆる「トレース」の場合、すなわち重ね合わせると細部まで一致するレベルで構図、アングルをそのまま引き継ぎ、細部の描写まで写真を写し取って利用すると、写真の著作物の翻案となるおそれがある。このような「トレース」の材料として写真を使う場合には、自分で撮影した写真を用いるか、他人の写真を使用する場合には権利処理が必要となる。

●写真のフィルム・データの転用

　実務的な問題として、写真の著作物が出版物や広告に使われる際には、そのフィルムやデータを出版社や広告制作会社が預かることが多い。このとき、この写真の著作権は写真家にあるので、預かった会社はこれを無断でほかの目的に転用してはならない。雑誌編集部が、雑誌掲載用の写真のポジフィルムを写真家に無断でデジタルデータ化していたという事案で、複製権侵害（→本書184頁）に当たると判断された例がある（サライ写真著作物事件：東京地裁 2007〔平成19〕年5月30日判決）。

2-9　プログラムの著作物

　コンピュータのソフトウェアは、著作権と特許権の両面から保護される。ソフトウェアの内容（アイディア）は特許で、ソフトウェアの「プログラム」は著作権で保護される。ここでの著作権の役割は、プログラムが無断で複製されることを防ぐことにある。

2-10　データベースの著作物

　データベースとは、「情報を電子計算機を用いて検索することができるように体系的に構成したもの」をいう（著作権法第2条1項10号の3）。これに「情報の選択」または「体系的な構成」のどちらかの観点から見て「創作性」があれば、著作物として保護される（著作権法第12条の2）。したがって、「○○大学の1年生全員の名簿、あいうえお順」のように、網羅的かつ並べ方に工夫がないものは保護されない。

　データベース全体について上記の創作性が認められれば、データベースを構成する個々の情報は著作物でなくてもよい。データベースの内容を構成している個々の情報が著作物である場合には、その利用につき、当該情報の著作権者の許諾が必要となる。

3　二次的著作物・編集著作物

3-1　二次的著作物

　外国語の小説を日本語に翻訳したもの、小説を漫画化したものや映画化したものなど、既存の著作物に新たな創作を加えて作成された著作物を二次的著作物という（第2条11項）。もとになった既存の著作物を、「原著作物」と呼ぶ。原著作物の著作者のことを「原著作者」と呼ぶ。二次的著作物を作成するときには、原著作者が持っている翻案権に触れることになるので、原著作者に許諾を求める必要がある。

---

example　　　　　　　　　　　　　　模写絵画や漫画の二次著作物性

「江戸考古学研究辞典事件」（知財高裁　2006〔平成18〕年9月26日判決）

　江戸時代の浮世絵（これ自体は昔のものなので著作権保護は及ばない）を模写した絵画4点のうち、2作品について、人物のポーズの変更や、服装等に見られる人物の身分描写を変更したことで、模写をした人による新たな創作性が付与されたとして二次的著作

第5章　著作権法　　167

物に該当すると判断、他人による無断複製を著作権侵害に当たる
とした事例がある。ある著作物をそのまま写し取っただけならば
二次的著作物とはいえないが、①原著作物に修正・増減を加え、
②その修正・増減に創作性があり、③なおかつ原著作物の創作的
表現が残っている場合には二次的著作物といえる。逆に、①何ら
の修正・増減がない場合や、②新たな創作性が付与されていない
場合には単なる複製物であり、さらに③原著作物の創作的表現が
感得できないほど修正・増減が加えられている場合には、もはや
別の著作物になると考えてよいだろう。

「キャンディ・キャンディ事件」（最高裁 2001〔平成13〕年10月25日判決）

　連載漫画『キャンディ・キャンディ』は、原作者であるXが各
回のストーリーを創作して小説形式の原稿にし、Yがその原稿に
依拠して漫画にするという方式で創作されていた。連載終了後、
YがXに無断で主人公を描いた描き下ろしのリトグラフや絵葉書
を販売してトラブルになり、Xは、自分には原著作者としての権
利があると考え、権利の確認と原画の作成、複製、配布の禁止を
求めて裁判所に提訴した。具体的には、図A（描き下ろし原画）、
図B（表紙絵）、図C（連載漫画の一部であるコマ絵）それぞれ
について、Xの原著作者としての権利が認められるかどうかが争
われた。

　最高裁は、本件連載漫画はXの原稿を原著作物とする二次的著
作物であると判断、原著作物の著作者であるXは本件連載漫画の
著作者であるYが有するものと同一の種類の権利を有するとし、
XとYの権利が併存することになるため、Yの権利はXとYの合
意によらなければ行使することができないと判示した。結論とし
て、図A、B、Cいずれについても、Xは原著作者の権利がある
と判断した。その結果、YはXに無断で表紙絵やコマ絵をほかの
雑誌に掲載できなくなり、また描き下ろし絵の作成についてもX

の同意がなくては行えないこととなった。

　この判決については疑問視する声が少なくない。連載漫画全体の利用や複数頁の利用は、ストーリーやセリフなど、Xの創作した表現が再生されているといえるので、Xの著作権と抵触すると考えられる。しかし図Cのように、1コマ単独の利用では、ストーリーを読み取ることができず、Xの創作的表現が再生されているといえるか疑問である。図Cについては、セリフを創作的表現だと認めれば、Xの著作物の二次的著作物といえるかもしれない。そうだとしても、ストーリーとは無関係な絵柄である図Bや、まして連載終了後に描き下ろした図Aにまで原作者の権利が及ぶとした判断については、原作者の権利を広く認めすぎているのではないかとの疑問が出されている。

◇キャンディ・キャンディ事件

図A（描き下ろし原画）　　図B（表紙絵）　　図C（コマ絵）

3-2　編集著作物

　百科事典、詩集、オムニバス・アルバムなど、さまざまな素材からなっている著作物で、素材の選択または配列方法に創作性がある場合には、それ全体で1つの「編集著作物」としての保護を受ける。編集著作物の1つ1つの素材は、著作物であってもよいし、事実や情報のように著作物でないもので構成されていても構わない。したがって、判例集のように、個々

の素材が著作物でなくても、その選択、配列に創作性があれば、全体としては編集著作物になる。著作物を素材とする編集著作物の場合、素材となっている著作物と編集著作物とは別個の著作権が発生する。

◇著作権の帰属

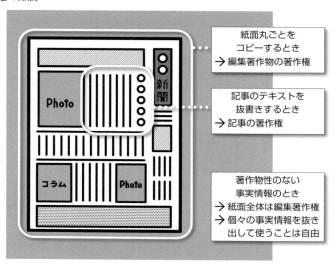

---

column　エディトリアル・デザイン、ロゴデザインと著作権

　書籍の編集レイアウトに関わるエディトリアル・デザインには、著作権法で保護されるべき要素と保護されない要素とが混在している。保護される要素については本文の解説を参照してほしいが、ここでは保護されない要素について、その理由を見てみよう。

●デザイン書体（フォント）の保護
　毛筆などで書かれた「書」は美術の著作物に該当するが、文字のデザインは著作物として保護されるのだろうか。印刷用デザイン書体であるタイプフェイス（フォント）について、裁判所は、

文字は万人共有の財産であり、文字には情報伝達機能があることを理由に、高度の「美的創作性」があるものに限って著作物性が認められるとしている（ゴナ書体事件：最高裁 2000〔平成12〕年9月7日）。

　フォントのデザイン開発には多大なコストがかかり、特に日本語はアルファベットに比べても文字の種類が多いため、かなりの労力を要する。それにもかかわらず著作権法で保護されないのは気の毒ではないかと思う読者もいるかもしれない。しかし、文字は情報の伝達手段という側面が強く、仮に文字で表されている内容（言語の著作物）とは別に、フォントにも著作権を認めてしまうと、権利処理が複雑になり、情報伝達の妨げになってしまうおそれがあるため、保護には慎重な姿勢が必要と考えられている。

●ロゴデザインの保護

　また、特徴的な字体で構成されるロゴマークについても著作物性が否定されている（Asahiロゴマーク事件：東京高裁 1996〔平成8〕年1月25日）。ロゴマークは、商品について使用されるものについては、商標法の要件を満たせば商標権の保護対象となる。

原告画像

被告画像

　文字のデザインの観点からは、2020年東京オリンピック・パラリンピックのエンブレムのデザイン（撤回された案）が注目を集めた。TOKYOの「T」を図案化したデザインについて、それよりも先につくられたベルギーのリエージュ劇場のロゴ（こちらは「T」と「L」を組み合わせたものだった）の模倣ではないか

第5章　著作権法

という疑いがかけられたのだ。その後、当該デザイナーの別の作品やエンブレム選考過程の不透明さなども話題となり、最終的にこのエンブレムは白紙撤回されることとなったが、著作権法の観点から見ると、著作権侵害に当たるかどうかは微妙な事案である。もともとアルファベット「T」の形は独占できるものではなく、アルファベットを直線や曲線を用いてシンプルに図案化すると自ずと似通ってしまうものである。ベルギーの劇場ロゴの模倣を疑う提訴は最終的に取り下げられたが、この裁判が判決に至るまで継続されたとしても、劇場ロゴに著作物性が認められないか、仮に認められたとしても問題のエンブレム案と対比して、創作的表現が類似していないと判断された可能性が高いのではないかと思われる。

● レイアウト・フォーマット

　書籍において、紙面上に項目をどのように配置し、字数や行数、段組みをどうするかを決めたレイアウト・フォーマットは、仮に著作権で保護してしまうと、書籍の利用に支障をきたすおそれが

ある。利用者が書籍のあるページをコピーしたいと思ったときに、文章の内容に関する著作者（著者や出版社）に加え、レイアウトをつくったブックデザイナーにまで許諾を得なければいけないとなると権利関係が煩雑になりすぎるからだ。また、レイアウトそれ自体はアイディアが決まると選択肢が限られており、著作権で保護するとアイディアの独占を招いてしまうという問題もある。ブックデザイナーの利益の保護に関しては、出版社とデザイナーとの間の契約関係で使用の対価を定めるという形で対処すべきだろう。

裁判例では、用語辞典『知恵蔵』の紙面の割りつけ用のレイアウト・フォーマット用紙について、編集著作物である『知恵蔵』の編集過程における紙面の割りつけ方針を示すものであって、それ自体が独自の表現をもたらすものとは認められないと判断したものがある（知恵蔵事件：東京高裁 1999〔平成11〕年10月28日）。

4　著作者の認定

著作権は創作されると最初は著作者、すなわち表現を創作した者に帰属する（第2条1項2号）。このことを、著作権が著作者に「原始的」に帰属する、という。アイディアの提供や企画の発案だけでは著作者にはなれない。具体的な創作活動に関与した者だけが著作者として認められる。

4-1　共同著作物（第2条1項12号）

複数の者が共同して創作した著作物であって、各人の寄与を分離して個別的に利用することができないもの。座談会の記事、複数の人間が助け合いながら制作した1点の絵画や彫刻などが、これに当たる。共同著作物の成立要件は以下の3点である。

①創作的関与　複数の者が創作したこと。

②共同性　複数の者による創作行為が共同して行われたこと。

第5章　著作権法　173

③**分離利用不可能性**　各人の寄与を分離して個別に利用できないこと。

　このうち②共同性の要件は、単なる二次的著作物と区別するために設けられている。また、③分離利用不可能性の要件は、下記の集合著作物と区別するための要件である。

　共同著作物と認められれば、共同著作者の誰かがそれを複製したり商品化したりして利用する場合には共同著作者全員の合意が必要となる（第65条2項）。また著作者人格権についても、各共有者は信義に反して利用態様の決定に関する合意の成立を妨げてはならないとされている（第64条2項）。

4-2　集合著作物・結合著作物

　共著の出版物で章ごとに担当執筆者がいる場合のように、2人以上の者が創作した著作物であっても、それぞれの部分を分離して利用できるものを講学上、集合著作物ないし結合著作物と呼ぶことがある。音楽における歌詞と楽曲、絵本における文章と挿絵などが、これに当てはまる。

example	複数の人が関わった書籍の著作者は

「『SMAP大研究』事件」（東京地裁 1998〔平成10〕年10月29日判決）

　雑誌のインタビュー記事について、原告らはインタビューを受けたSMAPのメンバー個人と、彼らの発言をもとにインタビュー記事を執筆・掲載した出版社編集部により共同して創作されたものだと主張していたが、インタビューに答えて発言しただけでは、文書作成のための素材を提供したにすぎず、文書表現の作成に創作的に関与したとはいえないとして、SMAPメンバー個人は記事の著作者にはならないと判断された例がある。

◆**本書の場合**

　本書『あたらしい表現活動と法 第二版』の場合はどうなるだろうか。まず、本書は2人の著者による「共著」である。2名のイニシャルをとってそれぞれ「S」と「H」とする。章立てやコラム、事例、イラスト画像の配置など、全体の編集については、編者であるSが編集著作権を持っている。

　次に文章（言語の著作物）の部分について見ると、それぞれの章について以下のようになる。

　第1章、第2章、第3章、第6章、第7章解説部分、資料のSの署名のある「レポートの参考例」は、Sが単独で書いたSの著作物。第4章の全体およびHの署名のあるコラムと「レポートの参考例」は、Hが単独で書いたHの著作物である。これらは「集合著作物」として本書を形成している。

　どちらも本書の前身として出版された『新版　表現活動と法』を参考にしているが、それをベースにして手を加えたのではなく、まったく新しい原稿を書き下ろしているので、「原著作物と二次的著作物」の関係には立たず、新しい著作物となる。解説の対象となる著作権法の条文や判例に上述の書籍や他の書籍と共通のものが使われていても、それらの事実情報は著作権の目的とはなら

第5章　著作権法　　175

ないので、それらについて許諾を求める必要はない。一方、この第5章だけは、最初にSが本文の原型を書き、Hが「column」と「example」の原型を書き、その後に交互に全体の推敲をして1つの章になるように仕上げているので、分離することのできない「共同著作物」となる。

4-3 職務著作（第15条1項）

①法人その他使用者の発意に基づき、②その法人等の業務に従事する者が、③職務上作成する著作物で、④その法人等が自己の著作の名義で公表する著作物については、⑤その作成時における契約、職務規則等に別段の定めがない限り、従業員ではなく、法人が著作者となる。たとえば、フリーランスのデザイナーのように、社外のデザイナーが企業に依頼されて著作物を創作する場合には職務著作とはならず、デザイナー個人が著作者となるが、デザイン会社や広告制作会社などの法人の従業員として働く企業内デザイナーやイラストレーターが、職務として1つの著作物を創作する場合には、会社が著作者となる。

法人のなかではたくさんの人が創作に関与しているため、外部の者にとっても内部の者にとっても、著作活動に関わった人の特定が困難なことが多く、権利関係が複雑化してしまう。そのため、権利の所在を法人に一元化している。[4]

5　権利の目的とならないもの

5-1　憲法そのほかの法令、裁判所の判決など

これらは、著作権の目的にならない。主権者である国民に常に開かれた公共情報でなければならないという公益目的から、権利の目的とされていない（第13条）。

5-2　事実情報および時事の報道

　災害や事故の報道、死亡記事、経済面に掲載される株価や金利などの数値など、誰が書いてもほぼ同じとなる事実情報だけを記述したものは保護されない。しかし、一定のまとまりを持ち、事実情報に加えさまざまな追加情報や見解を加えるなどして、言葉の選択に工夫があるものであれば、言語の著作物として保護される余地が生じる。たとえば、「○月×日に震度5強の地震が発生した」「○棟の家屋が倒壊した」という事実情報のみを淡々と記述した記事にすぎないならば著作権の対象とはならないが、地震の状況について数値だけでなく人々の様子をインタビューなども交えながらルポルタージュ形式で記述した記事になれば、著作権の対象となるだろう。

第2節　著作権の種類と侵害の要件

　著作権法上、どのような行為をすると著作権侵害になるのだろうか。ここでは説明の便宜上、先に著作物を創作した人をX、後から別の著作物をつくり、それがXの著作権侵害ではないかと疑われている人をYとして説明する。

　「YがXの著作権を侵害した」とは、①YがXの著作物に依拠して、②類似の範囲で③法定の利用行為を行ったということである。裁判になったときには、訴える側（X）がこの①から③があったことを立証しなければならない。Xが立証すべき事柄は何か、という観点から、順に見ていこう。

1　依拠

　著作権の侵害となるためには、YがXの著作物に依拠していることが必要である。YがXの著作物を見ないで、別個独立に作成していたのに、結果的にたまたま類似した著作物ができ上がったという場合には、Yの作品は著作権侵害にはならない。独自創作者に不測の不利益を与えないようにし、創作を奨励するという著作権法の趣旨に従えば、独自創作による偶然の一致は著作権侵害にはならないとすべきである。

　実際の訴訟では、依拠の要件については、YがXの著作物にアクセスしたかどうかをXが証明していく（たとえば、Xの著作物が大ヒットして、日本に住んでいれば誰でも見たことがあるといえるものなら、Yのアクセスが推認されるだろう）。他方、Yとしては、自分は独自創作をした、あるいはXではなく別のものを参考にしたのだということを、抗弁[*5]として主張していくことになる。

2 類似

　本章の最初で述べたように、著作権で保護されるためには、Xの著作物が思想・感情の創作的表現であることが必要である（第2条1項1号）。このことから、著作権の権利範囲に関しても、YがXの創作的表現を再生していない場合には、保護の範囲外となる。XとYとを比較したとき、抽象的なアイディアの部分だけが抽出されているにすぎない場合や、創作的ではない表現が共通しているだけの場合には、著作権侵害とはならない。この意味で、著作権法上の「類似」とは、日常用語の「似ている」とは異なる。具体的に類似性を考える場合には、《アイディアか表現かの区別》を念頭に、共通している部分が具体的な表現のレベルなのか、それとも抽象的なアイディアにすぎないのかを検討するとよい。さらに、《その種の類似について著作権侵害を認めてしまうと、次に同じアイディアやテーマを表現しようとする後発者が困ってしまわないか》という視点からも考える必要がある。

---

example　　　　　　　　　　　　　　　　　　　　　　　　「江差追分事件」

「江差追分事件」（最高裁 2001〔平成13〕年6月28日判決）

　被告NHKは江差追分のルーツに関するテレビ番組を制作した。そのナレーションが、原告が執筆した江差追分に関するノンフィクションの著作権を侵害するかが争われた事案である。一審、二審は両者に類似性が認められるとして侵害を肯定したが、最高裁は、著作権法は、思想または感情の創作的な表現を保護するものであるから、既存の著作物に依拠して創作された著作物が、思想、感情、アイディア、事実など表現それ自体でない部分や表現上の創作性がない部分で共通するにすぎない場合には著作権侵害には当たらないという一般論を示した。そして、江差町の過去の繁栄と現在の様子を対比的に描写することはありふれた事実に当たるとし、表現の記述順序も独創的なものではなく、創作性が認

められない部分が共通しているにすぎないとした。また、原告は
「9月に江差追分全国大会が開かれ、年に一度、かつての賑わい
を取り戻し町が活気づく」という記述について、原告特有の認識
で一般的な認識とは異なるから保護されるべきだと主張していた
が、最高裁は、認識自体は著作権法上保護されるものではなく、
また被告は具体的な表現が異なっているとして、結論として類似
性を否定した。

◇ 「江差追分事件」原告と被告の表現の比較

原告のノンフィクションのプロローグ	被告の番組ナレーション
むかし鰊漁で栄えたころの江差は、その漁期にあたる四月から五月にかけてが一年の華であった。	日本海に面した北海道の小さな港町、江差町。
……（6文省略）…… 「出船三千、江差の五月は江戸にもない」の有名な言葉が今に残っている。 ……（4文省略）……	古くはニシン漁で栄え、「江戸にもない」という賑いをみせた豊かな海の町でした。
鰊の去った江差に、昔日の面影はない。 ……（6文省略）……	しかし、ニシンは既に去り、今はその面影を見ることはできません。
その江差が、九月の二日間だけ、とつぜん幻のようにはなやかな一年の絶頂を迎える。日本じゅうの追分自慢を一堂に集めて、江差追分全国大会が開かれるのだ。 町は生気をとりもどし、かつての栄華が蘇ったような一陣の熱風が吹き抜けていく。	九月、その江差が年に一度、かつての賑いを取り戻します。民謡、江差追分の全国大会が開かれるのです。大会の三日間、町は一気に活気づきます。

180　第2節　著作権の種類と侵害の要件

| example | 絵画、イラストの類似性 |

「けろけろけろっぴ事件」(東京高裁 2001〔平成13〕年1月23日判決)
「タウンページ・キャラクター事件」(東京地裁 1999〔平成11〕年12月21日判決)
「マンション読本事件」(大阪地裁 2009〔平成21〕年3月26日判決)

　絵画、イラストの類似性も、XとYの創作的表現が共通しているか否かという基準で、アイディアの独占になってしまわないかという観点、後発者への影響の大きさといった観点を取り入れながら判断していくことになる。具体的な裁判例をいくつか見てみよう。これらに共通していえることは、単にモチーフや画風が共通しているというだけでは、著作権法のいう「類似」にはならないということだ。

　比較的シンプルなイラストが問題となった事案で、類似性が否定された例としては以下のものがある。「けろけろけろっぴ事件」では、カエルのイラストで単に目を大きく誇張して描いたというだけではありふれているので独占させるべきではない。「タウンページ・キャラクター事件」は、本を擬人化したキャラクターという点では共通しているが、顔のパーツや手の描き方が異なって

◇「けろけろけろっぴ事件」

　　　　原告画像　　　　　　　　被告画像

第5章　著作権法　181

いる。「マンション読本事件」は、画風がかなり似ているが、鼻や髪の毛等の描き方に違いが見られるうえ、人間を単純化した画風を独占させると、後発者に与える影響が大きいという点がポイントになっているように思われる。

◇「タウンページ・キャラクター事件」

原告画像

被告画像

◇「マンション読本事件」

原告画像

被告画像

「武富士イラスト事件」（東京地裁2003〔平成15〕年11月12日判決）
「LEC出る順シリーズ事件」（東京地裁2004〔平成16〕年6月25日判決）

　抽象的なレベルを超えて、具体的な表現が共通すると、類似性が肯定される。たとえば、「武富士イラスト事件」は世界の名所をイラスト化したものだが、風車の羽根の位置や木の本数、傾き方など、1つ1つのモチーフの描き方が細部にわたって共通して

おり、しかもその並べ方まで共通している。また、「LEC出る順シリーズ事件」は、人間のかたちをしたキャラクターの単純化とデフォルメにはさまざまな選択肢があるにもかかわらず、手足や各パーツのバランスなどが細部まで共通している。この類似度で類似性を肯定したとしても、後発者はいくらでもほかに世界の名所や単純化した人間を描くことができると考えられ、後発者の表現を制約するような影響は少ないと思われるので妥当な判断だろう。

◇「武富士イラスト事件」

原告画像

被告画像

◇「LEC出る順シリーズ事件」

　　原告画像　　　　　　被告画像

第5章　著作権法　　183

3 法定の利用行為——著作財産権の内容

　著作権侵害に当たる行為は、著作権法で定められた一定の利用行為に限られる。したがって、法定の利用行為に掲げられていない行為（例：読書行為）を行ったとしても著作権侵害にはならない。

3-1 支分権と「専有」

　著作権は、著作物を出版、放送などさまざまな方法により利用することに関する排他的権利である。このことを著作権法では「〜を専有する[*6]」という。

　実際には、著作者本人が自分でその著作物を出版、上演する場合よりも、他者（出版社や演奏家など）を通じて出版、実演する場合のほうが多い。こうした場合に、著作権は、自己の著作物を他人が利用することについて利用の対価と引き換えに許諾したり、あるいは禁止したりする権利として働く。

　著作物にはさまざまな種類があり、その著作物の性質に即した利用形態がある。著作権法は、こうしたさまざまな利用形態に応じて、権利の内容を分類して規定している。この細かく分類された諸権利を「支分権」という。著作権の移転や利用許諾は、支分権ごとに行われる場合があるので、自分が利用を希望する形態（複製なのか上演なのか公衆送信なのか）に即して、適切な支分権を知っておくことが必要となる。また、権利処理の際には、すでに支分権ごとに別々に権利者がいる、ということが考えられるので、この実態に即して許諾をとるなどの権利処理を行う必要がある。

3-2 複製権（第21条）

　英語の「copyright」という言葉に表れている通り、複製権は、著作権制度のなかでも最も基本的な権利である。著作権者は複製に関する排他的権利を持っているので、この行為について許諾または禁止することができる。したがって著作物を複製して利用しようとする者は、著作権者の許諾を求めなければならない。複製とは、「印刷、写真、複写、録音、録画その他

184　第2節　著作権の種類と侵害の要件

の方法により有形的に再製すること」をいう。文芸作品や論説を出版したり複写機でコピーしたり、講演をテープに録音したり、テレビ放映された映画や舞台上演された演劇をビデオに録画したりする行為がここに含まれる。また、手書きで写すこともここでいう複製に当たる。したがって、絵画の模写も、この複製に当たる。自分自身の勉強や練習のために、個人で他人の絵画や書を模写することは後述の「私的複製」に当たるので自由に行ってかまわないが、これを自分の作品であるかのように偽って公表したり、著作権者の許諾を得ずに不特定者に配布したりすれば、複製権侵害となる。なお、建築の著作物については、その設計図にしたがって建築物を建てることが、建築の著作物の複製に当たる。一方、設計図自体は「図形の著作物」なので、これを複写することは「図形の著作物」の複製となる。

3-3　上演権、演奏権（第 22 条）

　著作権者は、自己の創作した脚本による演劇などを公に上演したり、自己の創作した音楽を公に演奏したりする排他的権利を持っているので、この行為について許諾または禁止することができる。「公に」とは、路上や飲食店など不特定の者を対象にする場合、または特定であっても多数の者を対象とする場合をいう。劇団員や映画俳優が公演前に練習やリハーサルをしているときには、公衆に直接見せることを目的としていないので、上演権は働かないと考えられる。上演、演奏には、その上演、演奏を録音、録画したものを再生することや、その上演、演奏を通信設備を用いて伝達することも含む。したがって、レコード（CD）や上演を録画した映像の再生（例：店内 BGM として市販の CD をかけ流す）も、ここにいう上演、演奏に含まれる。

3-4　上映権（第 22 条の 2）

　上映とは、著作物を映写幕その他のものに映写することをいう。著作権者は上映について許諾または禁止することができる。上映というと映画を思い浮かべやすいが、この権利は、映画を含むすべての著作物について、著作物をスクリーンやディスプレイ画面等に映し出すことにより公衆に対

して提示する行為が対象になっている。したがって、美術作品や写真など
の静止画の利用についても上映権が働く。演奏会などの様子を同時に別の
会場でスクリーンに映すときは、音楽や言語の著作物に関する演奏権や口
述権が働くが、この様子を録画してその上映を行う場合には、上映権が働
く。

3-5 公衆送信権等（第23条）

「公衆送信」とは、公衆によって直接受信されることを目的として送信
を行うことである。著作権者は、自己の著作物を公衆送信することについ
て許諾または禁止することができる。ここには、有線放送と無線放送の両
方が含まれるが、このうち、「公衆によって同一の内容の送信が同時に受
信されることを目的として行う無線通信の送信」を、一般に「放送」とい
う。テレビやラジオによる放送がこれに当たる。一方、「公衆によって同
一の内容の送信が同時に受信されることを目的として行う有線電気通信の
送信」を、一般に「有線放送」という。喫茶店等に音楽を有線で提供する
音楽有線放送、地域ごとのCATV（ケーブルテレビ）や都市型CATVがこ
れに当たる。

この公衆送信権の内容のなかには、「送信可能化権」が含まれる。送信
可能化とは、ある情報やコンテンツをインターネット上で自動公衆送信で
きるようにアップロードすることである。著作権者の公衆送信権に送信可
能化権が含まれるということは、アップロードされた情報が別の誰かに
よって別の端末にダウンロードされたかどうかを問わず、アップロードし
た時点で公衆送信権に触れる、ということである。他者の著作物をネット
上にアップロードないし投稿したいときには、その前に著作権者に許諾を
求めなくてはならない。

3-6 口述権（第24条）

著作権者は、自己の言語の著作物を公に口頭で伝達することについて許
諾または禁止することができる。たとえば、公衆に対して小説などを朗読
する場合や、口述の録音物を再生する場合にこの権利が働く。講談や落語

や漫才は、口演を超えて「実演」に当たるため、多くの場合、上演権が働く。

3-7　展示権（第25条）

　展示権は、美術の著作物と未発行の写真の著作物の原作品にのみ認められる権利である。これらの著作権者は、これらの原作品を公に展示することについて許諾または禁止することができる。原作品とは、ポスターやカレンダーとして複製されたものではなく、キャンバスなどに描かれた原画のことであり、絵画のレプリカなどの複製物の展示にはこの権利は及ばない。また、原作品が1点しか存在しない作品（絵画など）の場合と異なり、版画や写真の場合には複数の原作品が存在する場合がある。写真の著作物については、原作品とその他の複製物との区別がつきにくいので、未発行のものに限って著作者にこの展示権を認めている。この趣旨からいえば、写真や版画については、公衆の要求を満たす相当程度の部数の複製物が、著作権者の許諾を得て作製されて頒布された場合は、展示権は認められなくなる。展示権については、著作権者と所有者の間の調整ルールがある（→次のcolumn「美術品の展示に関するルール」）。

---

column　　　　　　　　　　　　　　　**美術品の展示に関するルール**

●所有権、著作権と展示

　美術作品は、本来は著作権者が展示をする権利を持っているが、これには美術品流通を円滑にする配慮から、いくつかの特別なルールが定められている。

　作者が絵画や彫刻などの原作品を画商やコレクター、美術館に売ったりして譲渡した場合、その原作品の所有権（有体物に対する権利）と著作権（無体物に対する権利）は、別々の人が保持することになる。こうした場合に、所有権者が自己の所有する美術作品の展示に当たり、そのつど著作権者の許諾を得なければならないとすると、展覧会を開いたり、特に作品を転売するために展示したりすることが機に応じて行えず、せっかく所有権を取得し

第5章　著作権法　　187

ても、その後のさらなる譲渡が困難になってしまう。そこで、美術もしくは写真の著作物については、その原作品の所有者またはその同意を得た者であればその原作品を公に展示することができる（第45条1項）。

　所有権者には本来、自己の所有する物について、自己の意思にしたがって利用したり譲渡したりする自由（処分権）がある。これは民法上の権利である。美術作品をこの意味での「物」として譲渡する（商品として売る）には、購入希望者に原作品を展示することが必要となる。商品としての美術品のこのような流通を妨げないようにするために、原作品の所有者が展示を行う場合には、所有者の民法上の権利が優先し、著作権者の展示に対するコントロール権が制限されるのである。

　他方、美術著作物を屋外の場所に恒常的に設置する場合（第45条2項）には、公衆の行動の自由への配慮という観点から、写真に撮ったりスケッチしたりなど、自由に利用できるという規定がある（第46条1項→本書205頁）。これは著作権者にとっては著作権が大幅に制限されていることになる。そのため、著作権法は上記の展示のルールとは逆に、著作権者の利益に配慮して、著作権者は屋外への設置に関しては、展示禁止権を行使できることにしている（第25条、第45条2項）。

　以上をまとめると、所有権者は、屋内の展示は著作権者の許諾なく自由に行えるが、屋外の場所に美術著作物を設置する場合には、著作権者の許諾を得る必要があるということになる。

●会場ごとの観覧ルール

　ところで、美術館などではよく、展示作品の写真撮影が禁止されているが、これはどのような法的根拠に基づくのだろうか。著作物を写真に撮る行為は複製となるが、後述するように、私的に楽しむ目的であれば、私的使用（第38条）が認められる。したがって、著作権法の問題としては、作品を撮影してポストカードをつ

くり販売するなど私的使用の範囲を逸脱しない限り、個人で楽しむためなら写真撮影は許される。また、著作権で保護されない古典作品などは撮影しても著作権侵害にはならない。

しかし著作権の問題とは別に美術館は、美術館という施設の所有者であり、施設管理者の権限として、館内の行為を制限することができる。企画展のように、作品を借用してきて展示している（＝美術館に作品の所有権がない）場合でも、この施設管理者としての権限で、入場者に対し入場を認める際の条件として、写真撮影を禁止することができる。実務としては、作品保護や写真が大量に出回ることの不利益を考慮して、借用の契約上、会場での撮影禁止を貸し出しの条件として所有権者から求められていることが少なくない。一方、最近では、SNS上の宣伝効果に期待して、撮影をOKとする美術館や企画展も増えている。

3-8　頒布権（第26条）

映画の著作物にのみ認められている権利である。映画の上映には、その映画を固定したフィルム（複製物）を映画館に配給することが必要となる。この配給に関するルールとして、映画の著作物の著作権者は、その複製物を頒布することについて許諾または禁止することができる。頒布とは、「有償であるかまたは無償であるかを問わず、複製物を公衆に譲渡し、または貸与すること」をいう。ただ、同じ複製物の貸与でも、映画DVDのレンタルについては、頒布権とは別に「貸与権」が規定され、頒布権とは別の扱いとなっている。この規定によって、映画の著作物の著作権者は、映画の著作物を上映する権利（前述）とその複製物を頒布する権利を持つことになる。

| example | 映画の著作物とゲームの著作物 |

「中古ソフト事件」（最高裁 2002〔平成 14〕年 4 月 25 日判決）

　画面上で展開し、ストーリー性を備えたゲームは、映画の著作物として扱われる。ゲームソフトを「映画の著作物」と見るとすると、ユーザーが使い終わったソフトを買い取って販売する中古品取引が、映画の著作物の頒布権侵害に当たらないか、という問題が生じる。この論点が争われた事件で最高裁は、テレビゲームのソフトは映画の著作物に該当し、頒布権の対象になるとしつつも、劇場用映画を公衆に提供するための頒布とは異なり、ゲームソフトのような「公衆に提示することを目的としない」映画の著作物の複製物（商品としてのゲームソフト）については、いったん適法に譲渡された（買い手が買って所有した）ならば頒布権はそこで消尽し、その複製物を公衆に再譲渡する行為にまでは及ばないという考え（消尽理論）を示した。この判断によって、ユーザーが購入した後のゲームソフトを中古品として売り買いすることは著作権法に反する問題ではないということになった。

3-9　譲渡権（第 26 条の 2）

　譲渡権は、著作物の原作品や複製物を、譲渡により公衆に提供する権利である。私たちが身近に体験しているのは、書籍や音楽 CD などが店頭で販売される、という形での譲渡である。この権利は、映画の著作物以外の著作物について認められる（映画の場合には頒布権が認められている）。これは権利者に無断で著作物の原作品や複製物を譲渡（販売）してはならない、という意味の規定で、海賊版など違法に作成された著作物の販売は譲渡権の侵害となる。

　いったん適法に譲渡された著作物のその後の譲渡には、著作権者の権利は及ばない（これを権利の「消尽」と呼ぶ）。したがって、いったん適法に書籍や音楽 CD を購入したユーザーがこの書籍や CD を中古品として売

ることは、自由にできる。

3-10　貸与権（第 26 条の 3）

　いわゆる「レンタル」にかかわる権利である。著作権者は、自己の創作した著作物の複製物を公衆に貸与する権利を専有する。ここでいう貸与権の対象となる複製物とは、レコード、CD、書籍など、映画の著作物以外の著作物である。[*7]

3-11　翻訳権、翻案権等（第 27 条）

　著作権者は、翻訳、編曲、変形脚色、映画化し、または翻案によって、自分の著作物に新たな創作を加えられること（二次的著作物が創作されること）を許諾または禁止する権利を持っている。他人の著作物を原著作物として、ここに掲げられたような創作を加えた二次的著作物を作成しようとする者は、原著作物の著作権者から許諾をとらなければならない。

　翻訳、編曲などによってできた二次的著作物については、翻訳者や編曲者などがその著作者となるが、その原著作物の著作者も、二次的著作物の著作者と同等の権利を持つ（第 28 条）。したがって、ある小説を原作として作成された映画を DVD として二次利用する場合には、二次利用者は、その原著作者にも映画の複製の許諾を得なければならない。

　変形とは、ある著作物をほかの表現形式へ変更することをいう。絵画から彫刻を作製したり、漫画キャラクターから立体のフィギュアやぬいぐるみを作製したり、写真の著作物をもとにして絵画にするような場合である。写真（平面）から絵画（平面）への変更は、完全に忠実な模写の場合には複製となるが、そこに新たな創作性が認められる場合には、ここでいう変形に該当すると考えられる。

　翻案とは、脚色、映画化などのように、ストーリー性や基本的モチーフ（内面形式）を維持しつつ、具体的な表現（外面形式）を変えることをいう。たとえば、小説作品を脚本に書き換えて演劇に使用する場合や、映画化する場合がこれに当たる。漫画やアニメ、小説などを、実写化（映画、ドラマ）、ゲーム化する、あるいはその逆に映画を小説化したりゲームをアニメ化し

第 5 章　著作権法　　191

たりするなど、1つの作品を異なる表現形式に変えて展開することを「メ
ディアミックス」と呼ぶが、これは文化、経済の活性化を促すものとして
期待されている。この流れのなかで、この翻案権は著作権者の経済的利益
を守る権利としての重要性を増している。

　翻訳、編曲、変形または翻案による二次的著作物の創作には、原著作物
の改変をともなうことになる。翻案の際に表現形式を変更するのにとも
なって必然的に行われる改変であれば、後述する同一性保持権の問題とは
ならないと考えられている。たとえば、長編小説を2〜3時間の映画に翻
案する場合には、いくつかのエピソードを省略することや、原作小説の登
場人物を一部、映画で出さないこととすることは、必然的な改変に当たる
と解されるだろう。表現形式の相違による必然的な改変を超えて、翻案の
際にストーリーやタイトルを無断で大幅に変更することは認められない。

第3節　著作者人格権

　ここまではおおまかに、著作物には著作権があり、この権利を持つ者（著作権者）は著作権法によって保護される、と書いてきた。しかし著作物を創作した人には原始的に、「著作者人格権」と呼ばれる権利も与えられる。詳しく見ていこう。

1　「著作権」の意味

　広義の「著作権」という言葉には2種類の意味がある。

◇著作権

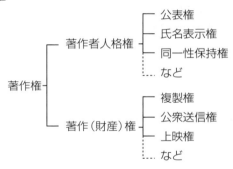

1-1　著作者人格権と著作財産権

　最も狭い意味での「著作権」は、「著作者人格権」との区別において使われるもので、財産的利益に関わる諸権利のことをいう。この区別をはっきりさせるために、複製権などこれまで見てきた権利を「著作財産権」と呼ぶこともある。著作権制度は、人間の創作・表現行為を、その精神的・人格権的側面と、財産権的側面の両方からとらえている。とりわけ、表現行為を生活の糧として生活する作家にとっては、表現は精神的充足を追求する行為であると同時に現実の生活を支える経済活動でもあり、この両面からの保護が必要になってくる。

第5章　著作権法　193

1-2 「著作者」と「著作権者」

著作財産権は、譲渡（他人に譲り渡すこと）、相続などを通じて、著作者当人とは別の者が持つことも可能である。たとえば、ある楽曲があるとき、その楽曲の作詞、作曲をした人間（創作者）が、歌詞、楽曲それぞれの「著作者」である。この著作者（創作者）がまずは著作権者となるのだが、「著作財産権」は譲渡できる権利なので、著作者以外の者（たとえば音楽プロダクションのような企業）が権利者となる場合が少なくない。一方、著作者人格権は著作物の著作者本人の権利であり続けるもので、譲渡、相続はできない。そのため、著作者人格権を保持している者（著作者）と著作財産権を保持している者（著作権者）とが別の人物になる場合が出てくる。そこで、著作物を利用する場合には、著作権者に許諾を得たり契約を結んだり著作権料を支払ったりすることと同時に、著作者の著作者人格権（特に同一性保持権〔後述〕）を侵害しない利用のしかたをする必要がある。上の楽曲の例でいえば、「著作財産権」は譲渡できる権利なので、著作者以外の者（たとえば音楽プロダクション）が権利者となる場合が少なくないが、この場合でも後述する「著作者人格権」は創作者の権利であり続けるので、作詞家が替え歌の歌唱を許諾しない、といったことが起こりうる。

2 著作者人格権

2-1 一身専属性

「著作者人格権」とは、著作物について、著作者の精神的・人格的利益を保護する権利のことで、公表権、氏名表示権、同一性保持権の3つの権利がある。さらに、著作者の名誉、声望を害する方法によりその著作物を利用する行為は、著作者人格権のみなし侵害になると規定されている（第113条6項）。

著作者人格権は、著作者が著作物に対して持つこだわり、愛着といった人格的利益を保護する権利であるので、その性質上、著作者その人だけに認められ、他人に譲渡することができない権利である（第59条）。このことを、一身専属性という。したがって、著作者は他人に著作財産権を譲渡

することができるが、譲渡後も、著作者人格権に基づき、著作物の表現がみだりに改変されたりするのを防ぐことなどができる。

著作者の死後、著作者人格権はどうなるのか。一身専属の権利なので相続の対象にはならないが、死後であっても人格的利益が損なわれないという利益は保護する必要がある。自分が死んだ途端に自由に著作物が改変や公開されてしまうとなると、著作者は安心して死ぬことができないからだ。そこで著作権法では、著作者の死亡後も、所定の要件のもと、著作者人格権の侵害となるべき行為をしてはならないと定められている（第60条）。所定の遺族などが差止請求と名誉回復等措置請求をすることができ（第116条）、侵害行為は刑事罰の対象にもなっている（第120条）。

2-2　公表権（第18条）

公表権とは、自分の著作物を公表するかどうか、公表するとした場合にその時期や方法をどうするかについて決定する権利である。

公表権は未公表の著作物についてのみ認められる。たとえば、本人が公表する予定のない私的な日記として書いた文章を、他人が本人の許諾をとらずに出版物に掲載したり、ネット上に公表したりすることは、許されない。

ただし、著作者が未公表著作物の著作権を他人に譲渡した場合や、美術著作物、写真著作物の原作品を譲渡した場合は、著作物の公表についても同意を与えたものと推定される。

「情報公開法」との関係では、未公表著作物を行政機関や地方公共団体に提供した場合には、これが情報公開の請求にしたがって公衆（住民）に提供されることについて、同意を与えたものとみなされる（著作権法第18条3項）。

---

example　　　　　　　　　　　　　　　　著作者の死後の著作物の公表

「三島由紀夫手紙公表事件」（東京高裁 2000〔平成12〕年5月23日控訴審判決）

著作者の死後に、その著作物を公表した場合はどうなるだろうか。ある作家が、故三島由紀夫が生前にこの人物に宛てて送った手紙とはがきを無断で自分の実名小説作品に掲載したことから、遺族によって訴えられた事件で、裁判所は、手紙は著作物であること、その公表（公衆への提供）に関して、故人の意思に反するような公表は認められないと判示した。

2-3　氏名表示権（第19条）

「氏名表示権」とは、著作物の創作者であることを主張し、著作物に著作者の表示をつけるかどうか、どのような表示をつけるかを決定する権利である。著作者の表示とは、実名や変名（ペンネーム、雅号など）のほか、身分、職業などに関する肩書きの表示を含む。したがって、他人が著作者に無断で氏名、称号を変えて表示したり、削除したり、あるいは無名著作物に著作者の実名を入れて発表したりすると、氏名表示権の侵害となる。

column　　　　　　　　　　　　　　　　　　　「ゴーストライター」問題

　氏名表示権の趣旨からは、著作者が希望すれば、著作者名をあえて表示しなかったり、ペンネームを付したりすることは認められる。しかし著作者ではない者を著作者であるかのように掲げることは、公衆を欺くものであるから規制すべきであるという観点に基づき、刑事罰の対象となっている（第121条）。この規定は、当事者の合意の有無を問題としていないので、たとえ当事者同士が合意していたとしても公衆に対する詐欺となると考えられ、非親告罪となっているのもこの趣旨からだと考えられる（「3　侵害に対する罰則」→本書237頁）。現実の著作者でない者が合意のうえで著作物を作成する「ゴーストライター」はこの類型に入るが、現実にはこうしたことは少なからず行われているともいわれており、この規定を正面から適用することは社会的実情に合わな

196　　第3節　著作者人格権

い、との指摘もあるが、こうした厳しい規定があることの趣旨からすれば、少なくとも真の著作者が名乗りでたときや、自分の名前を明示してほしいと要求したとき（氏名表示権の行使）、依頼者はそれを民事上「契約違反」として拒否したり違約金をとったりすることはできない。

2-4　同一性保持権（第20条）

　同一性保持権とは、著作物の同一性を保持するために、変更、切除等の改変を拒否できる権利である。著作者の意に反して著作物を改変すると、同一性保持権の侵害となる。「改変」の例としては、絵画や写真作品を、印刷物に掲載する段階で編集者が無断でトリミングしたり、背景を切除したり、作品の色を替えたりする場合などであり、著作者の意に反する場合には同一性保持権の侵害となる可能性がある。歌詞のある楽曲の歌詞の一部または全部を変えることや、著作者の意に反して創作時になかった言葉をつけ加えることも、同一性保持権の侵害となる可能性がある。また、ある作品に新たな創作を加えてつくられる二次的著作物についても、付加された創作的要素が原著作物の著作者の意に反する改変に当たる場合には、同一性保持権の侵害となる。

　ただし、文言上は著作物の改変に当たる場合であっても、著作物の正当な使用に必然的にともなう改変であるとき、また公共性の強い事柄に利用するうえで必要な場合には、同一性保持権の侵害とはならないと考えられる。条文では、教科書への掲載または学校教育番組の放送のために著作物を利用する際の用字用語の変更（第20条2項1号）、建築物の増改築や修繕（同2号）、プログラム著作物のバグ修正やバージョンアップ（同3号）などについては、条文上、同一性保持権の保護が及ばないとされている。さらに、これらに加え、著作物の性質や利用の目的、態様に照らしやむを得ないと認められる改変も、同一性保持権侵害とはならない（同4号）。

第5章　著作権法　　197

| example | 同一性保持権と改変 |

◆文章（論文）の改変

　大学が発行する雑誌に学生Xの研究論文を掲載する際、Xの承諾なしに53か所にわたって削除、変更を加えたという事案で、裁判所は、送り仮名の変更や句読点の使い方の変更、改行の省略等の変更等、意味内容の変更とは関係ないものについても同一性保持権の侵害であると判断したものがある（法政大学懸賞論文事件：東京高裁 1991〔平成3〕年12月19日控訴審判決）。

◆庭園の改変

　著作権法第20条2項2号は、建築物の増築、改築、修繕や模様替えについて同一性保持権侵害を制限している。これは、建築物は著作物性が認められる場合があると同時に実用性もあり、所有者が自由に増改築、修繕ができないと困ることに配慮した規定である。では、商業施設の庭園をリニューアルして、新たなモニュメントをつけ加えることは許されるだろうか？大阪の複合商業施設「新梅田シティ」には、高層ビルに加え緑地や散策路などで構成される庭園があった。ところが、「新梅田シティ」の所有者Yは、敷地内に「希望の壁」というタイトルの巨大緑化モニュメントを追加で設置しようと計画した。それに対し庭園の著作者であるXは、同一性保持権侵害を主張し設置工事続行の禁止を求める仮の地位を定める仮処分申し立てを行った。

　裁判所は、「希望の壁」を設置すると、庭園の基本構造が一部遮断され感得しにくい状態になるうえ、巨大なモニュメントであるため景観や印象、美的感覚等に相当の変化が生じるとして、庭園の改変に当たると述べた。しかし、土地所有者の権利行使の自由に加え、庭園が土地の定着物であって実用目的での利用が予定される面もあるとして、建築物の改変に関する上記の規定（著作権法第20条2項2号）を類推適用し、同一性保持権の侵害を否

定した（新梅田シティ『希望の壁』事件：大阪地裁 2013〔平成25〕年9月6日決定）。

漫画への論評と「やむを得ない改変」

　X作の漫画『ゴーマニズム宣言』等の内容に批判・反論を加えた書籍『脱ゴーマニズム宣言』を執筆したYは、論評を行うに当たって、『ゴーマニズム宣言』の漫画カットの該当部分を複数、無断で採録した。その際、①漫画カットの一部人物の顔に黒い目線を入れる、②横並びの連続した3コマのうち最後の1コマを下に移動する、という変更を加えたため、同一性保持権侵害になるかが争われた。裁判所は、①については、目隠しを付さずにそのまま掲載すると、モデルとなっている実在の人物の名誉感情を害するおそれが高いとし、そうした場合に相当な方法で改変するこ

◇「脱ゴーマニズム宣言事件」

①被告画像

②原告画像（改変前）

②被告画像（改変後）

第5章　著作権法　199

とは「やむを得ない改変」に当たると判断、同一性保持権の侵害を否定した。他方、②については、コマを移動した結果、最後の1コマの人物の視線とさし指の方向が変わってしまい、コマの位置関係を用いた表現が改変されてしまうとし、Y書籍のレイアウトの都合を重視してXの表現を軽視すべきではないとして、「やむを得ない改変」に当たらず同一性保持権侵害であると判断した（脱ゴーマニズム宣言事件：東京高裁 2000〔平成12〕年4月25日控訴審判決）。

2-5　名誉声望保持権（第113条11項）

　上記のような著作者人格権の侵害に至らないような行為であっても、著作者の名誉や声望を害するような方法での著作物利用行為は、著作者人格権を侵害する行為とみなされる。例えば、絵そのものに変更は加えていないが、裸婦画を風俗店の看板に利用したり、前後の文脈を無視して引用を行い、引用された著作物の内容を誤解させるような態様で利用する行為が例としてあげられる。

第4節　著作権の制限規定——自由利用のルール

　ここまで私たちは、著作者・著作権者の側に立って、著作者・著作権者はどのような権利を持っているかについて学んできた。しかし、著作権法が目的としているのは、さまざまな文化的所産を一方的に権利者の独占下に置くことではない。文化の促進を目的とする著作権法は、権利者と利用者の両方の立場からそれぞれの利益を考慮し、バランスをとろうとしている。そのために、利用者の自由を優先して、著作権者の権利の効力を部分的に制限する場面も出てくる。

1 著作権の制限規定

　著作権法は、支分権を掲げて侵害に当たる行為を規定する一方で、それらに当たる行為であっても、侵害の責任を負わなくてもよい場合を定めている。著作権法第30条以下で定められているこれらの規定は制限規定と呼ばれ、いずれかに該当する場合には、利用者は著作物を自由に利用できる。制限規定は著作権者側からすれば権利の効力の制限となるが、著作物を利用する者の側からすれば、著作物を自由に利用できるということを意味する。多くの人がこれらの規定に基づき、芸術の習得や教育活動や学術活動を行っている。

　制限規定は多岐にわたるが、それぞれの趣旨に着目して大まかに分類すると次頁の表のようになる。ただし、この制限規定はすべて著作財産権が制限される場合を定めたものである。これらの制限規定に該当しても、著作者人格権は制限されない点に注意しよう（第50条）。

　以下、特に重要な規定について具体的な事案とともに見ていこう。

第5章　著作権法　201

◇著作権の制限規定

趣旨	条文
行動の自由の確保	私的使用のための複製（第 30 条）付随対象著作物の利用（第 30 条の 2）営利を目的としない上映等（第 38 条）公開の美術の著作物等の利用（第 46 条）
研究・批評への配慮	引用（第 32 条）
教育への配慮	教科用図書等への掲載（第 33 条）教科用拡大図書等の作成のための複製等（第 33 条の 3）学校教育番組の放送等（第 34 条）学校その他の教育機関における複製等（第 35 条）試験問題としての複製等（第 36 条）
文化的福祉への配慮	図書館等における複製等（第 31 条）公文書管理法等による保存等のための利用（第 42 条の 4）国立国会図書館法によるインターネット資料及びオンライン資料の収集のための複製（第 43 条）点字による複製等（第 37 条）視覚障害者等のための複製等（第 37 条）聴覚障害者等のための複製等（第 37 条の 2）
所有権等との調整	美術の著作物等の原作品の所有者による展示（第 45 条）美術の著作物等の展示に伴う複製（第 47 条）美術の著作物等の譲渡等の申出に伴う複製等（第 47 条の 2）プログラムの著作物の複製物の所有者による複製等（第 47 条の 3）保守、修理等のための一時的複製（第 47 条の 4）
情報技術の利用の確保	電子計算機における著作物の利用に伴う複製等（第 47 条の 4）送信の障害の防止等のための複製（第 47 条の 4）情報通信技術を利用した情報提供の準備に必要な情報処理のための利用（第 47 条の 4）送信可能化された情報の送信元識別符号の検索等のための複製等（第 47 条の 5）情報解析のための複製（第 47 条の 5）
公共目的のための利用	時事問題に関する論説の転載等（第 39 条）公開の演説等の利用（第 40 条）時事の事件の報道のための利用（第 41 条）裁判手続等における複製（第 42 条）審査等の手続きにおける複製等（第 42 条の 2）行政機関情報公開法等による開示のための利用（第 42 条の 3）
その他	検討の過程における利用（第 30 条の 3）技術の開発または実用化のための試験の用に供するための利用（第 30 条の 4）放送事業者等による一時的固定（第 44 条）

2 私的使用のための複製（第30条）

　個人的にまたは家庭内、その他これに準じる限定された範囲内（少人数の友人間など）に限って使用することを目的とする場合には、他人の著作物を自由に複製して利用できる。これを私的使用のための複製という。私的に行われる少量の複製であれば、権利者に与える影響が微々たるものであるし、世のなかで日々行われる私的な複製をチェックすることはかえって手間がかかるから、私的使用のための複製は著作権の権利の範囲外とされたのである。

　たとえば、講義や講演などの内容を自分で後から見直すために筆記したり、ラジオからの音楽を家庭内で録音したり、テレビ番組を家族で楽しむために録画したりする行為が私的使用のための複製として許容される。これらの要件を満たす限り、複製のほか、翻訳、編曲、変形または翻案して利用することも認められる。他方で、会社などで社内会議や研修のために参加者全員にコピーを配る、といった利用は、私的使用の範囲を超えているため、複製権侵害に当たる。

　しかし、技術が進展したことで誰でも簡単に安価で高品質な複製ができるようになったため、私的使用のための複製であっても権利者に与える影響が見逃せないようになってきた。そこで、2009（平成21）年改正で、インターネット等から著作権侵害コンテンツを悪意で[*8]（違法アップロードされたものであると知りながら）ダウンロードする行為は、私的使用目的であっても著作権侵害となることとなった（第30条1項3号）。さらに、2012（平成24）年改正によって、有償で公衆に提供、提示されている著作物に関して違法アップロードされたものであると知りながらダウンロードすると、私的目的であっても刑事罰が科されることになった（第119条3項）。さらに、漫画の海賊版サイトなどが問題になったことなどを受け、2021（令和3）年改正で、それまで対象が音楽と映像のみであったものが、画像や漫画、雑誌など全ての著作物についても同様のルールが適用されるようになった。

| column | 私的録音録画補償金制度 |

オリジナルの品質が劣化しないデジタル複製技術が普及したことで、私的複製であっても、多くの著作物の複製が高品質かつ大量に行われるようになった。このため、1992（平成4）年の著作権法改正では、私的使用目的の複製を無償で認める根拠が希薄になったとの理由で、デジタル方式の録音、録画に限って「私的録音録画補償金制度」が導入された（第30条3項、第102条1項）。これによって、デジタル方式の特定機器によりDVDレコーダーなど特定記録媒体に録音、録画する者（ユーザー）は、私的録音・録画補償金を支払わなければならないこととなった。実際には、補償金の対象となるデジタル録音・録画機器および記録媒体のメーカーが協力して、機器、メディアの販売価格にこの補償金を上乗せする形で集金し、これを指定管理団体に納入するという形がとられていた。

しかし、次々に誕生する新しい機器やメディアを補償金制度の対象とするかどうか、政令で指定する際の調整がスムーズに進まないという問題や、アナログTV放送を受信できない（地上デジタル放送のみを受信する）デジタル録画用機器は補償金制度の対象外であるうえ、メーカーは協力義務者にすぎないと判断した判決が下されたことで（東芝事件：知財高裁 2011〔平成23〕年12月22日判決）、実効的な制度ではなくなり、私的録画補償金の請求・受領を行っていた補償金管理協会（SARVH）は2015（平成27）年3月31日付で解散した。進歩する技術環境に対応した、権利者への適切な対価還流を図る新たなしくみが模索されている。

3　公開の美術の著作物等の利用、写り込み

　原作品が恒常的に屋外に設置されている美術の著作物、および建築の著作物は、彫刻の増製や販売目的の複製などを除いて、自由利用が認められる（第46条）。

　建築物や屋外に設置されている彫刻などは、もともと誰でも簡単にアクセスできるのに加え、風景を撮影しようとすると避けがたく入り込んでしまう。また、特定の場所を示すための記号として意図的に利用する必要性が高いこともある（たとえば、東京の渋谷を舞台にしたドラマを撮影する際に、そこが渋谷であることをわかりやすく示すためにハチ公像を撮影するなど）。このような自由利用のニーズが高い一方、屋外恒常設置の美術の著作物や建築の著作物は、著作権者としても、もともと多くの人に見られることを前提としていると考えられる。そこで、著作権者の正当な経済的利益と衝突する例外的な場合を除いて、自由利用を大幅に認めているのである。この趣旨からは、商品としてのカレンダー、絵はがき、ポスターなど販売目的の複製については自由利用が認められない。広告に利用することも、その広告ポスターそのものが販売対象とはならないにしても、ある商品を販売するための営利目的ということで、販売目的に含まれると考えられる。

　ただし、第46条の対象は恒常的屋外設置の美術の著作物と建築の著作物に限られている。そのため、室内での写真撮影に絵画が写り込んでしまうケースや、キャラクターの絵が大きくプリントされたTシャツを着た人物を撮影するケース、あるいは町中で流れていた音楽がたまたま映像に録音されてしまったケースなどには、第46条が適用できないという問題があった。こうした幅広い「写り込み」問題に対応するため、2012（平成24）年の著作権法改正で、第30条の2（付随対象著作物の利用）が新設され、2020（令和2）年改正でその対象が拡大された。

　現在の第30条の2は、第1項で、①複製伝達行為をする際に、②付随して対象となる著作物は、③それが軽微な構成部分で、④「正当な範囲内」であれば、⑤著作権者の利益を不当に害しない限り、著作物を付随して利

第5章　著作権法　　205

用することができると定めている。この条文により、たとえば写真を撮影した際や生配信などをする際に、本来の被写体に加えて小さく絵画が写り込むといった場合に、その絵画の著作権が制限される（利用が認められる）ことになる。「正当な範囲内」かどうかは、利益を得る目的の有無、対象となる著作物の分離の困難性の程度、利用物において対象となる著作物が果たす役割が判断要素になるとされている。このように、日常生活において一般的に広く行われる行為に伴う「写り込み」が幅広く認められるようになった。

第30条の2ができたことによって、第46条の意義が失われたかというとそうではない。第30条の2はあくまでも写り込みが「軽微」な構成部分となるものに限られているので、屋外の彫像や建築物をメインの被写体にして写真等を撮影する場合は、やはり第46条の出番となる。

このように、第46条と第30条の2はクリエイターにとって大変身近な条文となっている。絵画や写真、映像作品を創作する場合にはぜひ覚えておいてほしい。

4 「引用」と「転載」

4-1 引用（第32条1項）

他人の著作物は、一定の要件のもとで、自分の著作物のなかに挿入して利用することができる（第32条1項）。これを「引用」という。他者の著作物を自由利用できるルールのなかで、学生や研究者にとって最も身近なルールである。学術的なレポートや論文を書く際にはこのルールを守ることが必ず必要になるので、ぜひ習得してほしい。

著作物が先人の文化的遺産のうえに成立するものであることに加え、そうした著作物利用が社会生活上のコミュニケーションのためには不可欠のものであることや、要件を満たす引用であれば著作権者の利益に及ぼす影響が少ないことなどから、認められている制度である。

①引用してよいものは、公表著作物の一部分である。ただし短歌や俳句、美術作品や写真作品は、全部の引用が許される場合もある。

206　第4節　著作権の制限規定―自由利用のルール

②引用は、公正な慣行に合致していなければならない。

③引用は、報道、批評、研究などの引用の目的上、「正当な範囲」内でなければならない（時事の事件を報道目的で引用する場合には、特別の規定がある）。必要のない部分まで利用することは認められない。

④引用される著作物について出所の明示をしなければならない。

（「出所の明示」第48条）

---

column パロディと引用

　他人の作品をもじったり変更を加えたりして、ユーモアや批評といったメッセージを発信するパロディは、見る人にもとになる作品を想起させてこそパロディとして成立するため、著作権法との抵触が問題となる。パロディに使用する際にもとになる著作物の著作権者から許諾が得られれば問題ないが、もとになる著作物を批判したり揶揄したりするパロディ作品の場合は許諾を得られない場合が多い。著作権が足かせとなって、パロディという1つの表現ジャンルが封殺されてしまうことは、表現の自由や文化の発展、民主的な社会討議の促進にとって望ましくないように思われる。日本では、議論はあるものの、パロディを認める特別の制限規定は現在のところ設けられていない。

　パロディに関する過去の有名なケースでは、雪山をスキーヤーがシュプールを描いて滑り降りてくる様子を撮影したXの写真を、Yが無断で使用し、タイヤの写真を合成して別の作品をつくり出したことが問題になった。Yは、この利用は旧著作権法の制限規定（節録引用）に当たると主張したが、「パロディ事件」（最高裁　1980〔昭和55〕年3月28日判決）で最高裁は、引用といえるためには①明瞭区分性（どこが引用してきた部分か明確になっていること）、②主従関係（引用する側の著作物が「主」、Xから引用してきた部分は「従」の関係であること）、③Xの著作者人格権を侵害しないこと、という3つの要件を満たす必要があると

第5章　著作権法　　207

述べ、本件は著作権侵害に当たると判断した。

　最高裁が示した要件のうち、①②の要件論はその後の下級審でも大きな影響力を有していたが、旧法下の事件であったこともあり、近年では、現在の著作権法の文言に合わせた基準として、「正当な範囲内の利用」といえるか否かが重視される傾向にある。当然ながらパロディと一口にいってもさまざまなものがあるため、ケースバイケースだが、今後、パロディに関する訴訟で引用の成否が問題となった場合、「正当な範囲」の柔軟な解釈によって、パロディが適法と判断されるケースが出てくるかもしれない。

◇「パロディ事件」

原告作品

被告作品

example　　　　　　　　　　　　　　　　　　美術鑑定書と引用

「美術鑑定書事件」（知財高裁 2010〔平成22〕年10月23日判決）
　近年、引用の要件を比較的柔軟に解釈して注目を集めた判決として、「美術鑑定書事件」がある。この事件は、絵画が本物であるかどうかを鑑定して証明する鑑定書の裏面に、鑑定の対象となっている原画の縮小カラーコピーを鑑定業者が付していたとこ

ろ、絵画の著作権者（画家の遺族）から複製権侵害であるとの訴えが提起された事案である。一審の東京地裁 2010（平成22）年5月19日判決は、遺族の主張を認め、そうした行為が著作権侵害になると判断した。しかし、二審の知財高裁判決は、当該行為が引用に当たると判断し、一審判決を覆した。

知財高裁は、鑑定書の裏にコピーをつける目的が、鑑定対象である絵画を特定し、かつ鑑定書の偽造を防ぐためであって、添付の必要性、有用性が認められると述べた。さらに、著作物の鑑定業務が適正に行われると、贋作が排除され著作物の価値が高まり、著作権者等の権利の保護にもつながると指摘し、鑑定のために原画の複製を利用することは、著作権法の規定する引用の目的に含まれると判断した。そして、コピーが鑑定書と分離して利用される可能性や、鑑定書が対象の絵画と別々に流通する可能性が低いこと、絵画の著作権者がその絵画の複製権を利用して経済的利益を得る機会が失われることも考えづらく、引用の目的上、正当な範囲内のものであると述べ、引用に当たると結論づけた。

この判決以前の多くの判決は、「パロディ事件」で最高裁判決が示した①明瞭区分性、②主従関係という2要件を重視していた。また、著作権法第32条1項が引用の目的として「報道、批評、研究その他」と規定しているため、引用と認められる「目的」を、批評や研究などの新たな創作に向けられた利用に限定して解釈する判決が多かった。それに対し「美術鑑定書事件」の知財高裁判決は、従来の枠組みにとらわれず、美術鑑定書の持つ性質や著作権者に与える経済的不利益を考慮したうえで、著作権法第32条1項を柔軟に解釈した判決だと理解できる。

4-2 転載（第32条2項）

「転載」とは、国または地方公共団体の機関が一般に周知させることを目的として作成した広報資料、調査統計資料や報告書などを、新聞、雑誌

第5章 著作権法 209

などの刊行物に説明の材料として全部または一部、掲載することである。これらの資料には著作権が認められているが、公共のために広く利用させるべき性質のものであることから、自由利用が認められる。この転載は、一般への周知目的で作成されていない内部資料や白書、報告書については認められない。また、転載禁止の表示がある場合には転載は認められない。また、引用と同じく出所の明示義務がある。

5 教育の観点から認められる自由利用

教育に関しては、さまざまな制限規定が設けられている。教育活動の円滑な実施にとって著作権が妨げとならないようにとの配慮である。

5-1 教科書用図書等への掲載（第33条）

公表された著作物は、高等学校以下の教科用図書、高等学校の通信教育用学習図書および教科用図書の教師用指導書に掲載することができる。さまざまな科目の教科書に掲載されている写真、国語の教科書に掲載されている詩や小説、音楽の教科書に掲載されている楽譜などがその例である。翻訳、編曲、変形、翻案による掲載も可能である。学校教育の目的上やむを得ない場合には、用字、用語の変更などの改変が認められる（例：小学校低学年向けに学習前の漢字をひらがな表記に変更する）。この掲載をする者は、著作権者にその旨を通知して、著作者人格権を行使する機会を与え、著作権者に対して文化庁長官が定める補償金を支払う必要がある。また、出所の明示をする義務がある。このルールは、学校教育の公共性に照らして認められるものだが、教科書検定制度のない大学の講義用テキストはここに含まれない。たとえば本書は、第33条の適用を受けることはできず、権利処理をして許諾のとれたものだけを掲載するか、「引用」のルールの範囲内で利用するかのどちらかを実践している。

5-2 学校教育番組の放送等（第34条）

公表された著作物は、学校向けの放送番組または有線放送番組において

210　第4節　著作権の制限規定—自由利用のルール

放送または有線放送し、これらの教材に掲載することができる。これは、教科書等への掲載と同じ理由で認められるもので、著作者への通知、補償金の支払い、出所の明示をする義務がある。

5-3　学校その他における教育機関における複製等（第35条）

　公表された著作物は、学校等の非営利の教育機関の教育担当者が、授業で使用する目的で必要と認められる限度で複製することができる。翻訳、編曲、変形、翻案による利用も認められる。出所の明示をする義務は、その慣行がある場合にのみ必要となる。非営利の教育機関には、小・中・高校・大学・高等専門学校のほか、専修学校や各種学校、社会教育施設や教員研修施設、職業訓練施設も含まれるが、私人の経営する学習塾や予備校、企業の従業員研修施設はここに含まれない。複製を行う主体は教育担当者と授業を受ける者（生徒、児童）に限られている。また、必要と認められる限度での複製だけが認められるので、たとえば30人クラスの授業で使用するにもかかわらず100部、200部も複製したり、市販ワークドリルを授業で扱いきれないにもかかわらず全頁を複製したりするといったケースは、限度を超えており著作権者の利益を不当に害するため認められない。また、複製物の目的外使用は認められない。

5-4　試験問題としての複製等（第36条）

　公表著作物は、入学試験など学識技能に関する試験や検定の問題として、その目的上認められる限度で、無許諾で複製、公衆送信することができる。翻訳による利用も認められる。事前に著作権者の許諾をとることを必要とすると、試験内容を事前に外部の特定者に知らせることになってしまい、試験の公正性を守る必要からは望ましくない。試験問題としての利用は、事前の著作権者の許諾になじまないという理由から、こうした利用が認められている。

　試験問題の漏洩を防ぐのが目的である以上、試験が行われた後、過去の問題を集めた過去問題集を出版する場合などには、この条文の対象外となり、著作者の許諾なしには掲載することができない。入試の過去問題集で

第5章　著作権法　　211

ときおり、現代文や英語の「本文」が省略されているケースがあるのはこのためである。

　なお、予備校主催の模擬試験のような営利目的の試験の場合には、「通常の使用料の額に相当する額の補償金」を著作権者に支払わなければならない。

---

example　　　　　　　　　　　　　　　　　　　権利処理の一例

　誰かの著作物を、「引用」を超えて複製・掲載させてもらいたいと思ったときには、どのように連絡をすればよいのだろうか。以下に一例として掲載したのは、本書の筆者のうちの一名（志田）がある大学から受けとった「著作物使用許諾申請書」である。その大学が、新聞紙上に掲載された筆者の談話記事の内容を入学試験問題に使用し（それ自体は著作権の規定によって事前の権利処理は行っていない）、その後、その入学試験問題を冊子に収録す

◇著作権処理の一例

```
===========================================
                                    2016 年××月××日
武蔵野美術大学
志田　陽子　様

                   著作物使用許諾申請書

このたび、××大学では 2018 年度推薦系入試希望の受験生向けの冊子を制作しているところですが、その中
に下記著作物の一部を使用させていただきたく、著作権の許諾を申請します。

                        記

1　引用したい著作物名　　朝日新聞　耕論「スポーツと国歌」
2　制作教材名　　　　　　「ポイントアドバイス＆過去問題　2018」※別紙参照
4　制作責任者氏名　　　　××大学入試センター
5　制作教材の目的　　　　受験生向けに無料配布する過去問題集に入試問題に使用していた紙面を
　　　　　　　　　　　　　二次利用として使用
6　引用の状況　　　　　　別紙参照（新聞記事コピー添付）
7　制作教材作成部数　　　20,000 部
8　頒布方法　　　　　　　無償
9　申請者氏名及び連絡先　××大学　入試センター
　　担当：○○○　○○
　　住所、電話番号、ファックス番号（本書では省略）
===========================================
```

る際にその可否について筆者に問い合わせを行った、という経緯
である。許諾をするとその著作物がどのような使われ方をするこ
とになるのかが、問い合わせを受けた著作者に具体的にわかる形
で、必要な情報が掲載されている。

　筆者はこの申請に対して、メールで許諾の返信をした。その際
に、自分の大学での著作権法の授業や、出版予定の教科書（本書）
で、この文面を参考資料として使用させていただくことの許諾を
得ている。権利処理の一例として参考にしてほしい。

---

column　　　　　　　　　　　　　　　　　　　　**学祭と著作権**

　大学祭などの学祭は、学生にとって貴重な自己表現の機会であ
る。学生にとってやりがいのある活動となるが、一方で、法ルー
ルの見落としがないかどうか、ケアする必要もある。以下では、
学祭において気をつけるべき著作権事項についてアドバイスを書
き留めた。

Q1）　大学祭の看板やポスターに、人気キャラクターのイラスト
を利用してたくさんの来場者を呼び込みたいと思います。著作権
法上、許されるでしょうか？

A1）　学校その他の教育機関における複製等に関する制限規定と
して、第35条がある。第35条に該当するためには、「授業の過
程における使用」といえる必要がある。これには、通常の授業に
加え、特別活動として行われる運動会や学芸会などの学校行事、
必修のクラブ活動等が含まれると考えられている。したがって、
中学、高校までの学校祭であれば、教育課程の一環として認めら
れる可能性が高い。この場合、イラストが指導教員もしくは生徒
自身の手によって描かれていることが必要である。また行事が終
わった後も看板を設置し続けることは問題があると考えられる。
　大学祭はというと、大学にもよるが、学生自治会が運営してい

第5章　著作権法　　213

る場合や、大学外のスポンサーがついている場合が多く、大学が提供している教育の一環とはみなしがたい目的、規模で行われるケースが多い。もちろん、日頃の研究を発表したり美術展を開催したりといった、授業の延長に近いイベントが含まれているのは事実だが、中学、高校までの学校祭に比べると、大学祭全体としては「授業の過程」という性質が弱い。大学祭に関する判例はまだないが、大学祭には基本的に第35条は適用されないと覚悟しておいたほうがよいだろう。

インターネットが発達した今日では、大学祭の様子は来場者に写真撮影され、SNSなどを通してすぐに世界中に公開されている。「先輩たちの代は大丈夫だったから」と安易に考えず、著作者の許諾を得たほうがよいだろう。大学祭を実り多いものにするには、自分たち自身でオリジナルキャラクターをつくって挑んでみることが理想だろう。

Q2) 大学祭のイベントの1つとして、学生バンドによる演奏を企画しているのですが、著作権処理は必要でしょうか？ また、外部からゲストを呼んで演奏してもらう場合はどうでしょうか？

A2) 公表著作物は、①非営利、②無償、③実演家に対する報酬を支払わないこと、の3つの要件を満たせば、公に上演、演奏、口述、上映することができる（「営利を目的としない上演等」第38条1項）。学芸会や大学祭での上演や演奏、教室における教科書の朗読などはこの範囲として認められるが、店舗内のBGMや宣伝用試写会、喫茶店が業として行うレコード演奏などは認められないと考えられている。無償であることが必要なので、料金を徴収したうえでこの収益を寄付などにあてるチャリティショーはこれに該当しない。また、歌手やバンドなどの実演家に報酬を払う場合もこれに該当しなくなる。したがって、学生がノーギャラでバンド演奏やカラオケ大会での歌唱を行う場合は③の要件を満たすが、ギャラを支払っているのであれば③の要件を欠くこととなる。外部からゲストを呼ぶ際はこの点で注意が必要だ。また、

著作物のタイトル、著作者名などの出所の明示をする必要がある。

6 文化的福祉の観点から認められる自由利用

6-1 図書館等における複製等（第31条）

　私たちは図書館で、一定条件のもとで書籍や雑誌をコピーすることもできるが、それはこの規定があるためである。図書館は、所蔵している図書館資料を、非営利としてであれば、複製することができる。これは、図書館の本来の目的が文化的所産である著作物を一般公衆の利用に提供することなので（→本書265頁）、その目的を達成させるため、その限度で認められる。複製が認められるためには、次の要件を満たす必要がある。

①複製の主体は図書館等に限られている。この図書館は、国立国会図書館、公共図書館、大学・高等専門学校の図書館など政令で定めた施設で司書担当の職員が置かれている施設のことをいう。複写機の利用は、あくまでも図書館側が主体といえるような形で行われなければならない。

②複製できるものは、図書館等が所蔵する資料に限られる。

③複製は非営利で行われなければならない。複製の方法について規定はなく、自動複写機器、マイクロフィルム、磁気テープ、スキャナなど、どの方法でも、この規定の適用を受けることができる。

④利用者の求めに応じて、利用者の調査、研究目的のために、公表著作物を、原則としてその一部分、利用者1人につき1部に限り、コピーさせることが認められる。ただし、新聞、雑誌などの定期刊行物に掲載されている個々の著作物で、発行後相当期間が経過したものは、全部をコピーすることが認められる。

⑤図書館資料の保存のために必要な場合にも、複製が認められる。本の損傷を防止するための複製や、所蔵スペースを節約するためにマイクロフィルムなどに複製する場合などである。

⑥ほかの図書館等の求めに応じて、絶版などの理由により入手困難になった資料を複製することが認められる。

第5章　著作権法　215

6-2 国立国会図書館法によるインターネット及びオンライン資料の収集のための利用（第43条）

2013（平成25）年の国立国会図書館法改正にともない、国、地方公共団体等が提供するインターネット資料について、国立国会図書館がそれまでよりも包括的、網羅的に収集できるようになった。これに合わせて著作権法も改正され、国などが提供するインターネット資料に含まれる著作物を、著作権者の許諾なく記録媒体に記録することが認められた。

6-3 視覚障害者等のための複製等（第37条）

公表著作物は、視覚障害者が利用できるよう点字へと複製することや音声にして自動公衆送信を行うことが認められる。福祉の推進と、点字出版の公益性を考慮して認められている利用である。営利・非営利を問わない。この複製には出所の明示義務がある。また、点字図書館そのほかの視覚障害者の福祉推進を目的とする施設では、視覚障害者向けの貸し出し用の著作物の録音が認められるが、一般人への貸し出しは「目的外使用」に当たり、認められない。

7 公共目的のための自由利用

公共性の高い情報については特に利用の自由が広く認められている。以下は、そうした趣旨から、著作権が制限される場合の規定である。

7-1 時事問題に関する論説の転載等（第39条）

新聞または雑誌に掲載された時事問題に関する論説は、転載禁止の表示がない限り、無償でほかの新聞または雑誌に転載したり、放送したりすることができる。これは報道機関の「社説」などのことである。評論家や専門識者などが書いたり口述したりした学術的性質を持つものは除かれる。

7-2 公開の演説等の利用（第40条）

公開の政治上の演説と裁判手続きにおける公開の陳述は、高い公共性を

持つことから、無償で自由に利用できる。出所の明示義務がある。

7-3　時事の事件の報道のための利用（第41条）

　時事の事件を構成する著作物や、事件に関係した著作物は、写真、放送そのほかの方法でその事件を報道する場合に、その目的上正当な範囲で無償で複製し、利用することができる。たとえば、絵画が盗難にあったというニュースで、盗難された絵画を放映するなどの利用がこれに当たる。目的外使用は禁止される。

7-4　裁判手続等における複製（第42条）

　著作物は、裁判手続上必要な場合、および立法・行政目的の内部資料として必要な場合には、必要な限度で、無償で複製できる。

7-5　行政機関情報公開法等による開示のための利用（第42条の3）

　行政機関の長または地方公共団体の機関は、情報公開法などの規定により公衆に情報を開示するために、必要な限度で著作物を利用することができる。

---

example	展示にともなうパンフレットの作成

「バーンズ・コレクション事件」（東京地裁　1998〔平成10〕年2月20日判決）

　美術の著作物または写真の著作物は、これらの原作品の展示の許諾を得た者が、鑑賞者のための解説、紹介を目的とする小冊子に複製することができる（「美術の著作物等の展示に伴う複製等」第47条）。著作物のコピーを掲載して見どころなどを解説、紹介するパンフレットは、鑑賞者にとって便利なものである。他方で、パンフレットについて複製禁止権の対象外としたところで、作品関連グッズなどの市場に大きな影響は生じないと考えられる。また著作権者は、公への展示を許諾する際や原作品の所有権を譲渡

する際に、交渉によって相当の対価を得る機会が確保されていたといえる。そこで、小冊子への複製という副次的な利用については著作権者への許諾を不要としたのがこの条文である。

　解説、紹介用の小冊子への複製のみが認められるので、観覧者用であっても鑑賞用の豪華本への複製は認められず、複製権侵害となる。このような独立した鑑賞性を持つ華美な複製を作製する場合には、展示に関する許諾とは別に複製に関する許諾をとり、著作権料に関する取り決めをかわすなどの権利処理が必要である。なお、出所の明示義務がある。

　裁判例では、ピカソの絵画7点が、著作権者の許諾なしに新聞掲載（美術展開催決定の報道、社告、対談記事、元旦特集、連載記事）、入場チケット・割引引換券、観覧者向け解説書、額入り複製絵画に複製されたという事案がある。裁判所は、新聞掲載のうち開催決定の報道記事に絵画を複製することは、新聞報道としての正当な範囲内の引用であると認めたが、その他の利用については、いずれも、「引用」（第32条1項）、「時事の事件の報道のための利用」（第41条）、小冊子の頒布（第47条1項）に該当しないと判断した。裁判所は、著作権法第47条のいう小冊子とは、「観覧者のために展示された著作物を解説または紹介することを目的とする小型のカタログ、目録または図録」を意味し、紙質、判型、作品の複製態様等を総合して、観賞用の図書として販売されているものと同様の価値を有するものはここでいう小冊子に含まれないという一般論を示した。この展覧会で配布されていた観覧者向け解説書は300mm×225mm、上質紙、136頁からなり、カラー印刷で問題となっている絵画7点を含む80点もの絵画が掲載されていた。裁判所は、この紙質、サイズ、複製態様では、実質的に見て鑑賞用の画集と同様の価値を有するとして、第47条の「小冊子」には当たらないと判断している（バーンズ・コレクション事件：東京地裁判決）。

　最近では、スキャナの普及、パソコンソフトの充実により、個

218　第4節　著作権の制限規定―自由利用のルール

人でレベルの高いカラーの冊子が手軽につくれるようになっているが、この規定を利用するときは、無許諾で複製できるレベルを超えないように注意しよう。もちろん、自分の作品の個展やグループ展を行う場合であれば、著作権者自身が自由意思でこうした複製を行うのだから、原画と同レベルに見えるほどの美しい複製をつくって来場者に配ることは自由である。

8　目的外使用の禁止

　著作物の自由利用には、目的外使用を禁じる規定がある。著作物の自由利用は、公共性や必要性、権利侵害の度合いの低い事柄であるといった理由に基づいて認められている。この趣旨に沿って、その目的と限度を守った利用であれば自由利用してよいが、法の趣旨を外れる使用（たとえば営利目的での複製）は認められない。そうした場合には原則に戻って、著作権者の許諾を求める、著作権料支払いに関する条件を取り決めるなどの権利処理が必要となる。

---

column　　　　　　自由利用のルールと「フェア・ユース」

　日本の著作権の制限規定は30条以下で、適用される場合を個別具体的に列挙して規定している。1つ1つの条文が非常に長く、どのような場合に著作権が制限されるか、きわめて詳細に規定している。文言に合致しない場合には制限規定が適用されない。このような規定のしかたを限定列挙方式という。

　限定列挙方式は、著作権が制限される場合が条文に明確に規定されているという点で、利用者にとって自分の利用が著作権侵害に当たるか否か予想を立てやすいという点にメリットがある。しかし、複製技術や通信技術が発展し、新たな利用態様が生まれた場合に、即座の対応が難しいというデメリットがある。たとえば、

第 5 章　著作権法　　219

新しい技術が生まれ（例：インターネット技術）、それを活用した新たなサービスが誕生しても（例：インターネット・オークション）、制限規定がなく、既存の条文をそのまま適用すれば著作権法侵害に問われてしまう（例：インターネット・オークションで絵画を取引する際に、その絵画の画像を掲載する行為は、「複製権侵害」に当たる。研究・批評目的ではないので「引用」ともいいにくい）という問題が発生する。こうした問題に対応するため、著作権法の改正によって次々に新しい制限規定が追加されてきたが（例：2009〔平成21〕年改正で美術の著作物等のオークションのための複製について制限規定が導入された。第47条2項）、法改正には時間がかかるため、日々進歩し続ける技術革新への対応には限界がある。著作権法をめぐる環境の変化のなかで、権利の実効性を確保するとともに、人々の行動の自由を守り、私的な領域への過度な介入を防ぐために、日本においてもより柔軟な制限規定のあり方を模索すべきではないかということが議論されている。

　そうした議論のなかで1つの手本として参考にされてきたのが、アメリカの著作権法である。アメリカ著作権法は、個別の権利制限規定に加え、一定の場合に「フェア・ユース（公正な利用）」を認める一般規定を持っている。この規定によって、権利者の利益を不当に害しないと認められる一定の範囲内の利用については、著作権者の許諾がなくても著作物の利用ができる。実際の裁判では、ケースバイケースで、裁判所が以下の要素に照らしながら、総合的にフェア・ユースに該当するか否かを判断している。

●フェア・ユースの4要素
①利用の目的と性質　商業的利用より非商業的利用のほうがフェア・ユースと認められやすい。また、新しい表現やメッセージを生み出すような利用（変容的利用、transformative use）であるか否かが重視される。

②利用される著作物の性質　事実的、機能的な著作物の利用はフェア・ユースと認められやすく、芸術的な著作物の利用だとフェア・ユース成立に不利に働く。

③利用部分の量と質　利用部分が少なく、また利用が著作物の核心部分でなければ、フェア・ユースと認められやすい。

④著作権者に与える経済的影響　著作物の既存市場・潜在的市場を奪う可能性が少ないことが重視される。

　こうした一般条項の最大のメリットは、その柔軟性だ。新たな技術やサービスが生まれた場合に、立法を待つまでもなく、裁判所がこの4要素に基づいてフレキシブルに妥当な判断を導き出せる。これを裏返すと、4要素という一応の判断材料があるとはいえ、裁判所が判決を下すまで、その利用がアウトかセーフか、利用者が事前に予想を立てづらいという弱点があるともいえる。しかしアメリカでは、これまでの膨大な判例や学説の蓄積があるため、その弱点はそれほど深刻な問題ではなくなってきている。日本では、2012（平成24）年著作権法改正が議論された際、著作権の制限規定に一般条項として「日本版フェア・ユース」を取り入れるか否かが検討されたが、権利者の反対などにより、結局、導入は見送られ、新たな個別の制限規定が追加されるにとどまった。

　新たな技術環境を踏まえた人々の自由の確保や、新たなサービス、ビジネスの促進と、権利者への適切な対価還流。日本の著作権法が直面する課題に、フェア・ユースの導入が解決策となるだろうか。仮に導入するとしても、条文の文言をどのようにすべきか。現在も、柔軟な権利制限規定の導入に向けた議論が続けられている。

第5節　著作物の利用と権利処理

　著作権者は、その利用に関して許諾するか否かを決めることができる排他権（イエスかノーかをいうことができる権利）を持っている。したがって、他人の著作物を利用する場合には原則として、その作品の著作権者の許諾を得なければならない。この許諾を得ずに複製などの利用をすると、著作権者の権利を侵害することになる。

1　著作権処理

　著作権処理とは、著作権法上の問題が起きないように、法的な手順を踏むことである。実際には、図のような手順にしたがって確認するとよい。

◇著作権処理の手順

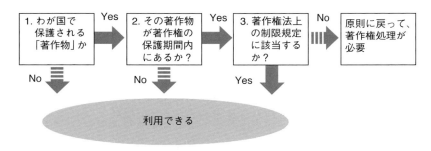

2　著作権の利用許諾

2-1　通常の利用許諾

　上記の点を確認した結果、やはり著作権の処理が必要だという場合には、著作権者を調べ、直接利用の許諾を得ることになる。前述の通り、著作権といっても著作財産権と著作者人格権があり、著作財産権は支分権ごとに譲渡が可能であるため、著作物を創作した人（＝著作者）が、すべての支

分権の権利者（＝著作権者）であるとは限らない。したがって、希望する利用態様に応じて、関係する権利を誰が持っているか調べる必要がある。

　また、著作権管理団体への許諾が必要な場合もある。音楽の著作物のように、日本全国で膨大な数の利用が日々行われている場合、曲ごとに著作権者を探し出して利用のたびに連絡して許諾を得なければならないとなると、著作権者にとっても、利用者にとっても、煩雑である。そこで、簡便な形で著作権者の権利を保護するために、著作権の集中管理制度がとられていることがある。音楽の著作物の場合には、「著作権等管理事業法」に基づき、特定の団体が著作権や著作隣接権について、著作権者から信託的に著作権の管理をまかされているケースが多い。そうした管理団体の代表例として、一般社団法人日本音楽著作権協会（JASRAC）がある。

　こうした著作権管理団体は、権利者に代わって、利用許諾や使用料の徴収、権利者への分配などの事業を行っており、多数の著作物、著作権に関する、いわば窓口のような役割を果たしている。

---

column　　　　　　　　　　　　　　　　　公募や懸賞への応募と著作権

　作品を公募等に応募すると、その著作財産権や著作者人格権はどうなるのだろうか。

　基本的に、著作財産権も著作者人格権も原始的には著作者に帰属しているが、入賞作品や採用作品を出版物に掲載したり、グッズ化したり、外国語に翻訳したりと、さまざまな活用を希望する主催者が、権利の帰属について契約の形で定めることが多い。これについては統一した決まりはなく、それぞれの公募の募集要項で規定されているため、応募する際には募集要項をしっかりと確認する必要がある。

　著作財産権については、権利を主催者に移転する「譲渡」という場合と、権利は自分の手元に残すが、展示発表や印刷物への掲載等に関して主催者に利用許諾を行う「許諾」という場合がある。前者の「譲渡」のパターンでも、入賞作品のみ譲渡することにな

第 5 章　著作権法　　223

るパターンと、入賞しなかった作品も含め応募作品すべてについて譲渡することになるパターンがある。また後者の「許諾」パターンについても、主催者だけが独占的に利用できる「独占的利用許諾契約」の形をとる場合には、主催者以外の第三者には利用許諾を与えることができなくなるので注意が必要である。応募する際には、主催者による応募条件がこのうちのどれに当たるのかを確認し、自分の利益に合うかどうかを判断する必要がある。

著作者人格権については、一身専属の権利であるため、譲渡の対象とはならないが、クレジット表記や改変の可否等の条件について応募要項に記載がある場合が少なくない。作品の氏名表示や改変、翻案について、どこまで予定されているのか、あらかじめ確認し、納得したうえで応募するようにしよう。

2-2　裁定による利用

　著作物を利用するために権利者から許諾を得ようとしても、権利者が誰だかわからないケースや、連絡先がわからない、権利者本人が亡くなっていて著作権の相続関係が複雑になっているなどの理由で、許諾を得ることができない場合がある。こうした権利者不明の著作物は「孤児著作物」と呼ばれ、著作物の活用を妨げるものとして大きな問題になっている。そこで、権利者の許諾を得る代わりに、文化庁長官の裁定を受け、補償金を支払うと、適法に利用することができるという裁定制度が設けられている（第67条）。

　この制度を利用するためには、権利者を特定するための「相当な努力」を行うことが前提となっている（第67条1項）。この「相当な努力」の内容や権利者創作の要件は近年の法改正で見直され、緩和される傾向にある。

　このほか、下記の場合に裁定制度が用意されている。

・公表著作物放送希望者につき著作権者と協議不調、不能の場合（第68条1項）
・国内で最初に発売後3年が経過したレコードに録音されている音楽著

作物をほかの商業用レコードへ録音することを希望する者につき著作
権者と協議不調、不能の場合（第69条）

2-3 出版権

　著作財産権は、経済的な利益を生み出す財産として活用することができ
る。その活用方法には、著作権自体の譲渡や、ライセンス（許諾）により
対価を得る方法や、担保権を設定して融資を受ける方法などがある。

　出版権は、そうしたさまざまな利用形態のうち、特に出版という典型的
な利用形態にともなう権利ルールを定めている。出版権とは、出版権設定
契約によって、出版者が取得する権利で、著作物を原作のまま印刷そのほ
かの機械的または科学的方法により文書または図面として複製、頒布する
権利である。

　たとえば、本書『あたらしい表現活動と法』という図書について考えて
みよう。この図書の原稿作成時に、武蔵野美術大学出版局と著者2名との
間で出版契約を交わすことで出版権が設定された。これによって、この著
作物を出版する権利は、武蔵野美術大学出版局が専有することになった。
これによって、著作権者である著者2名は、出版権の目的となった著作物
（この図書のために書いた原稿）を、契約外の別の方法で出版することは
できなくなる。しかし、出版権設定による著作権者への拘束があまりに強
いのもバランスを失する、との考えから、次の場合には、著作権者への拘
束が緩和されている。著作者が死亡したとき、著作者ではない著作権者（た
とえば遺族）は、著作物を全集その他の編集物に収録することができる。
また、設定行為（契約）に別段の定めがなければ、出版権の設定後に最初
の出版があった日から3年を経過すれば著作物を全集その他の編集物に収
録することができる。

　出版権を取得した出版者は、設定行為に別段の定めがない場合は自ら複
製、頒布を行う義務を負う。出版権の存続期間は、当事者が自由に定める
ことができるが、特に取り決めがないときは、設定後に最初の出版があっ
た日から3年とされている。

第5章　著作権法　　225

◇出版契約書の一例

出版契約書

志田陽子（以下「甲」という。）と武蔵野美術大学出版局（株式会社武蔵野美術大学ソーシャルマネジメント、以下「乙」という。）とは、『表現者のための著作権法』出版に関して、以下の各条のとおり契約を締結する。

甲（著者）
　　住所　■■■■■■■■■■■■■■■■■
　　氏名　　志田陽子

乙（出版者）
　　住所　　東京都小平市小川町1-736
　　法人名　　株式会社武蔵野美術大学ソーシャルマネジメント
　　代表者名　代表取締役社長　長澤忠徳

（刊行物の形態）
第1条　甲の著作物（以下「本著作物」という。）を、次の各号に定める形態で、乙が刊行する。
　（1）シリーズ名　なし（単行本）
　（2）著作者名　　志田陽子
　（3）書名　　　　表現者のための著作権法
　（4）本文　　　　256頁
　（5）装丁　　　　A5判、モノクロ、並製、表紙カバー、帯あり
（刊行物の性格）
第2条　本著作物は武蔵野美術大学出版局の刊行物にふさわしい専門性及び水準をもつものとする。
（著作権及び出版権）
第3条　本著作物の著作権は甲が有し、出版権（紙媒体）及び電子出版権については、乙が独占権を有する。乙は著作権者の氏名を刊行物に明示する。
2　甲は本著作物及び本著作物の一部若しくは全部又は類似する原稿を用いて他の刊行、電子データによる複製、インターネット等を利用した公表をしない。ただし、甲がオンライン授業等で本著作物の一部を使用することを乙は許諾する。また、他に必要と認められる場合は、甲乙が協議するものとする。
（刊行の区分）
第4条　本著作物は次の各号のとおりに区分する。
　（1）市販用　乙が市販するためのもの（1200冊）。
　（2）広報用　乙が新聞雑誌社等へ広報用に無償配付、取次申込するためのもの（45冊）。
　（3）謹呈用　甲への謹呈（5冊）。

（刊行時期）

第5条　乙は2025（令和7）年1月15日を奥付として同日までに刊行し、前条に定める著者用の本著作物を納品する。

（印刷部数）

第6条　前条に定める刊行を初版初刷りとして、市販用、広報用及び謹呈用を含めて合計1250冊を刊行する。

2　第2刷以降を刊行する場合は、この契約書の内容を前提として甲乙が協議する。

（費用）

第7条　本著作物の制作費は乙が負担する。

（定価）

第8条　本著作物の定価は、乙が定める。本体価格を2,000円（税抜）とする。

（印税等）

第9条　乙は甲に原稿料の支払いはしない。

2　本著作物を販売したとき乙は甲に本体価格の10%を印税として支払う。

3　乙は1月から12月までの12カ月分の印税を毎年精算し、その翌年の6月までに支払う。印税の合計額が3,000円より少ない場合は次年度に繰り越し、まとめて支払う。第2刷以降についてもこの例による。

（著者の買い取り）

第10条　本著作物を甲が乙より購入する場合は、単価を定価の8割とする。

（二次利用の独占的許諾）

第11条　甲は、乙に対して、本著作物の全部または一部を、映像作品（eラーニングを含む）等への翻案、または放送・録音等のあらゆる利用（二次利用）を独占的に許諾する。

（契約の内容）

第12条　この契約の内容について疑義が生じた場合、又はその一部又は全部を変更する場合は、甲乙が誠意をもって協議する。

この契約締結の証として、甲乙は2通に記名捺印して、甲乙各1通を保有する。

2024（令和6）年12月15日

甲（著者）

住所　■■■■■■■■■■■■■■■■■

氏名　　志田陽子　　（印）

乙（出版者）

住所　東京都小平市小川町1-736

法人名　株式会社武蔵野美術大学ソーシャルマネジメント

代表者名　代表取締役社長　長澤忠徳（印）

column	本書の権利処理は？

　本書の原稿について設定された「出版権」は上に見た通りだが、本書では文章以外にさまざまな視覚的要素が重要な位置を占めている。それらについて、どのように権利処理が行われているか、整理してみた。

●表紙、扉絵、挿絵
　本書のカバー表紙に掲載したイラスト作品は、もともと独立したイラスト作品であるものを許諾を得て、掲載させてもらっている。次に、各章の扉に掲載した学生作品は、それぞれに「美術の著作物」であり、一点ごとにそれぞれの著作者がいる。これらは本書の内容に合うように筆者から依頼して作成してもらった作品だが、文章と切り離して独立した作品として見ることもできるので、絵本における絵と同じ「結合著作物」として本書を形成する要素となっている。一方、本文に対応して描かれた挿絵は、本文と切り離しても絵画として成立するものは「結合著作物」と考えられる。
　本書では、掲載した学生作品についてはすべて、筆者2名およびこの教科書を使用してくれる他の教員が今後の教育活動のために複製使用することにつき、許諾をとっている（授業内の使用は著作権法第35条によって許諾なしにできるが、念のため）。一方、本書での使用は「独占的利用許諾」とはしていないので、作品を提供した著作者が自分の作品を他の機会に使用したり、さらなる作品づくりのベース（原著作物）として利用したりすることについては自由にしてもらってよい、としている。

●図版の版権処理
　次に、本書ではexampleとして多くの実際例を紹介した。これについては武蔵野美術大学出版局の編集者が権利処理（一般に「版

権処理」と呼ばれる）を行ってくれている。以下は編集者の談話をもとに筆者がまとめたエピソードである。

　武蔵野美術大学出版局の発行する出版物は、美術大学の出版物としての矜持もあって、「きれいですね」と褒められる本づくりを常に目指しているという。カバーなどの外見（装丁）、読みやすいレイアウト、掲載図版そのものの状態がよいこと、などを総合して尽力しているとのことである。各種の画像については、よい状態のデータ入手のために、編集者がアーティストや著作権者本人に連絡をとり、掲載の許諾を得て、直接に掲載用のデータを提供してもらっている。アーティストが故人であれば著作権継承者に、あるいは財団に連絡をする。まずは連絡先を突き止めることに時間がかかることも少なくないという。

　しかし、この尽力にも著作権法上の限界がある。本書の掲載図版のいくつかは、「きれい」とは程遠い荒れた画像となっているが、それは、裁判資料をそのまま「引用」しているからである。これは、交渉を試みたものの権利者それぞれの理由から画像提供の許諾がとれなかったためである。一般に、裁判になった著作物について掲載の許諾がとれることは珍しいのだそうだ。一方、商標については企業に対して交渉をすることになるが、メールに申請書を添付して送れば、企画広報部などの部署から快く許諾がもらえて画像データが返送されてくることが多いという。ときには、「どのような文書に使用するのか」を示すため申請書に添えた原稿に、正確を期すための修正コメントをいただくこともあるという。このように、書籍の製作に当たっては、図版入手のためにさまざまな仕事が発生する。本書もそのような無数の権利処理のプロセスを経て製作されている。

第 5 章　著作権法　　229

第6節　権利の発生と権利保護期間

　著作権は、期間限定の権利である。つまり著作権には発生と終わりがある。著作権の存続期間は、原則として、著作物の創作のときに始まり、著作者の生存中およびその死亡後70年である。

1　権利の発生——無方式主義

　著作権が、特許権や実用新案権などの産業財産権と最も異なる点は、産業財産権が登録されてはじめて権利が発生するのに対し、著作権は、著作物を創作した時点で自動的に発生する点である（無方式主義）。なお、何らかの媒体に固定されている必要はないので、講演会で講演者が話す内容や即興のラップ、風や気温で風化する砂の像や雪像であっても、創作された時点で自動的に権利が発生する。

2　権利の存続と消滅——保護期間

2-1　著作財産権

　著作権のうち、著作財産権の部分は、期間限定の権利である。権利が「まだある」とか「切れた」というのは、著作財産権について、権利保護期間中か、権利保護期間が終了したか、ということである。日本では、この保護期間は原則として「著作者の死後70年」と定められている（映画の著作物などの例外については後述）。著作権の保護期間がこのように限定されているのは、著作物というものが先人の文化的所産を土台として成り立っていることを考えるならば、一定期間経過後はその著作物もまた文化的所産として一般大衆の自由な利用に供されるべきだからである。著作権は保護期間が経過した後は消滅して、その著作物はパブリック・ドメイン（共有財産）に属するものとなる。

2-2　著作者人格権

著作財産権と異なり、著作者人格権は一身専属権であるため、著作者の死亡によって消滅するが、前述の通り、著作者の死亡後においても著作者人格権の侵害に当たる行為は禁止されている（→本書194頁）。

2-3　著作隣接権

著作隣接権（後述）についても、著作財産権と同様の趣旨からその保護期間が定められている。保護期間は、実演家の権利、レコード製作者の権利については実演及びレコードの発行が行われたときから70年、放送、および有線放送についてはそれぞれが行われたときから起算して50年を経過したときをもって満了する。

2-4　外国の著作物

外国の著作物の著作権のうち、日本の保護期間より短い保護期間を定めているベルヌ条約加盟国とWTO加盟国の著作物については、その本国において定められる著作権の保護期間だけ保護すればよいことになっている。これを相互主義という。

3　保護期間算定に関するルール

3-1　原則

著作権の保護期間は、原則は著作者の創作時点から著作者の死後70年である。

著作権法は、一般の著作物の著作権の保護期間については死亡起算主義の原則を採用し、原則の適用が難しい場合や不適当な場合について例外的に、公表起算主義および創作時起算主義をとっている。そして、こうした例外的な場合であっても、できる限り死亡起算主義の原則に戻ることとしている。

保護期間の計算は、著作者の死亡した日の属する年の翌年から起算するので、その死亡年だけ明らかになれば計算可能である。たとえば、ある著

作物の著作者が2000年3月某日に死亡したとすると、その翌年の2001年1月1日から起算して70年を経過した2070年の12月31日に、その著作権の保護期間は満了する。2000年内に死亡した著作者の著作物は全て同じ日に満了する。

3-2　実情に応じた例外ルール

　以上の原則に対して、保護期間の算定にはさまざまな例外的ルールが多数存在する。以下、主要なものを順に見ていこう。

例外①：公表起算主義と創作時起算主義　無名または変名（ペンネームや雅号など）の著作物の著作権は、著作物の公表後70年。これは、本当の著作者が不明で、その死亡時を特定することができないために設けられた例外である。著作者が特定できてその死亡時が明らかになった場合には、死亡起算主義の原則に戻る。

例外②：団体名義の著作物　法人その他の団体が著作の名義を有する著作物の著作権は、その著作物の公表後70年。ただし、これらの団体名義の著作物が創作後70年以内に公表されない場合には、その創作後70年となる。

例外③：映画の著作物　映画の著作物の著作権の保護期間は、その著作物の公表後70年。ただし、創作後70年以内に公表されなかった場合には、その創作後70年で保護期間は満了する。

　映画の著作物については、その製作に多数の者が創作的に関与しているので、その映画作品を商業利用する際の権利処理がやりやすいように、このような方式になっている。保護期間が満了した後の映画を第三者が利用する場合には、映画著作権者の許諾（ライセンス）をとる必要がなく、また、その映画の原作である小説などの著作権者の許諾（ライセンス）も必要ない。ただし、映画の原作以外の音楽や美術の部分については、別途、著作権の保護が働くので、その利用に当たってはそれぞれに著作権の有無、帰属・保護期間を確認する必要がある。

例外④：戦時加算　1951（昭和26）年に、日本は第二次世界大戦の連合国との間でサンフランシスコ平和条約に署名した。この条約には、戦時期間

232　第6節　権利の発生と権利保護期間

の分、通常の著作権の保護期間に加算する義務を日本が負う旨が規定されており、戦争開始前および戦争期間中に連合国の国民が取得した著作権が対象となっている。詳細は、戦時加算特例法で規定されているが、連合国のそれぞれの国との関係で、日本が参戦した日（1941〔昭和16〕年12月8日）から各国との平和条約が発行した前日までの日数が加算されるため、国によって加算される日数が異なるので注意が必要である。

---

column　　　　　　　　　　　　　　　　　　　**保護期間は延長すべきか？**

　従来、日本の著作権法では、著作権の保護期間は原則として著作者の死後50年までとされてきた。しかし、著作権の国際的な政策決定を牽引し、大きな影響力を持つ欧米が、著作権の保護期間を著作者の死後70年を原則としているということもあり、TPP（環太平洋パートナーシップ協定）やEU経済連携協定などの国際条約の枠組みで、ベルヌ条約上の義務のレベルを超えて、日本でも保護期間を延長すべきか否かが議論された。

　保護期間延長賛成派は、延長をすれば創作活動をしようというやる気がもっと刺激される点や、時間が経っても利益を生み続けるコンテンツはパブリック・ドメインにせず権利者がきちんと利益を受け取れるようにすべきだという点、孫の代まで著作権の保護を継続させるという前提にたてば、平均寿命の延びに合わせて保護期間も延長させるべきである点などを根拠にあげていた。

　他方、延長反対派は、すべての著作物の保護期間を一律に延長することで孤児著作物問題が悪化するという点や、表現の自由の過剰な制約になるという点、すでに著作者の死後50年という長期にわたって保護しているのに、これ以上延長したところでさらに創作意欲が刺激されるとは考えにくい点、延長しないほうがパブリック・ドメインを活用した再創造が促進される点などを主な論拠としてあげていた。

　両者の激しい議論の末、TPP整備法により著作権法の改正がな

第5章　著作権法　　233

され、2018（平成30）年12月30日から著作権の保護期間が原則、著作者の死後50年から70年に延長されることとなった。この結果、その後20年にわたって新たなパブリック・ドメイン入り作品は生まれないことになった。

　条約の枠組みで交渉されることが多く、政治的な駆け引きの材料にもされやすい保護期間延長問題だが、権利者の利益と利用者の利益、さらには表現の自由や文化の発展といったさまざまな視点から考えていく必要がある。

第7節　著作権侵害と権利の行使・救済・罰則

1　著作権侵害、みなし侵害

　ここまで学んできた著作権の内容について、法に反して著作権者に損害を与えたり不当に利益を得たりすれば、著作権侵害ということになる。さらに、著作権法には、「みなし侵害」という規定があり、以下の行為があれば、著作権者に損害を与えたり不当に利益を得たことが証明できなくても、著作権侵害を行ったこととされる（第113条）。著作権侵害とみなされる行為には、以下のものがある。

①国内で頒布する目的をもって、著作者人格権、著作権、出版権または著作隣接権の侵害行為となるべき行為によって作成物を作成したり、その作成物を輸入する行為。あるいは事情を知りながらその作成物を頒布したり、頒布の目的をもって所持する行為。

②プログラムの著作権を侵害する行為によって作成された複製物を、取得の時点で事情を知りながら、業務上使用する行為。

③権利管理情報を故意に改変する行為。

④国外頒布目的商業用レコードの輸入行為。

⑤著作者の名誉または声望を害する方法により、その著作物を利用する行為。

　著作権侵害、著作権侵害とみなされる行為に対しては、民事、刑事両面の責任が生じる。

2　侵害に対する救済（権利の行使）

　著作権侵害に該当する行為を行った者は、民事責任と刑事責任という2つの種類の責任を負う。

　第一に、権利者が侵害行為を行った者を相手どって、自分の権利を守る法的措置をとることができる。こうした私人同士の関係における責任のこ

とを、民事責任という。当事者の話し合いでは解決がつかず裁判になったときには、「民事裁判」が行われる。著作権者は、上のような侵害に対して、差止請求、損害賠償請求、名誉回復処置請求、不当利得返還請求を行うことができる。以下、さまざまな民事救済（権利の行使）のあり方について見ていこう。

2-1　差止請求

差止請求とは、現に行われている侵害や、侵害を発生させることが明らかな行為を、止めるように請求することである。より具体的にいえば、たとえば複製権侵害となる本やCD（違法コピー商品）を現に販売している業者や、こうした違法コピー商品をこれから販売しようとしている業者に、これを中止するよう求め、また、すでに店頭に出回っている商品については回収するよう求めることである。

2-2　損害賠償請求

損害賠償請求とは、こうした権利侵害行為によって、権利者側にすでに発生した損害を、金銭で賠償するよう求める権利である。たとえば、消費者が安価な違法コピー品のほうを買ってしまうために、開発に費用と努力を費やし創作した正規商品が売れず見込まれていた利益がとれなかった、声望を害される利用のされ方をしたために作家やデザイナーとしての社会的信用やイメージが傷ついた、といった事情があるとき、前者のような財産的損害であれば損害賠償金、後者のような一見金銭換算になじまない人格的侵害の場合にも慰謝料と呼ばれる損害賠償金を請求できる。

2-3　名誉回復処置請求

名誉回復処置請求とは、自社の名をかたった粗悪なコピー品を販売されて信用が傷ついたとか、声望を害する利用のされ方をしたといった場合に、侵害行為を行った者に対して、傷ついた社会的信用を回復するような行動をとってもらうよう求めることである。多くの場合、雑誌や新聞紙上に謝罪広告を掲載するといった方法がとられる。

2-4 不当利得返還請求

　不当利得返還請求とは、侵害行為によって得られた利益は、本来ならば権利者が得るべきだった利益を、侵害行為者が不正に得たものなので、これを権利者に返還するよう求めることである。

　実際には、通常はまず裁判外で、権利者が侵害行為を行っている者に対して差止の申し入れをする。そして、相手方がこれに応じない場合に裁判となることが多い。

　なお、無名または変名の著作物の場合は、著作者が名乗りたくない場合が多い。損害賠償などを請求する際に、本人が請求の当事者となれば、実名を明かさざるを得なくなる。そこで、著作権者に代わって発行者の名で請求をすることが認められている。たとえば、作家に代わって出版社が請求する、といったことである。

3　侵害に対する罰則

　著作財産権、著作者人格権の侵害については、以上のような民事的救済とは別に、刑事罰が科される可能性もある。

　刑事面での法強制は、侵害行為を行った者を警察が逮捕し、国家が刑事罰を科すというものである。警察力（行政）によって権利侵害行為を止め、行為者に罰金や懲役のような刑事罰を科すことを指して「刑事手続」といい、有罪・無罪、罪状と刑罰の内容を確定する裁判を、「刑事裁判」という。

　著作権侵害行為に対しては刑事罰が科される（第119条以下）。

　営利を目的として、著作権、出版権または著作隣接権の侵害となる作成物の複製のために、自動複製機器を使用させた行為には、10年以下の懲役または罰金が科される。

　著作者が死亡した後の著作者人格権を侵害する行為には、罰金が科される。著作者人格権そのものは一身専属権であって、死後に相続されるわけではないが、著作者の死後の人格的利益を特に守るために定められた規定である。

著作者でない者の実名または周知の変名を著作者として表示した著作物の複製を頒布する行為には、1年以下の懲役または罰金が科される。レコードの頒布権を持たないで、商業用レコードとして複製し頒布する行為、または頒布の目的で所持する行為（いわゆる「海賊版」の作製、所持、販売）も、ここに含まれる。プログラムの不当な複写（いわゆる不正コピー）については、罰金が科される。

　この他、前述の通り、2012（平成24）年改正で、いわゆる「違法ダウンロード刑事罰」が盛り込まれ、有償で公衆に提供、提示されている著作物を悪意で録画・録音すると、私的使用目的であっても刑事罰が科されることになった（第119条3項）。なお、著作権侵害罪は、被害者（著作権者等）からの告訴がなければ公訴提起できず、刑事責任を問われない。さまざまな犯罪のなかでも、被害者からの告訴を必要とするこのタイプの犯罪を、「親告罪」という。[*9] 現行法では原則、親告罪となっているが、近年、非親告罪化（被害者の告訴がなくても公訴提起できるようにすること）に向けた議論が行われた。

---

column	著作権法における刑事罰と「サイバー犯罪」

　著作権侵害には刑事罰があることについては先に本文で見た通りだが、著作権法の近年の特徴として、この刑事罰が重視される傾向がうかがえる。

●**非親告罪化をめぐる議論**

　たとえば著作権侵害罪は、現在のところ原則として「親告罪」だが、近年、非親告罪化に向けた議論が行われた。非親告罪とすれば海賊版の摘発を強化することができ、コンテンツ産業を守ることができるというメリットがあるといわれている。

　しかし、組織的、常習的な海賊版の製造や海賊版サイトの運営のような悪質な著作権侵害と、パロディや二次創作のように新たな著作物の創出にともなう著作権侵害とは、権利者に与える損害

238　第7節　著作権侵害と権利の行使・救済・罰則

や処罰の必要性などが異なると考えられる。「著作権侵害」と一口にいっても行為・態様はさまざまであり、親告罪としておくことで、被害者の意向を尊重できるというメリットがあるという点も考慮に入れる必要があるだろう。著作権侵害の非親告罪化については表現の自由とのバランスという人権の視点も取り入れながら慎重に議論することが求められる。

●サイバー犯罪と著作権

　コンピュータの普及や通信技術の発展により、インターネットが犯罪行為の手段として用いられるようになってきている。警察庁は、サイバー犯罪を「コンピュータ技術および電気通信技術を悪用した犯罪」と定義し、具体的には以下の3つに類型化している。

①ネットワーク利用犯罪

例：インターネット等を利用した薬物・拳銃・偽ブランド品・海賊版等の違法物品の販売、インターネットを利用した詐欺、わいせつ画像・児童ポルノの販売・頒布、電子メールや電子掲示板での脅迫・名誉毀損

②コンピュータ・電磁的記録を対象とした犯罪

例：コンピュータ・ウイルスに感染したファイルの送信、コンピュータ・システムの不正使用

③不正アクセス禁止法違反

例：他人のID・パスワードの不正取得、アクセス制御されているウェブ・サーバーへの不正アクセス

　警視庁の統計によれば、サイバー犯罪の検挙件数は年々増加傾向にある。また、特に①のネットワーク利用犯罪が大半を占めている。インターネットを使った著作権侵害も刑事罰の対象、すなわち犯罪となるので、このなかに含まれる。

　こうしたネットワーク利用犯罪は、非対面性や匿名性、低痕跡性や即時性といった特性を有しており、現実世界における犯罪に

比べても犯行が容易に行えてしまう傾向にある。その結果、未成年者が犯罪に手を染めてしまうケースも少なくなく、また不特定多数の人が犯罪の対象となるため、被害規模が甚大になる場合も多いといわれている。

インターネットは私たちの生活の隅々まで関わる基本的なインフラであり、パソコンや携帯電話、スマートフォンのない生活など考えられない時代となっている。その便利さや気軽さゆえに、使い方次第で自分が犯罪に巻き込まれてしまったり、逆に犯罪者になってしまうこともあることに、改めて注意する必要がある。

第8節　著作隣接権

　著作権法は、創作を保護する著作権のほかに「著作隣接権」という別個独立の権利を規定している。著作物が創作されても、それが人々の手元に届けられて利用されるためには、伝達行為が必要である。こうした伝達行為には一定のコストが必要な場合もあり、伝達行為の意欲を守るため、著作物の伝達行為に重要な役割を果たしている者に対し、特別の権利を付与しているのだ。具体的には、実演の録音・録画物が普及すると実演の機会が減ってしまう関係にある実演家と、事業の開始・運営に多大な投資を必要とするレコード製作者、放送事業者・有線放送事業者が、著作隣接権者として認められている。

　著作隣接権は、上記のような趣旨に基づいて認められている、著作財産権、著作者人格権とはまったく別個の権利である。また、著作権と比べて権利の範囲が狭く、限定的な権利である。

◇音楽における著作権と著作隣接権

1 実演家の権利

①実演とは

　実演とは、「著作物を、演劇的に演じ、舞い、演奏し、歌い、口演し、朗読し、またはその他の方法により演ずること」をいう（第2条1項3号）。実演家とは、「実演を行う者および実演を指揮し、または演出する者」をいう（第2条1項4号）。具体的には、俳優や舞踏家、演奏家、歌手、指揮者、演出家などがこれに当たる。

②権利の内容

　実演家は、歌や演奏、演技などの自分の実演について、下の表に示した権利を持つ。保護期間は実演が行われたときから70年となっている。

◇実演家の権利

録音権・録画権	第91条	自分の実演を録音・録画する権利
放送権・有線放送権	第92条	自分の実演を放送・有線放送する権利
送信可能化権	第92条の2	インターネットなどにアップロードする権利
商業用レコードの貸与に関する禁止権（貸与権）→貸与報酬請求権	第95条の3	最初に販売された日から1年は、商業用レコードを貸与する権利。1年経過後は貸与されたレコードについての報酬請求権に変化する
商業用レコードの二次使用料請求権	第95条	商業用レコードが放送や有線放送で使用された場合に、事業者に二次使用料の支払いを請求できる権利
譲渡権	第95条の2	実演が収録された録音物や録画物（CDやDVD等）を公衆へ譲渡する権利

実演家人格権	氏名表示権	第90条の2	実演家名を表示するかしないかを決める権利
	同一性保持権	第90条の3	実演家の名誉・声望を害するおそれのある改変をさせない権利

---

column 映画の俳優の権利

　映画の著作物については、実演家（俳優）は、いったん自分の実演を映画の著作物に録音・録画することを許諾すると、その後の実演の利用、具体的には映画の二次利用（TV放映、DVD化、ネット配信等）については、もはや録音権・録画権を主張できなくなる（第91条2項）。実演家としては、最初に映画の出演契約を結ぶ際に、映画のその後の二次利用に対する対価を得ておく必要があり、あとから二次利用の際に権利を主張することはできないということだ。最初の契約の際に1度だけ許諾するか否かの交渉チャンスがある、というこのしくみは、「ワンチャンス主義」と呼ばれている。

　ワンチャンス主義は俳優にとって気の毒だと思われるかもしれないが、映画の著作物にはたくさんの俳優が出演しているため、その後の二次利用の際に全俳優の許諾が必要となると、映画の二次利用が進まなくなってしまい"お蔵入り"のおそれがある。こうした事態は、俳優自身にとっても、また映画をさまざまな形で楽しみたいわれわれユーザーにとっても望ましいものではない。映画の著作物の利用の便宜を図るという点に、ワンチャンス主義の意義がある。

　劇場用映画は原則として上記のような扱いとなるのに対し、テレビ番組も著作権法上は「映画の著作物」だが、以下のようなやや特殊な問題がある。

　テレビに出演する際、出演者はテレビ局等との間で、ギャラな

第5章　著作権法　　243

ど出演・放送に関する諸条件について契約を結ぶ。その際、放送の許諾には、契約で特段の定めがない限り、録音・録画の許諾が含まれない（第63条4項）。テレビ放送に出演することを承諾しただけでは、その出演にかかる実演の録音・録画についてまで自動的に承諾を与えたことにはならないのである。そのため、テレビ放送の収録の際に、テレビ局や番組制作と、実演家（出演者）との間で結ばれた契約内容のなかに、放送してよい、という内容に加え、録音・録画もOK、という内容が入っているのかが問題となる。

　もし、録音・録画についての許諾がなく、単なる放送の許諾しか得ていなかったという場合には、ワンチャンス主義が適用されず、テレビ番組をDVD化するなどの場合に、改めて出演者の許諾を得なければならない。

2　レコード製作者の権利

①レコード製作者とは

　「レコード製作者」とは、音を最初に固定（録音）した者をいう。著作権法上はかならずしもレコード会社とはかぎらない。音を固定化する媒体は、CDや録音テープ、MDなども含まれる。

②権利の内容

　レコード製作者は、レコードについて次に掲載する表に示した権利を持つ。保護期間は、音源の発行（CD発表など）が行われた時から70年となっている。音の固定から70年以内に発行されなければ、音の固定から70年となる。

◇レコード製作者の権利

複製権	第96条	レコードを複製する権利
送信可能化権	第96条の2	原盤に収録された音源を送信可能化する権利
商業用レコードの二次使用料請求権	第97条	最初に販売された日から1年は、商業用レコードを貸与する権利。1年経過後は貸与されたレコードについての報酬請求権に変化する
譲渡権	第97条の2	レコードの複製物の譲渡により公衆に提供する権利
商業用レコードの貸与に関する禁止権（貸与権）→貸与報酬請求権	第97条の3	最初に販売された日から1年は、商業用レコードを貸与する権利。1年経過後は貸与されたレコードについての報酬請求権に変化する

---

column **レンタルに関する著作隣接権**

　レンタルCDショップのように、市販されているCDを業として公衆に貸与する場合、その楽曲の作詞家・作曲家が持つ著作権に加え、実演家とレコード製作者の持つ著作隣接権の一種である、「貸与権」が働く。この貸与権はやや特殊な性質をもっている。

　実演家とレコード製作者には、発売から12か月（1年）以内のレコードの貸与については、貸与に関する排他的な権利としての「貸与権」が与えられており、許諾なしに行われたレコード貸与に対しては差止請求を求めることができる。しかし、この貸与権は、最初に販売された日から12か月を経過すると行使できなくなり、貸与に供されたレコードについてレンタル業者から報酬を受ける権利、すなわち貸与報酬請求権に変化する。報酬請求権の場合、使用料を権利者に支払いさえすれば、誰でも権利者の意思とは無関係に使用できる。つまり、発売から12か月が経過した後、著作隣接権の保護期間の残り49年間については、レコードのレ

第5章　著作権法　　245

ンタル行為を差し止めることができる権利としての貸与権はなくなり、権利の内容が、単に報酬を求める権利にとどまることになる。最初の1年間だけ貸与権という強い排他的権利を認めている理由は、発売直後のレコードのレンタルが、レコード販売と競合するためである。新譜のレコードについて、発売直後からレンタルができてしまうと、セルのレコードが売れなくなってしまうことに配慮し、最初の1年間は、実演家・レコード製作者がレンタルをコントロールできるようにしたのだ。逆に、一定期間が経過すると、セルとレンタルの競合関係が薄れてくるため、排他権に代えて報酬請求権という比較的弱い権利を実演家・レコード製作者に与えることとし、レンタルショップ等との利害関係を調整している。

3　放送事業者・有線放送事業者の権利

①放送事業者・有線放送事業者とは

　放送とは、公衆送信のうち、公衆によって同一の内容の送信が同時に受信されることを目的として行う無線通信の送信をいう。テレビ放送やラジオ放送がこれに当たる。放送事業者とは、放送を業として行う者をいう。NHKや民間放送局各社、放送大学学園などがこれに当たる。有線放送とは、公衆送信のうち、公衆によって同一の内容の送信が同時に受信されることを目的として行う有線電気通信の送信をいう。CATV（ケーブルテレビ）、有線ラジオがこれに当たる。有線放送事業者とは、有線放送を業として行う者をいう。CATVや有線音楽放送事業者など。

②権利の内容

　放送事業者と有線放送事業者は以下の権利を持つ。保護期間は、放送または有線放送が行われたときから50年となっている。

◇放送事業者・有線放送事業者の権利

	放送事業者の権利	有線放送事業者の権利	権利の内容
複製権	第98条	第100条の2	放送を録音、録画や写真的方法で複製する権利
再放送権・再有線放送権	第99条	第100条の3	放送を受信して再放送したり、再有線放送したりする権利
送信可能化権	第99条の2	第100条の4	インターネットなどにアップロードする権利
テレビジョン放送の伝達権・有線テレビジョン放送の伝達権	第100条	第100条の5	有線テレビジョン放送を受信して影像を拡大する特別装置（超大型テレビなど）で公に伝達する権利。例：放送されているスポーツの試合や音楽コンサートなどを、超大型ディスプレイ画面で観客に見せるような行為

第5章　著作権法　　247

＊註

1 「不法行為」は民法709条に規定がある。本書で解説した各種の人格権侵害も、この「不法行為」の規定を根拠に、裁判で認められてきた（→ 本書第2章、第3章）。

2 「製作」とは、企画や資金調達などを含めて行う作品づくりのこと。これに対して「制作」は、そうした要素を含まないときに使われる。

3 ある権利がある人のものである、というときに、権利がその人に「帰属する」という。

4 職務著作と特許法の職務発明制度とは大きく異なるので注意しよう。職務発明制度については本書第4章を参照。

5 「抗弁」とは、裁判などで相手方から出された主張に対し、法的な根拠や論法に基づいて反論・対抗することをいう。

6 ある権利を排他的に独占することを「専有する」という。権利者はこの専有に基づいて、他者による利用を禁止したり許諾したりできる。

7 この権利が最初に規定された1984（昭和59）年時点では、書籍については貸与権を適用しない旨の保留条項が置かれていた。しかし2004（平成16）年の著作権法改正によってこの保留条項が削除され、漫画雑誌を含む書籍にも貸与権が適用されることとなった。

8 法律（特に民法）でいう「悪意」とは、ある事情を知っていることをいう。逆に事情を知らない状態のことを「善意」という。

9 　親告罪となっている犯罪の例としては、被害者のプライバシーや名誉の保護の観点から、被害者の意に反する訴追を避けた方がよいもの（名誉毀損罪、侮辱罪など）や、被害が比較的軽微で、当事者同士での解決を図るべきもの（過失傷害罪、器物損壊罪など）がある。

参考文献案内

［入門レベル］

●上野達弘編『教育現場と研究者のための著作権ガイド』（有斐閣、2021年）

●小泉直樹／田村善之／駒田泰土／上野達弘編『著作権法判例百選 第6版』（別冊ジュリスト55巻1号〔通号242〕、有斐閣、2019年）

●駒田泰土／潮海久雄／山根崇邦『知的財産法Ⅱ　著作権法』（有斐閣、2016年）

●島並良／上野達弘／横山久芳『著作権法入門 第4版』（有斐閣、2024年）

●高林龍『標準 著作権法 第5版』（有斐閣、2022年）

●茶園成樹編『著作権法 第3版』（有斐閣、2021年）

●福井健策『著作権とは何か——文化と創造のゆくえ』（集英社新書、2005年）

●福井健策『著作権の世紀——変わる「情報の独占制度」』（集英社新書、2010年）

●福井健策『「ネットの自由」vs.著作権：TPPは、終わりの始まりなのか』（光文社新書、2012年）

●宮武久佳『正しいコピペのすすめ——模倣、創造、著作権と私たち』（岩波ジュニア新書、2017年）

［発展レベル］

●荒竹純一『新版 ビジネス著作権法〈侵害論編〉』（中央経済社、2014年）

●安藤和宏『よくわかる音楽著作権ビジネス　基礎編（6th Edition）』（リットーミュージック、2021年）

●上野達弘／前田哲男『〈ケース研究〉著作物の類似性判断：ビジュアルアート編』（勁草書房、2021年）

●加戸守行『著作権法逐条講義 七訂新版』（著作権情報センター、2021年）

●作花文雄『詳解 著作権法 第5版』（ぎょうせい、2018年）

●田村善之『著作権法概説 第2版』（有斐閣、2001年）

●中山信弘『著作権法 第4版』（有斐閣、2023年）

第6章
文化芸術支援と法

第6章を学ぶために

　芸術表現は今日、その内容・伝達手段・発信主体のすべてにおいて多様な広がりを見せていることから、法学の知識を必要とする場面も広がってきている。さらに国や自治体といった「公」と文化芸術との関係も、21世紀に入って大きく変わってきた。その流れに応じて、広く文化芸術に関わる法を扱う「芸術法」というべき分野が成熟してきている。この章では、そうした流れを視野に入れて、文化芸術と法の関係を見ていく。

第1節　文化芸術をめぐる法——基本の考え方

1　芸術と国の関係の新しい流れ

1-1　文化芸術のエッセンシャリティ

　文化が人の生存を支える、という言葉は、芸術愛好家の精神論にとどまらず、現実の話なのだということが、近年のコロナ禍を通じて明らかになってきた。外出自粛によって心身の活動量の少なくなった人が、認知症と同様の「フレイル」という状態に陥り、自力で自分の生命・生活を支えることが困難になる危険が高くなることがわかってきた。ここからあらためて、感動やコミュニケーションを含む文化芸術が人間らしい生存を支えるエッセンシャルなものとして理解されるようになったのである。

　法学の議論を見ると、文化芸術を保護することの意義は、「表現の自由」に加えて、福祉国家における社会権保障の角度からも論じられるようになってきた。憲法第25条「生存権」のなかの「文化的な」という言葉の意味や、同第26条の「教育を受ける権利」から、国家が文化芸術を支援することの必要性と根拠を論じる学説も増えている。文化享受の権利が、放っておいてもらう自由だけでなく、国や自治体の支えを必要とする社会権の側面を持っていることが強く認識されるようになってきた。

1-2　「文化享受の権利」——消極的自由から積極的支援へ

　芸術表現の自由は、「一切の表現の自由」を保障した憲法第21条のもとで、当然にその自由の保障を受ける。これらは、もともとは国家や自治体などの公権力に干渉されないという意味で、「国家からの自由」ないし「消極的自由」と呼ばれてきた。一方、「文化享受の権利」は、表現という明確な形をとらないにしても文化の恩恵を受けること全般について、憲法第13条の幸福追求権の1つとして保障を受ける。この権利については、消極的自由の保障とともに、この権利をいかに充実させていくかという社会的・積極的権利としての保障の面を考えていく必要がある。

第6章　文化芸術支援と法　253

国や自治体がこの権利の実現に向けて文化芸術を支援するときには、国の仕事（行政）が発生し、財政（支出）にも関わることになるため、その根拠となる法律や議決が必要になるし、これを実施する際の運用ルールも必要となる[*1]。

　この分野の根拠と基本理念を定めた法律は、「文化芸術基本法」と「社会教育法」である。これらの法律が立脚している理念となるのが、先に見た「文化享受の権利」ないし「文化権」である。これは国際社会でその重要性が確認され、世界人権宣言のなかにも条文として盛り込まれている。日本国憲法では、第13条「幸福追求権」と第25条「生存権」を組み合わせて、こうした権利を認めるようになってきた。

　憲法第25条は、「健康で文化的な最低限度の生活」を定めた条文である。一般には、生活保護制度を支える「生存権」を定めた条文として理解されている。また憲法第26条は「教育を受ける権利」を定め、国が教育制度を整えて支援する義務と、国民がその福利を受ける権利を定めている。「文化享受の権利」は、主に憲法第13条の「幸福追求権」に含まれるものとして論じられてきたが、公金を使っての支援については、第25条・第26条型の社会権としても考えていく必要がある。「文化享受の権利」にも、自由権的な側面と社会権的な側面があるのである。社会権的な側面は、日本ではまだ新しい議論だが、文化芸術を私たちの実生活から切り離された趣味・教養として扱うのではなく、私たちの生活・生存と切り離せないものと位置付ける発想から、この議論の必要性が高まっている[*2]。

　「国家からの自由」ないし「消極的自由」というのは、表現への規制がどうしても必要か、過剰な規制になっていないかを問う問題という意味で、「規制」について考える場面である。一方、国家による「積極的支援」というのは、国や自治体が文化芸術に対して資金援助や会場提供などの「給付」を行う場面である。たとえば、国や自治体が映画作品などの制作実費を支援したり、無料または安価で使用できる展示会場やコンサートホールを提供したりすることである。ここでは、法は、一定の支援を国や自治体に義務づける姿勢や「その支援はどうしても必要か」を厳格に審査して違憲・違法とする姿勢をとるのではなく、「その支援は義務ではないが、や

るとしたら適正に行うように」という姿勢で、その運用について法令や裁判理論によるルールづけの役割を果たしている。[*3] 規制と給付の違いは、国の行為の適正性が裁判などで問題となったときに、重要なポイントとなる。本章に出てくる事例解説では、常にこのことを念頭に置いてほしい。

---

column　　　　　　　　　　　　芸術表現の自由・外国の例から学ぶ

●「芸術の自由」とは

　世界の憲法のなかには「芸術の自由」を保障しているものがある。ドイツ、ギリシャ、イタリア、ポルトガル、オーストリアなどの憲法がそうである。また1948（昭和23）年の世界人権宣言も、第27条（文化的権利）で「すべて人は、自由に社会の文化生活に参加し、芸術を鑑賞し、及び科学の進歩とその恩恵にあずかる権利を有する」と規定している。

　国家による芸術介入の最も極端な例は、第二次世界大戦期のドイツに見られる。ドイツでは当時の憲法（「ワイマール憲法」と呼ばれるもの）のなかに「芸術の自由」の規定があったが、ナチス政権下では「ドイツ民族の芸術」が称賛され、これと相容れない芸術作品には「退廃芸術」として負の格付けが与えられ、作家自身も活動の場を失っていった。その後、第二次世界大戦後に制定された「ドイツ連邦共和国基本法」（憲法と同じ位置付けを持つ法）では、日本の「表現の自由」に当たる条文のなかに「芸術の自由」があらためて明記されている。[*4]

　とはいえ、ドイツでも、芸術作品に無制限の自由が保障されているわけではない。クラウス・マンの小説『メフィスト―出世物語』が裁判になった「メフィスト事件」で連邦憲法裁判所は、「芸術の自由」も最終的には最高価値としての「人間の尊厳」のもとにあるので、これに反するものは法の制約を受けることがある、という考え方をとっている（連邦憲法裁判所1971〔昭和46〕年2月24日決定）。

●芸術支援の歴史に学ぶ

　文化・芸術は、歴史上、多くの国家の関心事となってきた。17〜18世紀の君主制・身分制時代のヨーロッパでは、芸術を擁護することや美術工芸品を所有することが国力や権力を示すシンボルとなっていた。たとえばフランスのリモージュ、ドイツのマイセンなどを中心として発展した美術工芸品レベルの陶磁器は、そのような背景を得て隆盛した。そこでは王侯貴族の私事としての芸術愛好と国家の関心事としての芸術支援は未分化の状態だったために、財政面での歯止めが失われることもあった。[*5]

　時代が変わり、民主主義の国家になると、《私事》と《公共の関心事》とを分けることが重要になり、文化・芸術が国家の関心事となるときには、為政者の趣味や権勢誇示のためではなく、国民の文化的生活を豊かにすること（「文化享受の権利」の保障）を目的として、民主主義的な企画決定や予算承認手続のもとに行われることになった。

　現在の文化政策は、一方では統制的な介入によって国民や芸術家の自由な精神的発露をふさいだり一方向に同調させたりするこ

現代の文化芸術支援は、それを支える国民から遊離しては成り立たない

256　第1節　文化芸術をめぐる法——基本の考え方

とを防ぎ、他方では芸術を愛好するあまり公共のための判断を誤り国民に過剰な負担を課すことにならないように、適切なバランスをとりながら進むことが求められる。

◉**文化芸術とポピュリズム**

　先に第二次世界大戦時の政府による芸術介入・芸術統制の問題を見たが、国家が文化芸術を利用する場面はこれで終わったわけではなく、アメリカがエルヴィス・プレスリーやマリリン・モンローを軍隊のイメージ向上のためのイメージ・リーダーとして起用した例、現在の大統領選挙戦において多くのポピュラー・ミュージックが（ときにアーティストの意図と無関係に）聴衆の気分高揚のために使用される例など、大衆の感情に訴える「ポピュリズム」のために文化芸術が利用される例は多い。アメリカでは、選挙時の宣伝活動にかかる費用に上限を設けることが何度も議論されてきている。

　アーティストの意に反する肖像利用や作品利用については、アーティストの肖像権や著作権に基づいて歯止めをかけることができるが、影響を受ける側の一般大衆に「感情を煽らず、熟議に適した精神的環境を守ってほしい」と求める権利やルールはない。これについては一般大衆である私たちが、高揚感を楽しむ場面と熟議・熟考すべき事柄とを見分けていく市民リテラシーを身につけることが求められている。[*6]

2　文化芸術と公共

2-1　文化芸術と政策を動詞で理解する

　芸術やデザインは、完成した表現物のことだけを意味するのではなく、これを生み出し支えるさまざまな活動の全体を意味する。だから、「もの」としてとらえるよりも、「こと＝活動」で、つまり動詞でとらえる必要が

第6章　文化芸術支援と法　257

ある。これを大まかに整理すると、〈A〉創る（生成）⇒〈B〉提示・公表する⇒〈C〉保護・保存する⇒〈D〉提供する・利活用する、といったカテゴライズができる。これらは、サイクルとして連環している。

〈A〉作品を創ること、生成することは、日ごろ、表現活動の中心部分として意識されている。美術大学で学ぶ実技も、これが中心となっている。しかし現実の表現活動は、〈B〉以下の活動によって、社会的・経済的に意味を持つことになる。

〈B〉表現は、個人の習作にとどまり公表されずに終わる場合もあるが、たいていの場合、なんらかの形で受け手となる他者に向けて表出・提示される。学校内の課題や企業内のプレゼンテーションとしてクローズドな範囲内で提示されることもあるし、展覧会や出版や上映やSNS投稿などを通じて、一般社会に向けて公表されることもある。憲法第21条の「表現の自由」と「知る権利」がもっとも多く論じられるのが、この段階での自由度についてである（→本書第1章、第2章、第3章）。

なお、法律ルールのなかには、内輪の少人数内での閲覧・共有か社会一般に向けた公表かによって、扱いを分けているものも多い（名誉毀損や著作権法など）。

〈C〉芸術的価値や歴史的価値を持つ作品は、社会の公共的な財産として、保護・保存される。博物館・美術館の活動、図書館の活動や、文化財保護などがこれに当たる。各人が美術品を私的に購入した場合にも、このことを意識する必要がある。著作権法に基づけば、著作物は、購入した所有者も作者に無断で改変することはできない（同一性保持権侵害となる）といったルールがあるからである。

〈D〉社会に公表され共有された表現や、美術館や図書館に保存された作品や資料は、社会に共有されることで、人々の文化的豊かさを支え、民主的な社会を支える。保存された記録や作品は、その社会の良い伝統の共有に役立ったり、反省の対象として法律などのルール作りの基礎になったりする。

このようにして社会に共有された芸術作品や歴史資料などは、次の創作を生み出す動機になったり、新たな学術活動や政策立案を支えたりするこ

◇概念図：サイクルでとらえる

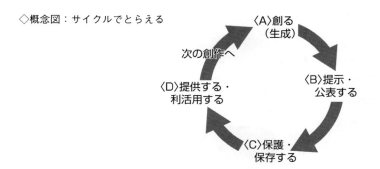

とで、次の生成サイクル（〈A〉以下）へとつながっていく。

　そして、これらの活動のそれぞれの場面に、人と法が関わっている。とくに公的支援の場合には、法的根拠と、手続きルールと、その業務を担う人（行政職員または業務委託を受けた者）が必要となる。たとえば、作家が〈A〉の場面で活動し、出版社やイベント事業者が〈B〉の場面で活動し、学芸員や文化財職員などの専門家が〈C〉や〈D〉の場面で活動するわけだが、それぞれの活動場面に応じて法律のルールがある。たとえば、憲法第21条「表現の自由」は、主に上記の〈A〉と〈B〉を関心事としてきたが、実際にはかなりの部分、〈C〉と〈D〉に支えられている。また「文化享受の権利」を実現するための政策と行政は、これらのすべての場面に関わっている。

2-2　民主主義の中の文化政策と文化行政
●行政の中立

　「国や自治体は邪魔をしません」という意味での「消極的自由」を保障するだけでは、文化芸術はかなり裕福な人だけの趣味にとどまってしまう。一般市民に文化的な福利が行きわたりやすくする施策（文化政策）があり、その政策が実際に運営・提供されること（文化行政）によって、一般市民にその福利が行きわたる。そうした施策の例として、公立の美術館や図書館や公民館などがある。法律としては、地方自治法や文化芸術基本法、博物館法や図書館法などが、こうした施策を支えている。

　民主主義のもとでは、個人の私事（自己実現や趣味）としての芸術と、

第6章　文化芸術支援と法　259

◇概念図：文化政策・文化行政のサイクル

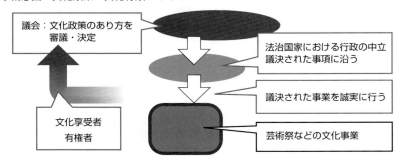

　公共の関心事としての文化政策・文化行政は分けるべきものとなる。国や自治体の方針として文化芸術を支援するときには、国民の「文化享受の権利」を実現することを目的として、民主主義的な手続きを経て、最終的には議会で企画と予算を決定する。とくに公共の行事として芸術祭を行ったり美術館を建てたりする場合、国民・住民の税金を使うことになるので、財政民主主義の原則にのっとって、議会で予算の承認をすることが必要になる。

　議会で企画と予算が決まると、それを行政が実行することになる。ここで「私はこの企画よりも別のことに予算を使ってほしかった」といった異論を持つ行政職員がいたとしても、議会で正当に決定した内容は行政を拘束するので（法治主義）、決定内容に沿って仕事をすることが求められる。これが「行政の中立」といわれる考え方である。

●苦情があったとき

　公的な芸術祭や公立美術館での企画展について、市民から苦情や不満を受けたときは、どうするべきだろうか。これには法的対応と、民主主義のサイクルの二つのルートがある。

　たとえばドキュメンタリー映画のなかで自分のプライバシーや肖像権（→本書第2章）が侵害されているなど、具体的な権利侵害を受けているという苦情があったときは、国や自治体は法律や裁判で確立した権利侵害の理論に基づいて、これに応じるべきである。ここで重要なのは、具体

な権利侵害や精神的被害を受ける一般市民がいる、ということである。

　では、「この企画に私たちの税金を使うことには納得できない」という苦情はどうだろうか。この場合には、民主主義のルートのなかで考える。苦情を述べたい市民には憲法第16条および請願法によって「請願権」が保障されているので、平穏な方法で、企画の見直し検討や今後に向けた改善などの要求を伝えることができる。また、次の選挙で自分が納得できる文化政策を実現してくれそうな議員に票を入れる道もある。他方、脅迫や過剰な音量・罵声によって展示や上映などを実質的に成り立たせなくするような妨害行動は「平穏な方法」とはいえず、表現活動者への業務妨害となり、さらに鑑賞者や近隣住民の平穏生活権を害することにもなる。日本では芸術祭や映画祭をめぐって、この種の問題が多発しているが、そうした方法で現在進行中の企画を中止させる権利は、一般市民にはない（→本章の最後で扱う）。

---

column　　　　　　　　　　映画をめぐる国家のスタンスの変容

●映画検閲からレッド・パージへ

　芸術と商業的娯楽（エンターテインメント）は現在、法的には区別されない。しかしドイツでは、第二次世界大戦前には映画は大衆娯楽であって芸術には入らないとされ、「芸術の自由」の保障を受けず検閲の対象になっていた。アメリカ合衆国でも、映画は営利的娯楽性の強い表現であるとの理由で検閲があったが、「表現の自由」の保障が浸透するにつれ、検閲は行われなくなっていく。しかし1950年代にはレッド・パージ（共産主義者や組合活動を極度に危険視し、職場から追放するなどした社会現象）が起きた結果、社会派の映画のつくり手が職業を失うか萎縮してしまい、映画における表現の自由が著しく阻害されてしまった。

●プロパテント政策と文化芸術政策

　アメリカで（その影響で日本でも）このような萎縮状況を経験

第6章　文化芸術支援と法　　261

した映画というジャンルも、冷戦期が終わりに近づいた1980年代からは、逆に国家から価値を認められ、重要視されるようになっていく。そこには2つの流れがある。

1つには、多くの映像作家の努力により、映画という表現が単なる消費的娯楽にはとどまらない映像芸術として認められるようになった、という流れがある。そしてもう1つには、知的財産権を強化する政策（プロパテント政策）が採用されるようになったことから、ディズニー映画やハリウッド映画に代表される映画の著作権収入が国益にもなることが意識され、このジャンルを抑えるよりは促進したほうがよい、という考え方が共有されたことがあげられる。アメリカではこの2つの流れが合流し、映画は芸術の一分野としてもエンターテインメント産業としても、国の関心事となった。

たとえば、コロンブスのアメリカ大陸航海500年を記念して製作された映画『1492: Conquest of Paradise』（邦題『1492 コロンブス』）は、フランスとスペイン両国の文化省が資金援助を行ったうえで、フランス・スペイン・アメリカの3か国合作でつくられている。

日本でも、映画の製作には独立行政法人日本芸術文化振興会による支援（文化芸術振興費補助金）の制度があり、毎年募集を行っている。

［参考文献］
奥平康弘『「表現の自由」を求めて』（岩波書店、1999年）
カール・バーンスタイン他著、奥平康弘訳『マッカーシー時代を生きた人たち――忠誠審査・父と母・ユダヤ人』（日本評論社、1992年）
上島春彦『レッドパージ・ハリウッド――赤狩り体制に挑んだブラックリスト映画人列伝』（作品社、2016年）、
文化庁ホームページ「映画製作への支援（文化芸術振興費補助金）」
https://www.bunka.go.jp/seisaku/geijutsubunka/eiga/seisaku_shien/
（最終アクセス2024年9月6日）

第2節　文化芸術をめぐる制度と法

1　文化芸術を支える基本法

1-1　文化芸術基本法

　これまで見てきたように、文化芸術の分野には国や自治体が深く関わり、支援や施設の提供を行っている。現在の制度の基本的な骨組みについて、見ておこう。

　大きな種別として、芸術の活動や展示・上演・保存のための場所すなわち《施設》の設置と、文化財保護のような価値認定と《保存》の活動、そして補助金などの《助成》の制度がある。これらの文化芸術支援を根拠づけ、基本的な理念と指針を定めた法律として、文化芸術基本法と社会教育法がある。[*7]

　文化芸術基本法の前文には、文化芸術に対する国家としての理解と理念が示され、その第1条には、この法律の目的として、「文化芸術に関する施策の……推進」と「心豊かな国民生活及び活力ある社会の実現に寄与」について明記されている。[*8]

　施策の対象となるのはあくまでも「自主的な活動」の支援である。活動の主体は表現者・活動者本人であって、国や自治体はそれを支える役割を引き受ける、という関係がここに示されている。国が特定の政策推進のために芸術家やデザイナーや一般国民に一方的に協力を強制するようなことがあれば、この法律の理念に反することになる（国が特定の政策推進の広報のために、芸術家やデザイナーに仕事を依頼する、という場面は、これとは異なる）。

　2017（平成29）年に行われた「文化芸術基本法」への改正の要点は、施策の内容と対象を広げ、より総合的な内容を持つものとしたことである。改正法では、「文化芸術の振興にとどまらず、観光、まちづくり、国際交流、福祉、教育、産業その他の各関連分野における施策を法律の範囲に取り込む」ことが目指されている。[*9] 国や自治体の取り組みのなかに文化芸術の促

進を組み込みやすくなった点でメリットはあるが、もともと経済的成功とは別の観点から行われるべき文化芸術支援に、観光収入や産業振興といった経済的目的が流入してくることで、アーティストや学芸員の活動意欲と自治体の期待に食い違いが起きるなどの問題も指摘されている。

1-2「芸術」の定義は可能か

日本の法律で積極的に「文化」「芸術」を定義したものは今のところない。

文化芸術基本法は、施策の目的となる「文化芸術」については定義を置かずに趣旨と意義を確認するにとどめ、同時に、活動者の自発的で主体的な実践による発展に期待する姿勢をとっている。

この姿勢は、法律が文化芸術の発展可能性を不用意に限定してしまうことを避けるという点では賢明な姿勢だが、国が支援するということは、国民の税金を投入することになるため、事柄の公共性に照らすと、国が何を促進・支援しようとしているのか示すことも必要である。文化芸術と観光業やまちづくりの公共事業が組み合わさって総合的なものになっていくことはあってよいが、企画が実現するにつれてアーティストや一般市民の「文化享受の権利」が脇に置かれ、文化芸術支援の趣旨が忘れられるような方向に流れないように、船を係留するアンカー（錨）のようなものとして、なんらかの芸術概念の共有は必要ではないだろうか。[*10]

1-3 文部科学省、文化庁

先に「文化享受の権利」について見たが、こうした権利を実現するためには、政策（支援内容と予算の決定）と行政（決まった政策の実行）が必要となる。また、これらの運営が適正・適切に行われているかどうかを見る監督官庁も必要となる。

公的な文化芸術支援の全般を管轄する行政組織は、文部科学省（文科省）である。文部科学省は文化行政と教育行政を広く統括している。文化芸術についても、この両面から文部科学省が統括している。文化面からは文化庁を通じて、文化施設の整備や文化財の保護、補助金事業などが行われている。教育面からは、学校教育における芸術教育だけでなく社会教育の面

からの文化施設や行事の充実化が図られている。

2 文化芸術を支える施設と法

2-1 博物館、美術館、図書館

　文化芸術を保存あるいは発信するには場所が必要である。とりわけ、文化芸術が社会に向けて成立するためには、文化芸術の提供者とその享受者が出会う場所が不可欠となる。そうした場所ないし空間としては、博物館、美術館、図書館、映画館、公民館、大学などの教育施設、音楽ホールやライブハウス、スポーツ競技場、ダンスホールやクラブ、マスメディア、インターネット上の仮想空間、そして公園や路上などのパブリック・フォーラム（公論のために開かれた空間）などがあげられる。

　これらのうち博物館と美術館と図書館は、文化芸術を支えるために公共的な意義を担う制度的な施設として、法律上の根拠と目的と運用ルールが与えられてきた。美術館は、法律上は博物館の一種として位置づけられている。「博物館法」（2022〔令和4〕年一部改正）第2条1項は、博物館は、「歴史、芸術、民俗、産業、自然科学等に関する資料を収集し、保管（育成を含む。）し、展示して教育的配慮の下に一般公衆の利用に供し、その教養、調査研究、レクリエーション等に資するために必要な事業を行い、あわせてこれらの資料に関する調査研究をすることを目的とする機関（中略）のうち、（中略）登録を受けたもの」と規定している。主に芸術を扱う美術館は、このなかに位置づけられている。なお、このうち、国立美術館についてだけは、「独立行政法人国立美術館法」（1999〔平成11〕年）によってその組織立てと活動目的が定められている。各地方自治体の公立美術館については、各自治体が条例によってその目的や組織や運用ルールを定めている。

　図書館については、「図書館法」（1950〔昭和25〕年）がその目的や組織や運用ルールを定めている。その第1条では、図書館が「社会教育法（昭和24年法律第207号）の精神に基づき、国民の教育と文化の発展に寄与することを目的とする」ことが明記されている。さらに「社会教育法」第9条1項で、博物館とともに「社会教育のための機関」と位置づけられて

第6章　文化芸術支援と法　　265

いる。

---

column   「美術館の原則」

　2017（平成29）年、全国386の国公私立美術館が加盟する「全
国美術館会議」は「美術館の原則と美術館関係者の行動指針」を
採択、発表した。その一部を以下に抜粋する。

●美術館の原則（抜粋）

　1. 美術館は、美術を中心にした文化の価値を継承・発展、さ
らに創造することに努め、公益性・公共性を重視して人間と社会
に貢献する。

　2. 美術館は、人類共通の財産である美術の作品・資料及びそ
れにかかわる環境の持つ多様な価値を尊重する。

　3. 美術館は、設置目的・使命を達成するため、安定した人的、
物的、財源的基盤をもとに活動し、美術館にかかわる人々と作品・
資料等の安全確保を図る。

　4. 美術館は、倫理規範と専門的基準とによって自らを律しつ
つ、人々の表現の自由、知る自由を保障し支えるために、活動の
自由を持つ。（以下略）

　この「原則」に付された「まえがき」では、美術を「人類共有
の財産」と位置づけ、その継承・発展・創造を担うのが美術館で
あるとの認識が示されている。ここには、私事としての美術愛好
の「自由」とは異なる、公共的な社会貢献としての「活動の自由」
が示されている。

　これは法律ではなく、同業者の会による自発的な倫理宣言であ
る。文化・表現に関わる多くの業種が、こうした自主ルールを掲
げることで、法規制を受けないという意味での「自由」を確保し
つつ、自ら社会的責任を引き受けていく姿勢を示すことで、社会

266　第2節　文化芸術をめぐる制度と法

的信頼を守っていく「自律」の道を選んでいる。

　21世紀に入ると、国立の美術館は独立行政法人化され、自治体の美術館には「指定管理者制度」が導入されて民間団体に運営を委託する館が増えてきた。そうなると、美術館の運営にも採算が求められるようになるが、この流れのなかで、営利目的のエンターテインメントとは異なる美術館独自の存在意義が宣言されている。

example　　　　　　　　　　　　　　　「図書館図書廃棄事件」

最高裁 2005（平成17）年7月14日判決

　公立図書館（船橋市西図書館）の職員（司書）が、「新しい歴史教科書をつくる会」の作成による図書107冊を、自己の価値観に基づいて廃棄した。このことで、廃棄された著書の著作者が、この図書館を設置している自治体（船橋市）に対して損害賠償を求める訴訟を起こした。

　この訴訟の判決で最高裁は、まず公立図書館について「住民に図書館資料を提供するための公的な場」であるとともに「そこで閲覧に供された図書の著作者にとって、その思想、意見等を公衆に伝達する公的な場」であるとの意義を確認し、そこで働く職員は「独断評価や個人的な好みにとらわれることなく、公正に図書館資料を取り扱うべき職務上の義務を負う」としたうえで、図書館職員がこの義務に反する取り扱いをしたことによって、図書の著作者の「思想の自由、表現の自由」に照らして、その著作者の人格的利益が侵害されたと判断した。

　この判決の趣旨は、博物館や美術館にも当てはまるだろうか。

　図書館司書は利用者の要望や請求に応じて多種多様な図書を収集・提供するという受動的な役割を果たすのに対して、博物館や美術館の学芸員は自らのイニシアティブで作品を収集・展示し、

第6章　文化芸術支援と法　　267

展覧会を企画するなど、より能動的な役割を担っている。したがって、学芸員の場合には、司書の場合よりも、作品の収集・展示などに関する判断について、より広範な裁量が認められる。[11]

3 文化財保護

3-1 文化財保護法

　文化財保護は、本章第1節で整理した内容でいえば、〈C〉の保護・保存と〈D〉の提供・利活用の場面にかかわる活動である。その根拠法である「文化財保護法」は、文化芸術に関する法律のなかでは、第二次世界大戦後最も早い1950（昭和25）年に制定された。[12]その第1条では、「文化財を保存し、且つ、その活用を図り、もつて国民の文化的向上に資するとともに、世界文化の進歩に貢献すること」が目的として掲げられ、第2条では、保護の対象として多様な文化ジャンルが掲げられている。[13]また第3条では、「文化財」の公的価値に関する理解とともに政府および地方公共団体の責務が定められている。

3-2 財産権との緊張関係

　注意を要するのは、この法律が第4条と第125条で一般国民の協力義務を定めているところである。[14]これらの規定によれば、文化財指定を受けた私有財産（家屋や物品）は原則として改築や実用使用ができなくなる。文化的遺産を守っていくためには、文化財の現状変更を制限することは必要と考えられるが、他方、史跡などの含まれる土地の所有者にとってみれば自分の財産である土地について重大な制約を受けることになり、「財産権は、これを侵してはならない」と定めている憲法第29条1項と対立することにもなる。文化財保護法第4条3項では財産権の「尊重」がうたわれているが、それでもこの緊張関係は当事者にとっては厳しいものだろう。

　こうした文化財保護法上の制限には、活動者の自主性を尊重することとしている文化芸術基本法に照らして制度理念上の食い違いはないか。この

268　第2節　文化芸術をめぐる制度と法

分野の裁判例としては、奈良の平城京遺跡のある土地の所有者と文化庁長官の間で訴訟となった「奈良平城京事件」（最高裁 1975〔昭和50〕年4月11日判決）がある。[*15] 理論的な検討がまだ少ない問題であるため、議論の成熟が待たれる。

4 芸術助成のための補助金

4-1 助成（補助金）

　芸術助成とは、芸術作品を生成する活動（先に本章第1節で見た動詞の〈A〉）や芸術祭・映画祭のように芸術作品を一般市民に提供する活動（先に見た動詞の〈B〉）についてかかる費用を、公的機関から提供するという公的支援活動である。

　こうした助成の活動には公金が用いられるが、そのために使える公金には限りがあるので、助成の対象となる芸術活動はなんらかの基準で選別されることになる。対象作品の選定や補助金額などの具体的な運用は、それぞれの公的機関（文化庁や各自治体など）の裁量（職権・職責に基づく自由な判断）に委ねられている。対象作品の選別は多くの場合、専門家による審査委員会によって行われる。

　この選別プロセス自体は、憲法第21条2項が禁じる公権力による「検閲」には当たらない。しかしこの選別が恣意的なものになったり、憲法の趣旨に反するような芸術統制になったりしないよう、この裁量に法的な歯止めをかけることは必要である。

　公的な補助金については、「補助金等適正化法」がルールを定めている。これは文化芸術領域に限らず、あらゆる分野の公的補助金について手続きルールを定めた法律である。ここでルールの確認が必要なトラブルが起きたときは、根拠法としての文化芸術基本法と手続法としての補助金等適正化法の両方を見るべきことになる。

　いったん採択が決まり、補助金の交付が内定した作品について、事後に生じた事情によって補助金が交付されない（不交付）ということが、近年、続けて起きた。こうしたことがあると、助成を受けようとするアーティス

トには不安が生じることになる。この問題については、2023（令和5）年に出された『宮本から君へ』助成金訴訟最高裁判決が、今後この分野で参照されるべきルールを打ち出したので、この判決を紹介することにする。

---

example	『宮本から君へ』助成金訴訟

最高裁 2023（令和5）年11月17日判決

◆**判決の骨子**

　薬物事件で有罪が確定した俳優が作品中に出演していたことを理由に、映画『宮本から君へ』への公的助成金を「不交付」とした日本芸術文化振興会（以下「芸文振」）の決定の適法性が争われていた訴訟で、最高裁は、「薬物乱用の防止という公益が害される具体的な危険があるとは言いがたい」として芸文振決定を違法と判断した。この判決は、文化芸術作品への公的助成金を巡って最高裁が判断を示した初めてのケースである。

　この裁判は、すでに採択が決まり助成金の交付が内定していた作品について、後から生じた事情を理由に「交付しない」とした決定の違法性を問うものだった。ここで最高裁が示した判断基準（結論を導くための理論）を見ると、助成金の交付にかかわる判断は、まずは芸文振の理事長に委ねられ、その裁量権の範囲を逸脱した場合に違法となる。そして最高裁は、公益を害する事情があるということで助成金を不交付とする判断（裁量）が認められる場合もあるとしながらも、そうした理由で助成金を不交付とすることが認められるのは、「当該公益が重要なものであり、かつ、当該公益が害される具体的な危険がある場合に限られる」とした。これはかなり厳格な判断基準で、芸文振の裁量に法的な歯止めをかけるものとなる。

　この裁判は、法律上の枠組みは《文化行政における独立行政法人の裁量の適法性》を問う裁判だったが、実質としては、この分

野の裁量に「表現の自由」の重要性を考慮した枠付けが行われたということで、「表現の自由」の理論的進展を見ることのできる判決だったといえる。

◆芸術助成で採用された「萎縮効果」の理論

　この判決は、助成を必要とするアーティスト等への「萎縮的な影響」も考慮している。文化芸術への公的支援を巡っては、2019（令和元）年に「あいちトリエンナーレ2019」の展示内容への批判を受けて文化庁が補助金を一時不交付と決定し、その後交付することにしたといった出来事も起きた。一度決まった補助金を、当事者に責任を問いようのない事後的な事情を理由として不交付とすることが当然のように行われてしまうと、公的助成を受けたいと思う表現者は将来への不透明感から萎縮してしまう。いつどんな理由でこの支援を取り払われてしまうかわからないという不安感があると、この支援を生かす活動ができなくなるからである。判決はこの問題を視野に入れて判断をした。

　「表現の自由」は、社会を成立させるうえでも個人が生きるうえでもなくてはならない重要なものであると同時に、罰や脅しに弱い、萎縮しやすいもので、だからこそ法的に手厚く守られる必要がある（→本書第1章）。この考え方が、芸術助成の場面で採用されたことの意義は大きい。

　今後、この分野の文化行政（とくに専門職にある担当者）は、この最高裁判決を参考にすべきことになる。

　文化芸術方面への助成金をめぐる法ルールは、文化芸術基本法や振興会法などの根拠法・理念法と、手続法としての補助金等適正化法、政府や監督省庁が出している政令や省令などを見て確認する必要がある。そのうえで、その運用の詳細については、関係省庁（文部科学省・文化庁）や自治体、関係法人（今回問題となった芸文振など）や管理委託を受けた団体などによるプラクティス（実践による慣例）によって形成されていくところが大きい。最

第6章　文化芸術支援と法　271

高裁の『宮本から君へ』助成金訴訟判決は、これらの法令の総合解釈を示すことによって、こうした慣例ルールの形成に、大きく寄与することになったと思う。

5 文化芸術を支える専門職

5-1 専門職の役割

　美術館もまた表現活動の主体である。ここでは、美術館での収集、保存、展示について判断をする専門職（学芸員やキュレーター）が決定的な役割を果たす。美術大学で学ぶ学生のなかには、こうした専門職を目指している人も多い。

　博物館法第4条3項は、「博物館に、専門的職員として学芸員を置く」と定め、同条4項は、「学芸員は、博物館資料の収集、保管、展示及び調査研究その他これと関連する事業についての専門的事項をつかさどる」と学芸員の職務を定めている。この規定によって、美術館には専門職としての学芸員が置かれている。

　近年の美術展では、「キュレーター」が活躍する場面が多くなったが、これは学芸員とは別に、作品の展示を企画し編集する職能を表す言葉である。

　21世紀に入ると、国立の美術館は独立行政法人化され、自治体の美術館には指定管理者制度が導入された。その結果、運営を民間団体に委託する美術館が増えてきた。また自治体連携による文化事業が盛んになってきたため、さまざまな地域でアートプロジェクトが活性化しており、芸術表現の空間が美術館という制度化された施設から、より広い場所へと広がっている。たとえば、プロジェクションマッピングなどの表現技法が発展したことも、表現者が芸術表現の「場」を得る可能性を広げているし、インターネット上に美術表現の収集、保存、展示の場を構築する「デジタル・アーカイブ」も盛んになってきた。このように、文化芸術の媒介を担う専門職は、美術館という施設制度を足場としつつも、そこに限定されない専門職

カテゴリーを形成している。[16]こうした流れのなかで、学芸員やキュレーターの仕事の内容もますますの広がりを見せていくことが期待されている。

　一方で、この流れのなかでこれらの専門職の雇用のあり方が不安定なものとなっている、との指摘も聞かれる。取り組みの必要な課題である。

5-2　専門職の役割の確立を

　公的な文化芸術支援においては、国や自治体と、芸術活動者（芸術家や学芸員・キュレーター）と、一般の文化享受者との三者が、相互恩恵の関係に立っている。ここで目指される究極の目的は、一般の文化享受者の文化享受の権利を実現することであり、芸術活動者への支援はそのために行われる。しかし芸術活動の実践は、多数者の好み・人気に依存することなく、むしろそこから独立したものであることにこそ意義がある。このように、民意や政治の動向に従属しないことが一般市民への貢献となる、という複雑な関係を、意味あるものとして成立させるうえで、要となる働きをするのが、上記で見てきた専門職である。

　専門職の担当者には、その見識に基づいて、高度な裁量が認められる。美術館の学芸員が美術作品の購入を決定する、文化財保護職員が、保護すべき史跡や民芸品などを選定するなどの場面がそうである。これが公的なものである場合には、この裁量は、職員の個人的な好みではなく職責に根拠づけられた自由、すなわち職業的自律として認められた裁量である。[17]ここからすると、こうした専門職は、特定の政治的・社会的影響力を持つ人々の好みを忖度することなく自らの見識を発揮できる政治的独立の保障が必要であり、それが本来の「中立」を守ることにもなるのだが、現在の日本の状況を見ると、この部分に課題があることをうかがわせる事例が多く見られる。

　芸術領域は常に《多様性》と《不断の自己相対化》の受け皿となるような場を必要とする。このことについて専門の知識と見識を身につけるには相当の研さんが必要である。このことについて、社会一般にあと一段の認識が進んで、この領域の専門職員の裁量について政治・社会からの信頼がもう一段高まることが望まれる。そのためにも、この領域の仕事を目指す

第6章　文化芸術支援と法　　273

人々は、高い見識と矜持を持ち続けることが期待されている。

6　経済活動と文化政策

6-1　芸術の私的側面と公的側面

　文化芸術に関わる活動は、個人や集団の自発的で自由な活動であると同時に、文化的な価値のある公共財として、公的な関心事でもある。そのため、文化芸術と国との関係も、「国家からの自由」と「国家による支援」の両面からとらえていく必要がある。

　文化芸術の私的な側面とは、個人や企業が自由に表現した作品が、愛好や売買や所有の対象となる、という場面である。こうした活動が「表現の自由」によって保障されたものであること、そこにも一定の法的制約があることについては、これまで本書で見てきたとおりである（→本書第1章から第5章）。

　このなかで知的財産法は、知的成果物を私的側面から保護することを主眼としており、当事者同士の意思（契約）によって知財を独占したり利用したりするルールとなっているので、法律の分類としては私法（民事法）の分野に属する。しかし現在では、社会にルールの遵守を強く求める必要があるため、刑事罰としての「罰則」が広く採用されている。その意味では、知的財産権に関する法令は全体として公共的な関心事となり、公法化の方向に傾いているといえそうである（→本書第4章、第5章）。

6-2　雇用関係・契約関係と知的財産権

　本書の第1章から第5章までで扱っていなかったこととして、芸術活動が私的自由としての経済活動として行われる場面について、簡単に見ておこう。

　まず、企業に所属して働くアーティストやデザイナーの権利保護のためには、各種の労働法がある。労働法の分野では、文化芸術に従事する人の労働について特に定めた規定があるわけではなく、給与や労働条件については通常の雇用ルールが適用される。このなかで一点、留意すべきことと

274　第2節　文化芸術をめぐる制度と法

して、企業に所属して働くアーティストやデザイナーの作品は著作権法上のルールとして「職務著作」となり、その著作権は企業に帰属することになる。デザインについても同様で、企業内デザイナーのデザインの知的財産権（意匠権や商標権）は企業のものとなるのが通例である（→本書第4章、第5章）。

　これに対して、フリーランスの立場で働くアーティストやデザイナーが作成した著作物やデザインの知的財産権は、各人のものとなる。その一方で、フリーランスとして働く人々の収入や働き方は、不安定なものになりがちである。こうした人々の仕事は、依頼者との契約に基づいて行われることになるが、これについて2024（令和6）年から「特定受託事業者に係る取引の適正化等に関する法律」（通称「フリーランス保護新法」）の適用を受けることとなった。この新法では、個人で仕事をする人々の立場の弱さに配慮して、依頼をする企業の側に取引条件の事前明示義務などを定めている。[18]

6-3　美術品売買に関する法律

　美術品の現物が美術商やオークションなどを通じて売買取引の対象となることもある。こうした私的な経済活動について基本的なルールを定めているのは、民法、商法である。これらの法律は特に芸術品や美術品に関して規定しているわけではなく、取引の対象となる美術品は、民法上は財産的価値のある「物」として扱われる。たとえば、真作としての価値のある物だと偽って贋作を売ることは詐欺となる。これらの一般法に加えて、古美術の売買を行う場合には古物営業法によってルールがあり、古物商の許可をとる必要がある。[19]

6-4　公的側面への配慮と法

　経済の領域では、法が市民の経済活動にまったく介入しない「自由放任」ではなく、市場を健全に機能させるためのルール整備や、市民生活の基盤の部分を配慮した公共事業や社会保障制度づくりなどが、国家の任務と考えられるようになった。こうした国家のあり方は、「現代型・積極国家」

と呼ばれている[20]。

　文化芸術の領域も、こうした積極国家の流れのなかで、国や自治体が関与しないという意味での「自由」（→本書第1章）にとどまらない、さまざまな促進・奨励が行われるようになってきた。文化芸術には、各人の私的な表現活動・経済活動の側面だけでなく、国や自治体の政策的関心となる公共的な側面があることが重視されるようになってきたからである。

　こうした流れのなかで、もともとは私的空間における活動だったものについて、国が特別な調整のルールを策定する場面もある。著作権法が著作者の私的権利と公共的文化のバランスを考慮するとしているのがその典型である（著作権法第1条）。また、こうした知的財産権促進の方向をさらに進めるものとして、映画、音楽、漫画、アニメーションなどについて、「コンテンツの創造、保護及び活用の促進に関する法律」がある[21]。

　現在の文化芸術支援は、文化的・芸術的価値のあるものを広く公開することで鑑賞の機会を増やし、その価値を国民に広く還元することを目的として行われている。「美術品の美術館における公開の促進に関する法律」はこの趣旨に沿って、「美術品について登録制度を実施し、登録美術品の美術館における公開を促進すること」（第1条）を定めている[22]。

　しかし、展覧会開催やオークションでの取引のために美術品を運搬することには、さまざまな事故リスク、破損リスクがともなう。そのために美術展を開催しようとする責任者は、高額の損害保険に入る必要があり、その保険料負担が企画実現にとってのハードルになってきた。今では、この保険料負担を国が肩代わりすることが定められ、また実際に美術品が事故などによって破損した場合についても、展覧会開催者の経済的負担の軽減が図られている[23]。

276　第2節　文化芸術をめぐる制度と法

第3節　文化政策行政をめぐる課題と法

1　政策的関心の広がり

1-1　文化と経済の活性化政策

　21世紀に入ってから、文化芸術の保護・活性化と地域経済の活性化とを結びつけた政策が多く打ち出されるようになっている。地域文化や伝統芸能、ポップカルチャーをアピールすることで日本の認知度を高め、海外からの観光客を呼ぶ、といった考え方である。そのため、文化芸術支援策を国や自治体が行うときにも、文部科学省・文化庁だけでなく、経済部門や内閣府などが関わる場合が増えており、文化芸術基本法もこうした複合化を可能にするような内容となっている。このことが文化芸術への注目度を高め、支援を活発化させることにつながる一方で、経済効果のあるものだけを支援する成り行きが起きると文化芸術そのものの基本が見失われるおそれがあるため、バランスに配慮した政策が求められる。

　ここでは、実際例を見ることが理解の近道なので、日本政府が主導した「クールジャパン」政策と、2021（令和3）年開催の「東京オリンピック」について見ていこう。

---

column　　　　　　　　　　　　　　　　　　　　　　　「クールジャパン」

●内閣府の示した「戦略」

　日本では、文化芸術が経済を活性化させる要因になるとの認識から、政府がこの分野の促進を政策課題としている。その一例として、「クールジャパン」を取り上げてみよう。「クールジャパン」という言葉は、日本で生まれたポップカルチャー（大衆文化）が海外で人気を得て「クール」と呼ばれていることから来ている。これを政府（内閣府）が日本の成長戦略の一つとして取り上げ、2013（平成25）年、「クールジャパン戦略」としてその内容を国

内外に示した。

　政府（内閣府）によれば、「クールジャパン」は、「外国人がクールととらえる日本の魅力（アニメ、マンガ、ゲーム等のコンテンツ、ファッション、食、伝統文化、デザイン、ロボットや環境技術など）」のことをいう。そして、こうしたクールジャパンの情報発信、海外への商品・サービス展開、日本の経済成長につなげるブランド戦略を展開することが目指されている。この「クールジャパン戦略」には、デザインの促進、官民連携、地域の魅力の発掘と商品プロデュースといった内容が盛り込まれている[24]。

◉ 文化と経済

　政府が示した行動計画では、「クールジャパン戦略」で力を入れる分野に、日本の伝統文化や地域特産品も含まれる。地方の旅館を支援して外国人観光客を呼び込み、日本食や日本車、伝統工芸などの人気を海外でも高め、それらの輸出を伸ばそうと努力することは、日本の国益にかなうこととして推進されている。内閣府の主導で官民ファンド「クールジャパン機構」が発足し、アニメやゲームなどのコンテンツ、ファッションに加え、日本食、伝統工芸、自動車などを投資対象として支援している。これらの政策はすでに定着しているが、一方で、収益の見込みの不安定な文化産業を投資の対象とした結果、投資分の回収が難しくなっている事業も見られ、地域によっては疲弊が見られるとの指摘もある。

---

column	オリンピックと表現活動と法

　オリンピック競技は、日本国内でも国際社会でも、最も公共性の高い文化事業に数えられる。国内のスポーツ文化については「スポーツ基本法」が、公的支援の根拠と適正化ルールについて定めている[25]。近年示された文化庁の見解では、その文化芸術的価値が重視されている[26]。本書では、オリンピックと表現活動をめぐって

社会的関心を呼んだ問題を取り上げて考えてみよう。

●東京2020大会エンブレムをめぐる法律問題

　2020（令和2）年開催予定であった「東京2020オリンピック・パラリンピック」のエンブレムの最初に公表されたデザインについては、《模倣》が疑われ、人々の関心を呼んだ。模倣それ自体は悪ではなく、模倣表現も「表現の自由」や「幸福追求権」の保護対象に入る。模倣について法的責任の問題となるのは、他者の権利を侵害した場合である。

　オリンピック・パラリンピックのマークとエンブレムは、通常は「商標法」で考えることになる（→本書第4章）。マーク・エンブレムと「オリンピック」という名称そのものは国際オリンピック協会に帰属する標章（シンボルマーク）で、個人や企業が無断使用することはできない。それぞれの大会について、オリンピック・パラリンピックのマークを組み込んだ公式シンボルマークとしての大会エンブレムが採用され、開催都市（当該の国及び地方自治体）やスポンサー企業などがこのシンボルマークを使用できるようになる。こうしたシンボルマークがさまざまな「公式グッズ」にアプリケーション展開されて市場に出され、それに特別な価値を感じて買う人々がいることから、経済の活性化が期待されている。

　こうしたオリンピック・パラリンピック公式グッズについて模倣品（海賊版）が出回れば、知的財産権の侵害として法的な問題となる。（→本書第4章）

　この東京2020大会エンブレム問題については、デザインや絵画の作製プロセスで実際に使われるさまざまな技法も話題となった。技術としてのコピー＆ペーストやトレースがそのまま違法となるわけではない。自分の勉強や楽しみのためのコピー＆ペーストやトレースは自由である。法的問題となるのは、模倣品または類似品を「業として」販売したとき（→本書第4章）や、コピー

第6章　文化芸術支援と法　279

したものを大量に複製頒布したとき、インターネットを通じて送信したときである（→本書第5章）。

東京2020大会エンブレム
（類似の問題が指摘された後に、公募で採用されたもの）

●法的なもの、公論、それ以外のもの

　商標権は、意匠権や著作権と異なり、創作に対して与えられる権利ではない。他者のものと識別する機能が認められれば、創作性がないものであっても、認められる。だから商標権の対象となるロゴマークのデザインにおいては、「創作性」の面で大衆の理想に合わないことが、ただちに法的問題となるわけではない。

　東京2020大会エンブレムをめぐる議論には、そうした意味で、法的な問題と《法的でないもの》が混在していた。たとえば選考のあり方についての議論は、誰に法的責任があるかという問題ではなく、公論によって改善していくべき課題である。公的イベントのデザインが市民的関心事となり議論が活性化することは望ましいことだが、法律はその中身には介入せず、選考プロセスの公正性、透明性を確保するためのルール（判断過程統制）として整っていくことが期待される。

　この問題をめぐってSNSやマスメディア上で起きた炎上のうちのほとんどは、法の問題と分けて考えるべき社会現象だった。「これとこれ、似てないか？」「私が理想とするクリエイターとは違う」と論評することは自由だが、論評の対象となった人の職業継続を困難にさせるような社会的制裁を下す権利はない。「理想

と違った」ことを「法への違背」と混同することは、明日の文化
を育ちにくくさせてしまう。市民が法に関する知識を共有するこ
とで、この違いを見分けていくことが大切である。

2　見えてきた課題と法理論の進展

2-1　「表現の不自由展」問題と「公の施設」

　日本では、芸術表現が政治的メッセージ性を帯びている、または政治的
な議論になりそうだと見なされた場合に、公的な展示や上映の中止を求め
られる傾向が繰り返し見られる。次に見る一連の「表現の不自由展」妨害
問題における「表現の不自由展」は、そうした事情によって社会的な表現
ができなかった作品を集めた企画だった。

　2019（令和元）年、自治体主催の国際芸術祭「あいちトリエンナーレ
2019」のなかに、上記の「表現の不自由展」が「表現の不自由展・その後」
と題して企画展示された。これが一部の市民から激しい抗議を受け、複数
名の政治家がこの企画展の内容を激しく非難したために、社会問題として
注目されることとなった。この問題をきっかけに、現在、この分野の法的
議論が必要となっている。

　こうした一連の問題のなかには、9条俳句が「公民館だより」に掲載され
なかった事例（最高裁 2018〔平成30〕年12月20日決定）、ニコンサロン慰
安婦写真展中止事件（東京地裁 2015〔平成27〕年12月25日判決）などが
ある。いわゆる「表現の不自由展」のなかには入っていないが、2015（平
成27）年に東京都現代美術館で開催された企画展（会田誠展）のなかの作
品「檄文」が「政治的」との苦情を受けたことを理由として美術館から撤
去要請を受けた事例もある。さかのぼれば、1986（昭和61）年、大浦信行
の《遠近を抱えて》が日本で最初に公開されたときにも、過激な抗議が美
術館に対して起きていた。

　ここで抗議の対象となった作品のなかに、刑法上の「わいせつ」に該当す
るなど、違法なものや、自治体条例上の「有害」表現に当たるもの、他者

第6章　文化芸術支援と法　281

の権利を侵害しているために民法上「不法」となるものは含まれていない。

　法的な考え方としては、表現をする側に「表現の自由」があるのと同じく、それを見る側の人々にも、展示された作品を批評・批判する自由がある。このとき、批判者と批判の対象とが同じ土俵にいられることが、「表現の自由」の大前提なので、批判者には、批判を超えて一方的に中止や排除を求める権利はない。

　また、納税者として公金の使い道や文化政策のあり方について、中止を含む要望を伝えたい人は、憲法第16条および請願法に基づいて請願をすることができるが、これは平穏な方法での請願に限られる。怒声や脅迫文で当事者や関係者を追い込んで中止を余儀なくさせることは、「言論」の一場面としての批判を超えた「暴力」であり、法的に認められない。業務妨害や脅迫に当たる場合には警察が抑えるべき事柄となるし、平穏生活権への侵害など、民事裁判で損害賠償を求めるべき問題にもなりうる。

2-2　裁判と「行政の中立」

　2021（令和3）年、「大阪府立労働センター（エル・おおさか）」で「表現の不自由展かんさい」が開催されたが、これが一部の市民によって脅迫を含む激しい抗議を受けた。そのため、安全配慮のためとして市民ギャラリー施設の利用承認が取り消されたが、これに対して展示主催者が利用承認取消しの処分の取消しを求める訴えを起こした。これを受けた裁判所は、大阪地裁・大阪高裁・最高裁と一貫して、施設の使用再開を認める決定を出した（最高裁 2021〔令和3〕年7月16日決定）。事柄の緊急性と展示主催者が受ける損害の重大性を理由とした決定だったが、ここには展示主催者の「表現の自由」を重く見る考え方があったと考えられる。

　翌2022（令和4）年4月には、東京都国立市の「くにたち市民芸術小ホール」でも「表現の不自由展」が開催され、この時にも街宣車や拡声器を使った抗議活動があったが、この展示会は厳重な警戒のもとに実現した。これについて国立市は、「反対するグループなどが……紛争を起こすおそれがあることを理由に利用を拒むことは、憲法第21条の趣旨に反するところとされています」との見解を公開で示した。[*27]

282　第3節　文化政策行政をめぐる課題と法

こうした「公の施設」や自治体は、利用者の申し込みに基づいて会場を貸している。担当公務員は、自分の信条や好みとは無関係に、法令に基づいて中立的に仕事をすることが求められている。一方、裁判所はトラブルが起きて裁判が提起されたときには、必要に応じて法令を解釈し、判断の基準を示す。これが行政職員の判断の参考になる。国立市が上述の「エル・おおさか」使用をめぐる裁判所決定を参考にして上記の見解を出したのだとすれば、この場面は、裁判所の法解釈を通じた「法の支配」と、本来の意味の「行政の中立」とが噛み合って生かされた場面といえる。

2-3　補助金行政への法理論構築のはじまり

前述の「あいちトリエンナーレ2019」については、補助金の面からも問題が生じた。この芸術祭の終了後、文化庁は、この芸術祭について愛知県に交付することを内定していた補助金（約7800万円）を、交付しない（不交付）とする決定をした。その理由は「展示会場の安全や事業の円滑な運営を脅かすような重大な事実」を申告しなかったという「申請者の手続き上の問題」とされている（2019〔令和元〕年9月26日・文化庁報道発表）。その後、補助金が一部減額の上、交付されることとなった（2020〔令和2〕年3月23日・文化庁報道発表）。採択後の不交付決定も、この不交付決定を交付に変更することも、異例の出来事である。

こうした一連の出来事をきっかけに、文化芸術助成のあり方、とりわけ補助金事業のあり方が社会の関心を呼び、これが不安定にならないように法的な理論を組み合わせる必要が認識されることとなり、『宮本から君へ』助成金訴訟最高裁判決（前述）のような理論が出てきた。ここをスタートとして、今後に向けたルール共有が望まれる。

---

example　　　　　　　　　　　　　　　　「天皇コラージュ事件」

名古屋高裁金沢支部　2000（平成12）年2月16日判決

富山県立近代美術館が大浦信行の版画作品《遠近を抱えて》を購入・展示していたところ、この作品が昭和天皇の肖像を用いた

第6章　文化芸術支援と法　　283

コラージュ作品であることから、県議会でこれを問題視する発言があり、右翼団体から美術館に対して抗議行動が起きた。美術館は1986（昭和61）年に作品の公開を取りやめたうえで、1993（平成5）年に売却し、図録も焼却処分した。これに対して作家と作品の観覧ができなくなった利用者が、富山県に対して損害賠償等を求め訴訟を起こした。名古屋高裁は、作家および利用者らによる損害賠償請求を退けた。この判決は美術館の特質・役割を強調して、美術館を道路・公園や市民会館のようなパブリック・フォーラムと同列に扱うことをせず、作品の非公開等の決定について美術館の広い裁量を認めたものと見える。

　近年では、図書館や美術館などの文化施設の自律を重視する観点から、文化施設における司書や学芸員等の専門職の判断を尊重するアプローチが有力になっている。しかし公立の美術館は、その所蔵作品や図録を処分することについて、私人が絵画を所有したり売却したりする自由とは異なる市民的公共性を担っている。本件はこの点で問題がなかったと本当にいえるだろうか。

　また、同判決は、美術館の特質を踏まえた専門的判断を尊重しているかのように見えるのだが、非公開などの決定をする以前の本来の判断、つまり当該の絵画の購入と展示企画について発揮された専門的判断が圧力を受けたという事実を見逃している。企画を決めたときの判断を尊重する考察姿勢がうかがわれない点で、美術館の担い手の専門的判断を真に尊重したといえるか疑問があり、この判決は日本の美術館の制度的な位置づけや専門職への評価がさまざまな課題を抱えていることを示している。[*28]

自己の内面の自画像として、天皇の肖像を描きこんだ作品が……

3 支援における「自由」の再確認

　問題となった出来事や裁判などを見たうえで、最後に、この分野でとるべき法的思考について、まとめてみたい。

　文化芸術に関する問題場面は、「国家からの自由」（規制に関する問題場面）と「国家による支援」（給付の場面）に大別できる（前述）。国や自治体が制作実費を支援したり、無料または安価で使用できる会場を提供したりすることで作家の活動の自由度を広げ、これによって国民の文化享受の水準がより高くなることが目指されている。

　規制をめぐる議論は、規制を必要最小限に絞り込むための法理論がかなり整ってきているが、支援のための給付をめぐる議論は最小限に絞る必要はなく、何をどこまでできるかはその時々の国や自治体の政策方針や財力によって異なってくるので、基本的には議会（立法機関）と行政の「裁量」に委ねられることになる。

　しかし同時に、裁量を適正な方向・範囲に向かわせるための法的な理論も必要である。ここでは、国の支援を受けるからには国の意向に従うべきだとする考え方ではなく、国の「公」としての役割と中立性を確認し、支援を受ける芸術家には支援を前提としてもなお保障されるべき「自由」があることを確認する必要がある。[*29]文化芸術支援のための財源にも限りがある以上、何らかの選別が働くことは事実上避けられないが、その選別の理由は、政策担当者の個人的な選好（好き嫌い）や人的関係ではなく、公共的な観点からの理由が必要となる。そのため、給付の対象者ないし対象作品を選ぶ方法が恣意的・差別的なものにならないための法理論も必要である。[*30]

　日本ではとくに公の施設や公の支援について「政治的中立性」が求められるが、この言葉を、政治的社会問題をテーマにすること自体を排除する方向でとらえるのは誤りである。[*31]これは本来、公務員が特定の政党や政治家、選挙立候補者について支持や不支持を表明したり同調を求めたりすることを禁止するもので、芸術作品から政治的関心を抜き取ることを求めるものではなかったはずなので、その原点にかえった運用が望まれる。

第6章　文化芸術支援と法　　285

そして、文化芸術の分野には、それぞれにその仕事を担う《ひと》がいる。その担当者が、支援の枠組みのなかで守るべき表現者側の「自由」と、そのために行政側に求められる「行政の中立」を理解し、これを通じて「文化享受の権利」を守っていけるかどうかが、文化芸術支援のこれからを左右することになる。法の知識は、大切なものを守るために踏ん張らなくてはならないとき、その足場となるものである。本書で解説した法の知識を、明日の文化芸術をより豊かにしていくために、役立ててほしい。

＊註

1　国や自治体の仕事（行政）は、すべて法律上の根拠が必要とされる（法治主義）。ここで「法律・法令」というときは、国会で制定される法律、地方議会で制定される条例の両方を含む。これらのルールは、まず憲法で基本的な骨組みが定められ、これを具体的場面で運用するための詳細な内容が行政法や地方自治法で定められている。文化行政に関するルールは、行政法の分野に分類される。

2　参考文献：中村美帆『文化的に生きる権利』（章末「参考文献案内」）。

3　参考文献：蟻川恒正「国家と文化」岩村正彦編『岩波講座現代国家と法』（岩波書店、1997年）、阪口正二郎「芸術に対する国家の財政援助と表現の自由」『法律時報（74巻1号）』（日本評論社、2002年）、山口裕博『芸術法学入門』（章末「参考文献案内」）、横大道聡『現代国家における表現の自由』（章末「参考文献案内」）など。

4　第二次世界大戦後に制定されたドイツ連邦共和国基本法（「憲法」と同じ位置付けを持つ法）第5条は1項で「意見表明の自由」を保障しているが、これは日本国憲法第21条の「表現の自由」に近い内容である。その第3項に「芸術・学問の自由」（芸術および学問研究および教授は自由である）という規定が置かれている。ここから、「芸術・学問の自由」は一般の「表現の自由」よりも強い意味でその自由を認められた権利だ、と読める。

5　たとえば、君主が芸術を愛好するあまり国家の財政事情を冷静に判断することができなくなった例として、バイエルン国王ルートヴィヒ2世とワグナーの関係が有名である。フランス革命で浪費を理由に処刑された王妃マリー・アントワネットも、今日の視点から見れば、ダンス、ファッション、宝飾、テーマパークなどをリードした文化政策推進者が財政に無頓着だった例と見ることができるかもしれない。

6　コラム全体の参考文献：杉原周治「国家による芸術支援と憲法」駒村圭吾／鈴木秀美編著『表現の自由Ⅰ』（章末「参考文献案内」）、横大道・前掲（章末「参考文献案内」）、

クラウス・シュテルン「講演 ドイツ憲法における芸術と学問の自由」『比較法学（46巻2号）』（岡田俊幸訳、早稲田大学比較法研究所、2012年）、奥山亜喜子「コラム・芸術の自由——ドイツを参考に」志田陽子編著『合格水準 教職のための憲法』（法律文化社、2017年）、司修『戦争と美術』（岩波書店、1992年）、神坂次郎／福富太郎／河田明久／丹尾安典『画家たちの「戦争」』（新潮社、2010年）、戸ノ下達也『音楽を動員せよ——統制と娯楽の十五年戦争』（青弓社、2008年）、長木誠司『第三帝国と音楽家たち』（音楽之友社、1998年）。

7 文化芸術に関わる施策について定めた法律としては、「文化財保護法」、「スポーツ振興法」（現在の「スポーツ基本法」）、博物館法、社会教育法などが早い時期からあったが、全体を見渡してその理念や方向性を定める法律が制定されたのは、21世紀に入ってからである。まず「文化芸術振興基本法」が2001（平成13）年に制定され、これが2017（平成29）年に「文化芸術基本法」へと改正された。現在のこの分野の法体系は、文化芸術基本法と社会教育法の2つを指針（最上位規範）として、その下に多数の細かい法令がある、ということになる。

8 文化芸術基本法 第1条 この法律は、文化芸術が人間に多くの恵沢をもたらすものであることに鑑み、文化芸術に関する施策に関し、基本理念を定め、並びに国及び地方公共団体の責務等を明らかにするとともに、文化芸術に関する施策の基本となる事項を定めることにより、文化芸術に関する活動（……）を行う者（……）の自主的な活動の促進を旨として、文化芸術に関する施策の総合的かつ計画的な推進を図り、もって心豊かな国民生活及び活力ある社会の実現に寄与することを目的とする。

9 文化庁HP「文化芸術振興基本法の一部を改正する法律概要」より。
https://www.bunka.go.jp/seisaku/bunka_gyosei/shokan_horei/kihon/geijutsu_shinko/pdf/kihonho_gaiyo.pdf （最終アクセス2024年9月6日）

10 たとえばドイツの連邦憲法裁判所は「実質的」芸術概念、「技術的・形式的」芸術概念、「象徴理論的」芸術概念の3つを組み合わせ、この3つのどれかに当てはまれば「芸術」と認めており、「芸術」をかなり広い範囲でとらえている。「日本国憲法研究『芸術の自由』座談会杉原周治コメント」『論究ジュリスト（19号）』（有斐閣、2016年）、奥山・前掲。

11 コラム全体の参考文献：成原慧「制度としての美術館、あるいは表現の「場」と媒介者」北田暁大ほか編『社会の芸術／芸術という社会』（章末「参考文献案内」）

12 文化財保護法は、法隆寺金堂が火災に遭ったことをきっかけに、文化財の保護の必要が認識され、これに関する総合的な法律として制定された。

13 文化財保護法の第2条では、保護の目的となる文化財が次のように分類されている。有形文化財（建造物、絵画、彫刻、工芸品、書跡など）、無形文化財（演劇、音楽、

第6章 文化芸術支援と法 287

工芸技術など）、民俗文化財（衣食住、生業、信仰など、民俗の風俗慣習）、記念物（貝塚、古墳、城跡、旧宅など）、文化的景観、伝統的建造物群。

14 文化財保護法の第4条によれば、「一般国民は、政府及び地方公共団体が……行う措置に誠実に協力しなければならない」(1項)。「文化財の所有者その他の関係者は、文化財が貴重な国民的財産であることを自覚し、これを公共のために大切に保存するとともに、できるだけこれを公開する等その文化的活用に努めなければならない」(2項)。「政府及び地方公共団体は、この法律の執行に当って関係者の所有権その他の財産権を尊重しなければならない」(3項)。また同第125条は「史跡名勝天然記念物に関しその現状を変更し、又はその保存に影響を及ぼす行為をしようとするときは、文化庁長官の許可を受けなければならない」と定めている。

15 奈良平城京事件では、国の特別史跡・重要遺構の指定を受けている奈良の平城京遺跡で、指定前から農業を営んでいた原告が、文化庁長官の許可を得ずにこの土地に木造家屋を建てた。文化庁長官はこの建物の撤去を求める原状回復命令を出したが、これに対して原告は、文化庁長官の処分は違憲無効であると主張し、処分の取り消しを求めた。この訴えに対して裁判所は、この制限は「この程度の使用制限があつても、必ずしも常に損失補償を要すると解すべきではない」との判断を示した（奈良地裁 1973〔昭和48〕年6月4日判決、大阪高裁 1974〔昭和49〕年9月11日判決）。最高裁も上告棄却の判決を出している。

16 文化芸術を支える組織ないし団体には、公のものと民間のものとがあり、また中間的な性質を持つものもある。その組織が営利組織か非営利組織か、社団か財団か、公益法人か公益認定を受けているかといった区別もある。

17 ここでは公的な文化芸術支援における専門職について解説している。個人や企業が自費で図書館や美術館を作って、自分の好みや価値観に合う図書を購入・所有することや、その企業にとって個人的な縁のある作品を購入・所有することは自由である。

18 「特定受託事業者に係る取引の適正化等に関する法律」は2024（令和6）年11月から施行された。

19 参考文献：島田真琴『アート・ローの事件簿　盗品・贋作と「芸術の本質」篇』（慶應義塾大学出版会、2023年）、島田真琴『アート・ロー入門——美術品にかかわる法律の知識』（慶應義塾大学出版会、2021年）、山口裕博『芸術と法』（尚学社、2001年）、山口・前掲（章末「参考文献案内」）。

20 近代型の消極国家、現代型の積極国家の考え方に関する初学者向けの解説として、志田陽子『表現者のための憲法入門 第二版』（章末「参考文献案内」）。

21 「コンテンツの創造、保護及び活用の促進に関する法律」（2004〔平成16〕年制定）。

ここでいう「コンテンツ」とは、「映画、音楽、演劇、文芸、写真、漫画、アニメーション、コンピュータゲームその他（中略）、人間の創造的活動により生み出されるもののうち、教養又は娯楽の範囲に属するもの」とされている（第2条）。この法律は、「知的財産基本法」の理念に基づいて「コンテンツの創造、保護及び活用の促進（中略）に関する施策を総合的かつ効果的に推進し、もって国民生活の向上及び国民経済の健全な発展に寄与すること」を目的としている（第1条）。私的活動（経済活動の自由と消費者の自由）として扱われてきたエンターテインメント文化が公的・政策的な関心事となったことがわかる例である。

22 海外の美術品については、「海外の美術品等の我が国における公開の促進に関する法律」がある。

23 美術品の運搬にかかる保険料は高額になるのが通例で、このことが美術品の公開を妨げる要因となってきた。この要因を取りのぞき、公開を促進するために、展覧会のために借り受けた美術品に万が一の損害が出たとき、これを政府が補償する「美術品補償制度」も2011（平成23）年から実施されている。その運用ルールは、美術品損害補償法（正式名称は「展覧会における美術品損害の補償に関する法律」）によって定められている。

24 参考文献：内閣府ホームページ内閣府知的財産戦略推進事務局「クールジャパン戦略について」
http://www.cao.go.jp/cool_japan/about/about.html（最終アクセス2024年9月6日）
同「新たなクールジャパン戦略について」
https://www.cao.go.jp/cool_japan/aratana/aratana.html（最終アクセス2024年9月6日）
経済産業省ホームページ「クールジャパン／クリエイティブ産業」
https://www.meti.go.jp/policy/mono_info_service/mono/creative/index.html
（最終アクセス2024年9月6日）

25 1961（昭和36）年制定の「スポーツ振興法」が2011（平成23）年の法改正で「スポーツ基本法」の名称に改められた。

26 文化庁ホームページの「文化芸術基本法」の項目を見ると、2017（平成29）年の法改正の説明のなかにオリンピックに関する記述もあり、オリンピックがスポーツ祭典と文化芸術が合流する場であるという考え方が示されている。
http://www.bunka.go.jp/seisaku/bunka_gyosei/shokan_horei/kihon/geijutsu_shinko/index.html（最終アクセス2024年9月6日）

27 国立市ホームページより「くにたち市民芸術小ホールで開催された展示会に関する市の考え方について」。
https://kuzaidan.or.jp/hall/info-2022-3-30/（最終アクセス2024年9月6日）

28 参考文献：成原慧「制度としての美術館、あるいは表現の「場」と媒介者」北田ほ

第6章　文化芸術支援と法　289

か編『社会の芸術／芸術という社会』（章末「参考文献案内」）、小倉利丸「芸術における表現の自由──美術館による作品処分とグラフィティの「犯罪化」をめぐる所有権との相克」駒村圭吾・鈴木秀美編著『表現の自由Ⅱ』（尚学社、2011年）、愛敬浩二「公立美術館の利用と政治的中立性」阪口正二郎ほか編『なぜ表現の自由か』（法律文化社、2017年）

29　参考文献：北田暁大ほか編『社会の芸術／芸術という社会』（フィルムアート社、2016年）収録の諸論稿。

30　アメリカではこの部分への憲法に基づいた歯止めの理論が蓄積されてきており、「違憲な条件の法理」と呼ばれている。参考文献：横大道・前掲（章末「参考文献案内」）。

31　市川正人『表現の自由──「政治的中立性」を問う』（岩波新書、2023年）。とくに99－170頁。

参考文献案内

- ●奥平康弘『「表現の自由」を求めて──アメリカにおける権利獲得の軌跡』（岩波書店、1999年）
- ●北田暁大／神野真吾／竹田恵子編『社会の芸術／芸術という社会──社会とアートの関係、その再創造に向けて』（フィルムアート社、2016年）
- ●君島東彦編『平和学を学ぶ人のために』（世界思想社、2009年）
- ●小島立「現代アートと法──知的財産法及び文化政策の観点から」知的財産法政策学研究36号（2011年）
- ●駒村圭吾／鈴木秀美編著『表現の自由Ⅰ──状況へ』（尚学社、2011年）
- ●駒村圭吾／鈴木秀美編著『表現の自由Ⅱ──状況から』（尚学社、2011年）
- ●志田陽子『表現者のための憲法入門 第二版』（武蔵野美術大学出版局、2024年）
- ●フィルムアート社編『キュレーションの現在──アートが「世界」を問い直す』（フィルムアート社、2015年）
- ●中村美帆『文化的に生きる権利 文化政策研究からみた憲法第二十五条の可能性』（春風社、2021年）
- ●藤田直哉編著『地域アート──美学／制度／日本』（堀之内出版、2016年）
- ●文化財保護法研究会監修『文化財保護関係法令集（第4次改訂版）』（ぎょうせい、2022年）
- ●文化庁文化財部『文化芸術立国の実現を目指して──文化庁40年史』（ぎょうせい、2009年）
- ●山口裕博『芸術法学入門──アートの法の広がり』（尚学社、2006年）
- ●横大道聡『現代国家における表現の自由──言論市場への国家の積極的関与とその憲法統制』（弘文堂、2013年）
- ●山田創平編著『未来のアートと倫理のために』（左右社、2021年）

第7章
学術と表現者のルール

第7章を学ぶために

　学術研究活動や文化芸術活動の大切さは、万人が認めるところだろう。憲法第23条も「学問の自由」を保障することで、学術研究と高等教育の大切さを認めている。学術研究にたずさわる人々には、法令の遵守とともに、法令よりも高度な学術研究倫理の遵守が求められる。本章では、レポートや論文など学術的な文章を書くに当たって必要な法ルールと倫理を整理し確認していく。

◇学術の世界における情報リテラシー

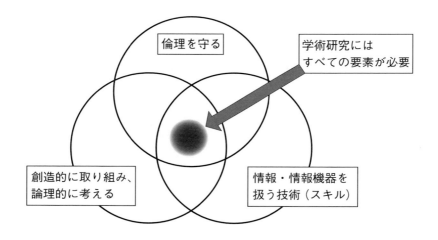

第1節　学術研究倫理とは

1　学術研究倫理

1-1　学術研究倫理と法令

　学生や研究者や芸術家が、知識の不足によって自分の成果を台無しにしてしまうことが、しばしばある。身近なところに目を向ければ、大学生が授業の課題として出題されたレポートを作成するに当たって、インターネット上で公開されている他人の文章を無断借用するなどの不正行為を行った結果、処分を受ける事例が起きている。そうしたことが繰り返されないよう、不正行為を行わないための知識を身につけることは、各人のためにも、そして学術、文化、芸術を発展させていくためにも、必要なことである。こうした知識や訓練は現在、「研究倫理」あるいは「学術研究倫理」と呼ばれ、多くの大学がその啓発と教育に取り組んでいる。

　「研究活動上の不正行為」として問題となる事柄のうち代表的なものは、捏造、改ざん、盗用である。ほかにも二重投稿や不適切なオーサーシップなどが、研究活動上の不正行為として認識されるようになっている。これらのルールのうちの一部は学問に限らない表現活動一般のルールとして法の規制を受けるが（著作権や人格権、個人情報保護など）、学術研究倫理は法令で決められている事柄だけではなく、より高度なルールを含んでおり、その実施は、学問に携わる各種の機関や団体の自主的な取り組みに委ねられている。

　一般市民向けの論説文や市販図書では、細かい論証は求められず、読み手の心を上手につかむ言葉づかいが好まれる。論証が不足していて真偽に疑問のある内容でも、他者の権利を侵害していない限りは、制約を受けずに公表できる。しかし学術論文の場合には、読みやすい文章が書けるか、気の利いた言い回しができるかといった文芸的価値よりも、根拠を示す論証努力など、学術研究倫理上の遵守を優先する必要がある[*1]。また、大学生が授業で提出する「レポート」は、通常は学外に公表するところまでは考

えられていないため、公表するとしたら著作権侵害などの法令違反がある
ものでも、書いた学生が直接に法的責任を問われることはなく、教員の指
導に委ねられている（ただし剽窃などの重大な倫理違反があった場合には
大学内で懲戒処分の対象となりうる）。

　一方、「論文」はテーマを自分自身で設定し、自ら行った調査結果に基
づいて見解をつくり上げていくことが求められる。そこでは、リサーチ能
力と知的誠実さに加えて、執筆者独自の思考が求められている。同時に、
法令遵守と学術研究倫理遵守の両面から、社会に向けて公開しても問題の
ないものであることが求められている。

1-2　学術研究活動のおおまかなステップ

　レポートや論文を書くときの手順をおおまかに整理すると、おおよそ以
下のような順序で成果化に向かっていくことになる。

　a. テーマの選択、作成する文書や作品の種類の選択
　b. ラフスケッチ（成果化を視野に入れた研究活動のアウトラインや仮説）
　c. 材料（関連文献や各種のデータ）の調査・収集
　d. 材料の読解・消化
　e. 成果の作成（執筆・校正、作品制作、提出）
　f. 成果の公表（社会に向けた発信）

　この章ではこれらの作業の順序を単純化して、aからdを研究活動上の
ステップ、e、fを成果に関するステップとして大別する。

1-3　知的誠実さを保つ努力

　研究活動には、上記のすべての段階において情報リテラシー（information
literacy）が必要となる。情報リテラシーとは、情報を自己の目的に適合す
るように適切に使用できる能力のこと、つまり情報を使いこなす力のこと
をいう。学術の世界で必要とされる情報リテラシーは、単なる技術として
情報の収集と発信ができるということにとどまらず、これらのことを主体

的に行う能力の一環として、倫理を守りながら情報を扱い発信していくための見識も含まれる。

　研究者や学生は、調査や成果公表のために各種の情報を扱うが、その際に正確な材料（文献、事実、資料、判断材料）に基づいて誠実に研究活動を進める必要がある。たとえば、データや先行研究を恣意的に歪曲して利用したり、恣意的に無視したりすることがないように努力することが求められる。

　自分の研究内容や成果が高い評価を受けるためにはどのような努力が必要かということは、各自が実力や目標に応じて判断していくことなので本書では立ち入らない。本章では、「通常、このような手順を踏むが、その際にこれをしてはならない」という最低限度の共通ルールを確認していく。

2　自律的自由のための学術研究倫理

2-1　表現活動と「学問の自由」

　学術の領域は、人間のさまざまな活動領域のうちでも特に憲法第23条「学問の自由」によってその自主性・自発性と自律的な責任のあり方が尊重される領域である。ここには、医学・法学のように古い時代から学問とされてきたもの、芸術表現のように比較的近年になってから「学問」の分野として認められるようになってきたもの、人工知能（AI）研究のように新規性の高い先端研究など、さまざまなジャンルが含まれ、その裾野は広がりつつある。この広がりは、表現者にも大きな影響を与えている。

　表現と直接に関わる学問領域を見てみると、まず、ジャーナリズムやマスメディアはかなり以前から学術の対象となってきた。ジャーナリズム論や新聞学、マスメディア論といった科目や学科を置く大学は多い。

　文化芸術やデザインの分野を見ると、美術史、技術史、文化史、芸能史、芸術論、美学、芸術批評など、文化芸術を対象とする研究は、従来から「学問」そのものとして認識されてきた。これに加えて現在では、芸術表現やデザインそのものも大学・大学院などの高等教育の分野として盛んになっており、学術のカテゴリーに入ることは多方面から認められている。した

第7章　学術と表現者のルール　　297

がって、文化芸術・デザインにたずさわる表現者は、これまで本書で学んできたさまざまな法ルールに加えて、学術研究にたずさわる者としての倫理も知っておく責任を負うようになっている。

2-2　学術研究倫理と教育

　学術研究倫理における責任と法的「自由」の関係について、確認しておこう。

　学術の領域は、憲法第23条「学問の自由」によってその自主性・自発性と自律的責任が尊重される領域である。ここで共有される学術研究倫理は、法令で定められているものではなく、研究者の集団が大学ごと、あるいは学会ごとに自治・自律として相互に課している倫理であり、国や自治体などの公権力が課すものではない。大学の紀要論文集や学会誌編集などで行われる「査読」も、所属の研究者が相互に行っているものなので、憲法第21条2項が禁止している「検閲」には当たらない。もしも個々の成果について公の機関が直接に査読することになると、憲法第21条2項が禁じる検閲に当たり、各研究者と各研究機関の「学問の自由」および「表現の自由」を害することになってしまう。

　一方で、学術および高等教育は、国や自治体が関心を持ってよい公共性のある事柄である。したがって、これを奨励し一定の水準に保つために、教育行政（文部科学省）が検閲にならない形で学術研究倫理の啓発に関わることは、国の正当な関心事となる。現在、文部科学省からは、こうした啓発の呼びかけが行われている。

　本章で解説している学術研究倫理のうち法令や裁判によって確立しているルール以外の内容は、そのような理由で、法令による強制ではなく、教育を通じた啓発に委ねられている。これも「自由」の保障の1つのあり方なのである。

298　第1節　学術研究倫理とは

第2節　研究活動上の法と倫理

1　テーマと作成する成果の選択

1-1　テーマの選択と絞り込み

　たとえば本書のような教科書は、扱う分野の全体を視野に入れて広く解説するのが通例である。これに対して学術論文は、自分が解明したいことを明確にして、それについて自分なりの結論や見解（説）を出すものである[*2]。ここでは後者について解説していく。

　テーマの選択は、著作権法上は「表現」ではなく「アイディア」に入るので、著作権法上の制約は受けず、他者がすでに取り組んでいるテーマと重なるテーマを選ぶことに問題はない。しかし人権の観点からは、守るべき倫理がある。テーマが本質的に人権侵害を含むものである場合（人間に多くの苦痛を与える方法を追求する目的で人体実験を行うなど）には、テーマそのものが倫理に反するために研究機関（大学など）からその実施を認められない場合もある。

　また、その研究が社会や人類に貢献するものであるがリスクを伴うものである場合には、人権侵害とならないよう配慮することを条件として認められる（新たな鎮痛薬を開発する目的で苦痛のメカニズムを解明しようとしている場合など）。研究者は、テーマ選択の段階で法や倫理に照らしてそのアイディアを追求すべきかどうかを自問し、説明する必要がある。遺伝子や医療の分野ではとくに、生命倫理や人格権に照らしてこうした配慮や制約を遵守することが求められている。

1-2　アウトライン

　芸術作品やデザインを制作するとき、作品のおおまかな完成予想図を描くことを「ラフスケッチ」という。レポートや論文を書くときも同じで、成果化を視野に入れて結論や仮説の大まかな当たりをつけて研究計画を立てるなど、アウトラインを作るのが通例である。こうしたアウトライン段

第7章　学術と表現者のルール　　299

階のものは、完成した論文などの成果と同じ意味で著作物として扱われるわけではないが、書面に表現されたものは著作物となりうる。

2　文献資料の調査と読解

2-1　文献調査

　必要な文献資料を収集する方法としては、インターネットを利用した検索や、参照して有益だと思った図書の註にある文献を調べるなど、いろいろなアプローチがある。データベースや二次資料（目録、書誌、索引など、資料を探すための資料のこと）も、大学や公共図書館のサービスを利用することも有益である。とくに研究機関が出している紀要や成果報告書で一般書店では市販されていないものもあり、そうしたものを見るには図書館やインターネット上の検索サービスを利用する必要がある。インターネットでアクセスできる資料データベースとしては、国立情報学研究所（NII：National institute of informatics）が提供している学術情報データベー

ス CiNii（サイニィ：Citation Information by NII）がある。

　情報検索サービスを利用する際には、キーワードを頼りに検索する必要があるため、的確なキーワードを把握しておく必要がある。Chat-GPT のような対話回答型の AI 検索機能を使うときには、ユーザーの側が適切なプロンプト（指示・質問）を入力する必要がある。その際、ユーザーには、キーワードの知識に加え、的確に質問をする国語力が必要になる。そのためにも、自分の研究分野の重要な用語や課題について、基礎知識を持っておくことは必須である。

　研究論文などの文献を購入せずに図書館でコピーをとることも認められている。この場合、書籍1冊をまるごとコピーしてはならず必要な部分のコピーにとどめること、自分の研究目的のために一部のみのコピーにとどめること、といった制約がある。これは著作権法に基づいた制約である（→本書第5章）。

---

column　　　　　　　　　　　　　　**情報リテラシーと情報源の信頼性**

　現在では、調べたいことがあるときには、インターネットで検索することでかなりの程度、目的を達することができる。しかし、インターネット特有の留意点もある。まず、入手した情報が信頼に足るものか十分に吟味する必要がある。インターネット上には信頼性の低い情報も多く混在しているので、信頼性の高い情報を選別できる実力が必要である。このことを「情報リテラシー」という。

　研究活動では、先行研究を踏まえて自分なりの知識や思想を発展・拡張させていくことが求められる。そのため、信頼性に欠ける情報や論述に基づいて自分の論述を組み立てることは避け、信頼性の高い先行研究を参照・引用することが求められる。学術雑誌に掲載されている論文は、一般に、査読というプロセスを経て、その研究領域の専門家の厳しい審査の目が入ったうえで掲載されているので、信頼性が高い。

その他、政府や自治体が公開している記録や報告資料、新聞などの論述、書籍なども一定の信頼性がある。これらの情報は、情報の発信者（責任者）がはっきりしているからである。

　一方、記事が匿名で書かれていて各文章の責任主体がわからないタイプのネット情報は、原則として、論文を書くときの参考文献としては不適切である。

　近年では、インターネット上の情報がしっかりした根拠や事実取材に基づいたものかどうかをチェックする民間の団体も活動している。さらに、感染症など人命にかかわる医療情報については、ある程度政府が主導して偽情報・誤情報の拡散を抑制し、信頼できる情報の共有を促すようなしくみを採用すべきではないか、といった議論もある。学術研究における異論や希少例の報告・問題提起などに萎縮が及ばないよう、十分な議論が必要なテーマである。

2-2　文献の読解と知的誠実さ

　入手した文献を読み解いていくプロセスは、学術研究論文作成にとっては決定的に重要な過程となる。それぞれの文献をどう読むかは各研究者の見識に委ねられるが、成果となる論文やレポートを書くことを目的として読む場合、踏み外してはいけないルールと倫理がある。

　関連する文献を読み込んで消化する過程で、捏造や改ざん（後述）を行ってはならない。それほど極端なものではなくても、その文献を自分の結論へと恣意的に引きつけて読んだり、都合の悪い文献をことさらに無視するといったことは、法令上の規制はないにしても、学術研究における知的誠実さの問題として自制が求められる。あまりにも恣意的で著作者の意を害するような切り取り引用となっている場合には、著作権法上の同一性保持権侵害に問われる場合がある。これは成果化したあとの法的問題ではあるが、こうした問題は資料読み込みの段階で起きていることが多いため、この段階から留意しておきたい。

column	捏造・改ざん

●捏造

　捏造とは、実際になかったことを事実のように仕立て上げることをいう。存在しないデータや調査結果、文献などを作成すること、考古学の調査において現地の出土品ではないものをそのように見せかけること、社会調査で存在しないインタビュー内容やアンケート結果を創作することなどが、捏造となる。

　たとえば、ある実験で、ある画像が得られれば実験の成功が証明できるという場合に、実験者本人はその画像を写真撮影することができなかったため、自分が肉眼で見たものと同じ画像をインターネット上で見つけ、これを成果発表論文に使用したとする。この例では、「この方法で実験を行えばこれと同じ結果が得られる」という主張は、実験者の主観においては真剣なものであるにしても、学術研究倫理としては実験成果の捏造ということになってしまう。

●改ざん

　改ざんとは、研究資料や実験用の機器やプロセスを操作し、研究活動によって得られた結果や基礎データを真正でないものに加工することをいう。論文内で他人の先行研究を引用するときに、その趣旨をひどく曲げる書き換えをしてしまうと、改ざんに問われる可能性がある。論文などの成果は、自分の才覚を発揮して新たな解釈を提示したり見せ方や表現を工夫したりしてよいところと、それをやってはならない部分がある。論説の基礎となる資料は、創作を加えてはならないものである。

●自分の研究を守るためにも

　捏造や改ざんは、そのほとんどが法令違反にはならないものの、学術研究倫理上は倫理に反する「研究不正」とされ、こうした不

第7章　学術と表現者のルール　303

正を含む論文は学位審査を通過できないし、学位をとった後に発覚した場合には学位が取り消される。大学その他の研究機関に所属している研究者の場合には、懲戒処分によって職を失うこともある。

　その一方で、研究者はときにデータや資料、調査結果について、そのような不正がないかどうか問われることがある。研究者はそのようなときのために、一次データや実験記録、調査記録の作成と保管を心がける必要がある。実験や調査について実際にそれを行った人にしか書けない具体的なメモを記したり、日付入りの写真を貼り付けた研究ノートを残したりしておけば、自分の研究が適正に行われたことを説明・証明することができる。正当な理由がないのに「研究不正」の決めつけを受けたときには、その発言を名誉毀損に問うことで自己の研究者としての社会的信頼を守る必要が出てくるかもしれず、そのようなときのためにも、研究プロセスを記録したノートを作成することは有益である。

3　人を対象とした調査

3-1　社会調査や実験の必要性

　社会学や心理学、民俗学の分野などでは、文献資料だけでなく直接人に会って聞き取り調査（インタビュー）を行ったり、質問用紙を配ってアンケート調査を行ったりすること（社会調査）も行われることがある。また、考古学・民俗学・文化財などの調査や被災地の現状調査のように、現地に実際に行くこと（実地踏査、フィールドワーク）が必要な分野もある。医学や薬品開発の領域では、動物や人を対象とした実験が行われる。これらの調査方法を用いる場合には、法的・学術研究倫理的観点から留意すべき事項も多くなる。

　まず、調査をする前に、その必要性があるかどうかを吟味する必要がある。現地の関係者の談話聞き取りが必要なテーマであるとか、研究成果を

得るために実験データが不可欠である、などである。

3-2　インフォームド・コンセントの尊重

　人を対象とした研究領域では、常にインフォームド・コンセントを尊重する必要がある。インフォームド・コンセントとは、十分に説明を行ったうえで自由意思による同意を得る、ということである。虚偽の説明をして同意を得たり、同意が得られていないのに実施したり、相手方が知らない間に録音や録画を行うようなことは、学術研究倫理にも法にも反する。

　有効なインフォームド・コンセントを得るためには、次の項目について、事前に明確に伝えたうえで了解を得る必要がある。

　・調査や実験の目的
　・調査や実験の主体、責任者、連絡先
　・調査や実験結果の利用、発表の方法
　・秘密保持の約束、情報を目的外に使用しないことの約束　協力を拒
　　否しても不利益をこうむることはないこと

　これらの事前情報を伝えたうえで、さらに次の事項について合意し、調査実施側が遵守する必要がある。

　・危害を与えることの回避。協力者に身体的、心理的、社会的な危害を
　　与えることは許されない。
　・実施の時間・形式などを回答者・被験者と相談し、回答者・被験者の
　　負担を軽減するよう工夫する。
　・調査の趣旨や質問事項を踏み外さないよう、常に目的意識を保つ。
　・個人情報、特にプライバシー情報の扱いは適切に（コラムで後述）。
　・録音・録画は許可を得てから行う。
　・結果報告や成果公表の報告を誠実に行う。

　上記の事柄について学術研究倫理上の問題が生じた場合、論文の公開の

禁止や取り消しが行われることもある。学生がこうした調査に関わる場合には、事前に教員に相談することが望ましい。教員は相談に応えて指導をする観点からも、学術に関する法ルールと倫理について十分な知見を身につけておく必要がある。

| column | 研究調査における個人情報、肖像権、著作権 |

聞き取り調査（インタビュー）に基づいた論文やノンフィクション作品を作成する場合には、情報提供者の個人情報、肖像権、談話者としての著作権などの権利を尊重する必要がある。

◉肖像権への配慮

研究調査の一環として、施設や研究活動の様子を撮影したり録画・録音したりするときには、関係者の許可を得る必要がある。また授業や研究活動の記録として写真撮影や録画を行うなかで参加者個人が特定されるような撮影の仕方になる場合は、施設管理者や代表者の許可とは別に、被写体個人の肖像権があるので、当人の許諾を得る必要がある。

また、撮影についての許諾とは別に、媒体への掲載など何らかの形で公表する場合には、公表に関する許諾も必要になる。予定があるときには、撮影時にそこまでの許諾をとっておくことが望ましい（→肖像権については本書第2章）。

◉個人情報への配慮

研究者が研究上知った個人情報については、秘密を厳守する必要がある。個人情報を記載した記録資料などを閲覧した場合、成果報告でその記録・資料の文献情報を明示することは必要なことであり問題はないが、その内容（個人情報そのもの）について言及したい場合は、資料保存の責任者に確認したり、談話者に了解をとるなどの確認手続きが必要である。

聞き取り調査では、プライバシーの侵害にならないよう相手方の意思を尊重し、回答を拒まれた事項については強制しない配慮が必要である。聞き取りの際にメモをとったり録音したりするときは、事前に了解を得る必要がある。また当事者や調査協力者の氏名や役職名、談話の内容などをどこまで公開してよいか、必ず調査時に確認する必要がある。聞き取り調査中に談話者が、事前の確認を超えて自分や家族のセンシティブ情報に言及する場合もありうるが、そうした場合も、その部分を公表物に含めてよいか、確認をとる必要がある。

◉相手方の自己尊重への配慮

　調査者にとっては悪意のない質問や言葉が、調査を受ける側の心理に悪影響を与える場合がある。また調査者の見識不足が当事者を傷つけることもありうる。本書の第3章で扱ったような「差別表現」など、いわれた当事者が自己尊重感を傷つけられたと感じる可能性のある言葉については、調査者が事前に見識を持っておく必要があるし、指摘を受けたときには誠実に対応する必要がある（→本書第3章、コラム「アイヌ肖像権裁判」）。

◉相手方の著作権への配慮

　インタビューによって得られた談話の著作権は、原則として談話者にある。談話は「言語の著作物」に当たるが、研究調査のための回答で上述のインフォームド・コンセントが得られている場合には、研究成果（論文など）に掲載されることの許諾は成立していると見てよいだろう。しかし、当人の言葉の趣旨を捻じ曲げるような編集のしかたをすれば、当人の著作権法上の「同一性保持権」を侵害することにもなるし、学術研究倫理上の「改ざん」にも該当するので避けよう。

　また、当初説明していた研究成果とは異なる利用のしかた（たとえば、一般書籍への流用や、ドキュメンタリー映画への流用）は、

第7章　学術と表現者のルール　　307

本来の目的とは異なる「目的外利用」となる。著作権法上は、当人との間でそのような合意が成立した場合には、許諾に基づく著作物の利用として認められる。その場合には研究費の目的外利用が起きないよう配慮する必要がある。

●相手方の守秘義務への配慮

聞き取り調査の相手方が、学校教員や医師、カウンセラー、法律家であったり、研究者やデザイナーであったりする場合、それぞれの職業上の立場に応じた守秘責任を負っている場合がある。教員であればハラスメント相談を受けた際の内容や入試業務に関する事項は口外することはできないし、医師やカウンセラー、弁護士も来談者の相談内容や個人情報については口外できない。こうした場合には相手方の職業倫理を理解して、回答を強制することは避けるべきである。

また、意匠権などの知的財産権をとるために出願準備をしているデザイナーや研究者の場合には、出願を終えるまでは守秘義務を負っているのが通例である（→産業財産権については本書第4章）。今後は「経済安全保障」による守秘義務を負う研究者も増えてくるだろう。調査者はこうしたさまざまな守秘義務について見識を持ち、回答を強制したり無断公開したりすることのないよう配慮する必要がある。

●個人情報を含むデータ、資料の管理・廃棄

プライバシー情報や個人情報については、調査の段階でも成果公表の段階でも常にミスによる流出が起きないように注意を払う必要がある。調査・実験の実施中に対象者リストや生データを外部に流出させたりすることがないよう、注意が必要である。また、成果公開後に名簿や生データを廃棄する際にも、シュレッダーにかける、コンピュータ上のファイルの削除・抹消作業を確実に行うなどの留意が必要である。

第3節　研究成果に関する法と倫理

1　成果の作成

1-1　学術論文における説得性

　レポートや論文は、自分自身のための学習・研さんの段階から一歩を踏み出して、その成果を他者に読んでもらうために書くものである。そこでは読み手を説得することが求められている。文章表現には各人のスタイルがあってよいが、学術論文が説得性を持つために必須の事項として、他者にとって理解できるものであること、そして追試可能性ないし検証可能性を確保することが求められる。数学や論理学の分野であれば世界で共有されている学術記号や計算式、論理式を用いて論証すること、同じ式にのっとって計算をした場合に同じ値が得られること、実験系であれば同じ条件で同じ手順の実験を実施した場合に同じ結果が得られること、人文社会系であれば論証の根拠として参照・引用されている資料が実際に存在することを確認できる、ということである。学術論文の査読では、こうした追試、検証が行われている。

　論文における説得性とは、まずはこうした追試・検証に耐える基礎に基づいた論述内容であること、そのうえで著者の見解とそれらの基礎・根拠との論理的な関係がしっかりしていることをいう。このときにも、著作権法のルールや学術研究倫理を遵守することが求められる。

1-2　成果の種類

　成果には、次のような種類がある。自分が作成しようとする成果の性格をあらかじめ把握しておく必要がある。

・レポート（授業内で出す課題レポートなど）
・報告書（あるテーマについて調査結果を報告するもの）
・学術論文、これを収めた学術図書出版

・インターネット上での公開（電子書籍、電子ジャーナルへの掲載、自分で作成したホームページ上での公開など）
・雑誌や新聞に掲載する記事や論説、談話
・市民向けの図書出版

　学術上の「業績」としてカウントされるのは、報告書や学術論文、これを書籍化した学術図書である。これらについては、実質的に同じ内容のものをタイトルだけ変えて他の媒体に掲載するような二重投稿は、自己の業績に関する不正とみなされる。一方、一般向けの図書や新聞・雑誌に掲載する論説は、学術上の業績にはカウントされず、社会活動として扱われる。そして、媒体責任者が掲載価値を認めさえすれば、似たような内容の論説を複数の媒体に掲載しても二重投稿問題には問われない。

　自分が書いているのが学術的なレポートや論文なのか、本書のような教科書や市民向け論説記事なのか、という区別は、この点で重要なことになる[*3]。以下では、特に断りのない場合には、卒論や修士論文などの作成を想定して留意すべき事柄を述べていくことにする。

1-3　手続きの重要性

　学術論文におけるよい文章とは、これまでに説明してきたような条件を満たした文章、知的誠実さに基づいた文章のことである。学術論文は形式・手続き面の遵守事項が多くて大変だ、という印象を持っている人もいると思うが、こうした手続きが重視されるのは、学問の自由を守るためでもある。

　学術研究の場では、個々の研究者の精神的自由を最大限に尊重し、その内容や見解について同調を強制すべきではない。多様な見解や異論・反論の自由があることが、学問を発展させる「自由」だと考えられている。この面で最大限の自由を保障するために、「それをいうには根拠が必要だ」、という手続き面の誠実さを重視するのである。

　以下では、引用のルールなど、成果作成時の手続き事項について学んでいこう。

2　レポート・論文作成のための著作権ルール

2-1 学術研究倫理と法令

　先に見たように、学術研究倫理は多くの場合、法ルールよりもレベルの高いものとなっている。そして著作権や人格権を侵害するものは学術研究倫理上も認められないのが通例である。例外的に、医学や芸術の領域で人体を克明に把握する必要上、すなわち学問の自由の保障の観点から、「わいせつ」に該当しうる画像も「わいせつ」とは扱わない、といったことはある。また、ある薬品の効能に疑問を呈したり、ある素材の有毒性を指摘したりすることが特定企業や研究者への名誉毀損に該当することがあるとしても、真摯な学術研究の結果である場合には公共の関心事かつ根拠のある指摘として認められ、名誉毀損が成立しないことがほとんどだろう。このように、学術研究倫理と法令との関係は、多くの場合、前者が後者を包摂する関係に立つが、学問の自由の本質的意義に照らして学術上の必要性が法令よりも重視される場合がありうる。

　この項目では、論文やレポートを書くときにすべての人が留意すべき共通事項として、著作権法のルールについて解説する。著作権法については本書の第5章で解説したが、ここでは特にレポートや論文の作成に関わるルールの部分を取り出して整理する。ここにあげた著作権ルールに反するものは、同時に学術ルールにも反することになる。

2-2　法令や判決文

　著作権法では、憲法や法令、裁判の判決文などは、権利の目的とならない（「著作権法」第13条）。したがって、法律の条文は誰に許諾を求める必要もなく、自由に利用できる。法律を参照・引用・転載するときは、どの出版社のどの条文集を参照したかといった出所を明示する必要もない（ただし条文集の紙面には編集著作権があるのでその紙面をそのまま複製する場合には権利処理をする必要がある）。

　裁判の判決や決定についても、著作権法上は許諾をとる必要なく自由に利用できるが、法学系統の学術論文では、判決・決定を出した裁判所名と

第7章　学術と表現者のルール　　311

判決・決定が出された年月日は最小限度の裁判情報として明示する慣習がある。

2-3 著作権法の一般原則

　一般に、著作物を利用するときは許諾をとる、使用料を支払うなどの権利処理をする必要があるのだが、「私的複製」に当たる利用であれば、他人の著作物を自由に複製できる（「著作権法」第30条）。個人または少人数で研究や翻訳のための文献資料のコピーをとったり、自分の学習のために絵画を模写したりすることがこれに当たる。

　著作権のある著作物を、私的複製を超えて利用する場合には、無断で利用することは許されず、権利処理をすることが著作権法の一般原則である。成果公開としての論文公表は、私的複製の枠内には収まらない。しかし、次に見る「引用」に当たる利用の仕方をすれば、権利処理なしに自由利用が認められる。

2-4 引用、転載、参照

　著作権法には、引用のルールを守れば権利侵害に問われることなく他者の著作物を利用できる、というルールがある（「著作権法」第32条1項）。著作物が先人の文化的遺産の上に成立するものであること、そうした著作物利用が社会生活上のコミュニケーションのために不可欠のものであること、要件を満たす引用であれば著作権者の利益を害する可能性が低いことなどから認められる制度である。これについては次項で解説する。

　引用と似ているが区別すべき利用方法として「転載」という方法がある。これは、国または地方公共団体の機関が一般に周知させることを目的として作成した広報資料、調査統計資料や報告書など、いわゆる官公PR資料を、新聞、雑誌などの刊行物に説明の材料として全部または一部を、そのまま掲載することである（「著作権法」第32条2項）。転載をする場合には、引用と同じく出所明示義務（後述）がある。これらの資料には著作権はあるが、公共のために広く利用させるべき性質のものなので、自由利用が認められている。資料に「転載禁止」の表示がある場合には転載は認められ

ない。しかしその場合も引用の条件を満たせば引用することはできる。

　また、文献から直接具体的な文章を引用せずに文献名だけをあげることや、自分の言葉で要点をまとめて言及することを、「参照」という。これについては、著作権法に規定はない。アイディアや着想を参考にする場合には、著作権法上は自由ということになる。ただ、学術研究倫理上は、この場合でも文献註をつける必要がある。また、著者の意図を歪曲するような恣意的な言及のしかたは避けなければいけない。

3　引用のルール

3-1　引用してよいもの

　他人の著作物は、以下のルール（「著作権法」第32条1項）を守れば、自己の著作物（レポートや論文など）のなかで自由利用できる。翻訳による引用も認められる。

　引用してよいものは、公表されている著作物（公表著作物）に限られる。他人の未発表の草稿や私的な手紙などを無断で引き写して公表状態にすることは許されない。

　また、引用してよいのは原則としてその著作物の一部分である。ただし、短歌や俳句、美術作品は、全部の引用が許される場合もある。特に美術史研究や美術批評の場合には、構図の全体を掲載しないと意味をなさない場合があるので、目的に照らして正当であれば認められる。

3-2　公正な慣行に合致していること

　引用は、公正な慣行に合致していなければならない。具体的には、引用の事実を明らかにすること、引用する側の著作物（自分の言葉）と引用される側の著作物とが明瞭に区別できることが必要である。たとえば、他人の文章や談話を引用するとき、その部分を「　　」でくくって自分の文章と区別し、「　　」の後に「註（注）」をつけて出所の明示をする、といった書き方が標準的である。

　引用は、原文どおりに引用する必要がある。誤字、当て字、脱字などが

第7章　学術と表現者のルール　　313

あってもそのまま転記し、念のため当該語句の上に（ママ）とルビをふる。引用間違いが極端なものになると、原文の趣旨を損ね、改ざんに当たることになるし、「著作権法」の観点からは同一性保持権の侵害にもなりうる。

　引用に関する「公正な慣行」は、表現ジャンル・学術分野ごとに異なる部分もあるので、図書館などで自分の関心に合った学術系の書籍や雑誌を参考にしてほしい。本書でも巻末に「レポートの参考例」を掲載しているので、それも参考にしてほしい。

3-3　目的上正当な範囲、必然性

　引用は、引用の目的上正当な範囲でなければならない。まずは引用する必然性があることが必要である。たとえば、本書でも裁判例の解説をする際に、著名な芸能人や小説家、芸術家の名前をあげている。ここでもしも筆者が、「ついでにこれも紹介」ということでそれらの作家の別作品の一部を掲載したり、肖像権の解説に関係のない芸能人の肖像写真を掲載したりした場合には、目的に照らして必然性がないので、正当な引用とは認められない。

　また、正当な範囲と認められるためには、その目的上必要な限度に絞ることが求められる。自分の論述のほうが主たる内容であり、「引用」はそのための補助的な役割にとどまる、というバランスも必要である。他人の著作を長く引用した後に一言「このような見解もある。」といったコメントを入れる程度では、引用とは認められない。必ず自分なりの見解を書くことが、引用を引用として成立させる条件である。

3-4　出所の明示

　引用をしたら、引用される著作物の出所（出典ともいう）を明らかにしなければならない（「著作権法」第32条1項）。通常、そのために文献註をつける。文献註のつけ方にはいくつかの方法があり、法的にはどのスタイルを採用してもかまわないが、学術上の慣行として、同一の論文のなかでは一貫した方式をとることが求められ、次の情報を明記する必要がある。

314　第3節　研究成果に関する法と倫理

・著作者（執筆者や編者）

・著作物のタイトル

・出版社または掲載雑誌名と巻号

・出版年

・引用箇所が含まれる頁数

　著作者が特定できない「Wikipedia」のような情報サイトは、参考にすることは自由だが、「参考文献」にすることは適切ではない。

●書籍（単行本）を明示するとき

　表示すべき基本的な書誌情報は【著者名、タイトル、出版社、出版年、参照ページ】である。共著本のなかの論説をあげる場合には、引用・参照した箇所の著者名をあげ、その論説タイトルをあげる。論文や記事のタイトルは「　」でくくり、書籍のタイトルは『　』でくくる。情報の順序は学術ジャンルごとに違いもあるので、ここでは代表的な書き方を何通りか、あげておく。

例1：【単著単行本をあげる場合】志田陽子編『表現者のための憲法入門　第二版』（武蔵野美術大学出版局、2024年）34頁。

例2：【共著本のなかの論文をあげる場合】比良友佳理「著作権と表現の自由の調整―欧米の状況を参考に―」志田陽子・比良友佳理著『あたらしい表現活動と法　第二版』（武蔵野美術大学出版局、2025年）第7章。

●学術雑誌に掲載された論文を明示するとき

　表示すべき基本的な書誌情報は、【著者名、論文タイトル、掲載雑誌名、巻号、出版年、掲載ページ】である。

例：志田陽子「匿名性――《国家から把握されずにいる自由》の側面から」『公法研究』75号（2013年）104-116頁。

第7章　学術と表現者のルール　　315

●新聞記事、一般雑誌を明示するとき

　新聞記事や商業雑誌などからの引用の場合も上述の引用ルールに従うが、新聞の時事報道を参照する場合、通常は本文の後に（『○○新聞』2017.11.3朝刊）といった要領で出所を註記するだけでよく、執筆者が新聞社所属の記者である場合には記者名まであげることまでは求められない。ただし、新聞に掲載されている論説で、その新聞社に所属していない識者による署名入りの文章の場合は、執筆者名までを記載する必要がある。

●インターネット上の文書を明示するとき

　基本的な書誌情報は、【執筆者（作成者）、作成機関、タイトル、URL（アドレス）、最終更新年月日、最終閲覧年月日】である。インターネット上の情報は、法務省や裁判所、自治体など官公庁の公式ホームページ、新聞社の公式ホームページ、電子ジャーナルなど、信頼性の高いものを選択しよう。著者不明の文書は、一般社会の言説を観察するために参照することはできるが、先行研究として使用することはできない。言及しようとするウェブ文書にページ数がない場合は、ページ数に代えて引用箇所の「段落」を示すなどの工夫をする。公開日を記載するのが通例だが、公開日の記載のない常設のページの場合には、最終閲覧年月日を記載する。

例：文部科学省科学技術・学術政策局研究環境課研究公正推進室「研究活動における不正行為への対応等」文部科学省ホームページ
https://www.mext.go.jp/a_menu/jinzai/fusei/index.htm　（最終アクセス2024年9月4日）

●社会調査などの資料を明示するとき

　人名は、個人情報保護の観点から、実名をあげる必要性がある場合を除き匿名化して表記する（例1）。また、ある特定のインフォーマント（情報提供者）から得た情報を本文中に記述する場合には、当該箇所に註をつけてその旨を表示する。このような場合には、氏名に敬称をつけてもよい（例2）。

例1：YSは、東京在住、現在私立大学の専任教員である。聞き取りは2017年9月16日に行った。

例2：この点については、2017年9月16日に武蔵野美術大学教授・志田陽子氏から口頭で体験談を聞き取った。

●裁判情報を明示するとき

　裁判について言及するときの基本情報は、【裁判所名、日付、判決か決定かの別、判決文書が登載されている媒体の情報】である。有名な裁判例にはよく「○○事件」という呼び名がつけられるが、これは正式なものではなく通称なので、正式なものとしては、上記の情報が必要である。また、上記の情報は実際に使われるときには以下のように略記されることも多い。

例：北方ジャーナル事件判決、最高裁大法廷判決、1986（昭和61）年6月11日、最高裁判所民事判例集40巻4号872頁。

⇒（略記）最大判1986（昭和61）年6月11日、民集40巻4号872頁。

　専門判例集への掲載がない判例の場合には、「判例集未登載」としておく。

例：最高裁2014（平成26）年12月9日決定、判例集未登載（LEX/DB25505638）。

　なお、本書では判例情報はこれよりも簡略化して載せているが、論文を書く際にはここにあげた情報を記載することが求められる。

3-5　敬称はつけない

　学術論文中で先行研究などを引用・参照するときの著者名は、上下関係、師弟関係を示唆するような「〜教授」「〜先生」といった敬称は使わず、敬称なしで書く。自分の著作をあげる場合の自分の氏名も単純に氏名を記

載し、「拙稿」などの表現は用いないようにする。これは研究論文や学術としての作品制作の際に審査、査読、成績評価の適正性・公正性のために必要な留意事項である。こうした手続き的なルールには分野によって違いもあるので、自分の専門分野や関心に応じて、大学の方針や学会誌の方針などを確認しよう。

　なお、これは査読を要する学会誌や大学紀要に投稿する場合のルールで、市販される書籍の場合には「先生」「拙稿」といった書き方をしても問題はない。

4　成果の公表

4-1　社会に向けて発信することの意味

　研究活動の初期の段階（授業内レポートや卒業論文、修士論文）では、成果はまず所属大学に提出し、評価（卒業ないし修了の単位認定）を受けることになる。この研究成果はそこで終わりにせず、社会に公表することが奨励されるが、成果を公表する段階になると、学生として学校に守ってもらう立場ではなくなり、研究者として法令や学術研究倫理を遵守できているかが直接問われ、違反があれば自分が責任を負うことになる。

　成果の公表には、レポート（報告書）、論文、学会での口頭発表、図書の出版、ホームページ（ウェブ）での公表など、さまざまな方法がある。

　「レポート」や「報告書」は、本来は、学生が授業内で出すものにとどまらない、社会的で正式なものである。たとえば国立国会図書館が議員や省庁の依頼に応じて提出する調査レポートは、信頼性の高い資料として公開され活用されている。そうしたものを含めて、あるテーマについて調査結果を報告するものを「報告書」という。「論文」は、著作者の主張や着眼点、独自の考察方法がより明確に打ち出されたものであり、創作的価値の度合いが高い。

　報告書や論文などの研究成果は、図書として出版する場合もあるが、非売品の成果公開冊子として公表することも多い。また大学が発行する紀要論文集に掲載する方法もある。無償で配布する成果公開冊子や紀要も、そ

318　　第3節　研究成果に関する法と倫理

れなりの部数を印刷して配布する点で、著作権法上の「複製」に当たり、図書を出版するときと同じ配慮が求められる。

4-2 学術における「表現の自由」

　成果を社会に向けて発信するとなると、批判を受ける可能性も出てくる。学術研究としての手続き面のルールを守っていれば、論述の内容・見解への批判は、恐れる必要はない。本書の第1章で見た「表現の自由」は、もともと批判の自由を重要な要素として含んでいるからである。見落としていた先行業績に関する指摘、論証に飛躍があるのではないかといった指摘、別の見方があるという提案など、知的誠実さを伴った批判であれば、それは学術全体を前進させるものである。こういう批判には、知的誠実さをもって応答することが、学術的な貢献となる。

　しかし、ときに批判者が知的誠実さを踏み外した個人攻撃や誹謗中傷や同調圧力となる発言をする場合もありうる。研究者への批判が名誉毀損訴訟に発展した例は少なくない。そのようなときには、自分の成果の正当性を確認し、相手に不当な言論をやめてもらう（差し止め）などの自己防御も必要になってくる。とりわけ、本章で解説してきた「研究不正」の指弾を受けてしまうと、研究者にとっては社会的信用や職業を失う可能性もある深刻な事態となる。万が一のときに備えて、自分にどのような権利があるのかを知っておくことは必要である。

4-3 業績の名義（オーサーシップ）

　研究成果を公表するに当たって、自分の業績は自分の名義（authorship：オーサーシップ）で公表することが、著者の権利であり責任でもある。

　単独で執筆する卒業論文やレポートであれば、書いた本人が著者であるのは当然のことで、その業績の名義を他人が流用、冒用することは許されない。当事者同士が合意のうえで執筆名義を偽る、いわゆるゴーストライター契約は、著作権法にも公序良俗にも反し、法的には許容されないと考えられている（→本書第5章）。とくに学術研究の世界では、業績の名義は必ず現実と一致することが求められる。当事者の合意があってもゴース

第7章　学術と表現者のルール　　319

トライターは「不正行為」となり認められる余地はない。

　成果となる論文や図書が複数人による共著の場合には、名義や責任についても前もって合意しておく必要がある。著者リストの先頭の「第一著者」の位置には、その研究の遂行および論文の執筆に最も大きく貢献した代表研究者の氏名を記載する。

　学生や研究員が、指導教員の指導を受けながら自分の論文を執筆した場合には、著者は執筆者本人である。指導教員の関わりの度合いによって、執筆者が第一著者となり、指導教員が責任著者（corresponding author）となることもある。

　論文や芸術作品に共著者として名を連ねるには、研究への本質的な寄与があることが必要である。研究資金を提供したとか、助言や校正を担当したという場合、それだけではオーサーシップを得ることはできない。

　著者として名を連ねることはその研究の功績（credit）を得ることになる一方で、同時に責任を負うことになる。学術論文を共著で書く場合、万が一不正行為があったときには、その責任は責任著者を含めたすべての共著者に及ぶことになる。責任著者は、たとえば第一著者がデータの捏造などの不正を行っていた場合、共同責任を負う場合がある。

---

column　　　　　　　　　　　　　　名義の大切さと盗用・剽窃・贋作

　以下では、名義をめぐって起きる代表的な不正行為について考えてみよう。

●盗用・剽窃

　他者の見解や研究成果について、引用（とくに出所表示）の条件を守らず、自分の成果であるかのように扱うことは盗用ないし剽窃となる。またこの行為は著作権法上も複製権や氏名表示権などの侵害となる。さまざまな大学が「レポート作成時の注意」として「コピー＆ペーストは許されない」としているのは、正確にいえば、コピー＆ペーストという技術を使うことが法令や倫理に

反するのではなく、この方法で他人の成果を引き写すことが盗用や剽窃を引き起こしやすいからである。

著作権法上は「表現されたもの」が保護対象となるので、アイディアや分析方法といったものは法的問題とはならない。しかし物の生成方法や組み合わせによる付加価値などのアイディアは特許の対象となる可能性があるので、学術研究倫理としては、そうしたものの利用に当たって当人の了解を得て名義を表示するなど、適切な手続きを遵守する必要が出てくる場合がある。

◉模倣と贋作

芸術作品の世界では「模倣」「盗作」「贋作」がよく問題となる。これも成果の名義の問題である。模倣とは他者の作品を写し取ることだが、これを自分の勉強のために私的に行うことや、本来の著作者の名義を明示してルールを守って複製することには問題はない（→本書第5章）。ここで他者の成果を自分の成果であるかのように名義を偽ることが組み合わさると、盗作（盗用）や剽窃と呼ばれる不正行為となる。これは、著作権法上は複製権侵害や氏名表示権侵害となり、創作性を評価する芸術の領域でも重大な反倫理的行為となる。

これに対して、本来の作成者の名を隠して相手方の名義を名乗るタイプの模倣もある。市場では、偽ブランド商品（海賊品）がこれに当たる。芸術・学術の世界では、著名な作家の作品の模写物を、本物の作品であるかのように偽って取引するとき、その模写物が「贋作」と呼ばれる。これらは、価値のある「名」を利用してその利益を横取りする行為（フリーライド）であり、芸術・学術の世界でも経済市場でも、成果の信頼性を損なう不正行為となる。美術品の取引、展示については、「古物営業法」や、「美術品の美術館における公開の促進に関する法律」といった法律によって、これらの不正を規制している。

第7章　学術と表現者のルール　　321

●名義に関するその他の学術研究倫理

　名義に関して、法律違反ではないが学術研究倫理違反となる行為がいくつかある。まず、他の学術誌などにすでに発表した論文と実質的に同じ内容の論文を投稿する「二重投稿」である。これは1本の業績としてカウントされるべきものが複数の業績にカウントされてしまうことになり、本人名義の業績を不当に水増ししてしまうことになるからである。一方、学術論文として公表した内容を、後から単行本に収録したり、一般向けの論説に書き直して市販の媒体に掲載するといったことは、関係者の許諾さえとれれば特に制約なく行える。

　また、先にも述べたように、本来の著作者が著作者として扱われない不適切な名義表示の問題は、かつては師弟関係にありがちなこととされていたようだが、現在の学術研究倫理では「不正」となり、指導的立場にある者が他者にこうしたことを強要すれば「アカデミック・ハラスメント」にも当たる。学術研究の世界では、研究成果の名義と実際の執筆者とを一致させることが求められる。

＊註

1　その意味では、市販図書の編集者と学術専門誌の査読者とでは、文書を評価する観点が異なる。

2　ここで自分が取り組もうとしている課題が学術的なものか市場向け・消費者向けのものかを意識することは、有益である。学術的なレポートや論文で自分の課題テーマを考える場合には、売れるかどうかではなく、学術上の価値そのもので考える。まだ解明や立証が不十分な分野だからそこに貢献したいとか、応用されたときにこのような社会的ニーズに応える技術になる、といったことである。一方で、市販品としての書籍やデザインは、テーマ選びの段階から売れそうなもの、社会の関心を集めそうなものが選好されるが、これはどちらが正しいかという問題ではなく、成果化の目的が異なるのである。

3　特に近年、学生のレポートのなかに、「あなたは〜をご存じだろうか」「〜などと思ってしまうのは私だけだろうか」「この議論の行方は私には知る由もないが」「お役に立っていれば幸いです」のように、ネット検索や生成系AIで得たと思われる表現が多数見られる。こうした文章表現も表現活動一般としては自由なのだが、学術レポートを書く姿勢とはいいがたい。自分が書いているものが何を目的とした文章であるのかを常に意識することを心掛けてほしい。

参考文献案内

●いしかわまりこ／藤井康子／村井のり子『リーガル・リサーチ（第5版）』（日本評論社、2016年）

●石黒圭『この1冊できちんと書ける！【新版】論文・レポートの基本』（日本実業出版社、2024年）

●近江幸治『学術論文の作法（第3版）』（成文堂、2022年）

●科学技術振興機構ホームページ『研究倫理』
https://www.jst.go.jp/researchintegrity/（最終アクセス2024年9月4日）

●河野哲也『レポート・論文の書き方入門（第4版）』（慶應義塾大学出版会、2018年）

●文部科学省科学技術・学術政策局研究環境課研究公正推進室「研究活動における不正行為への対応等」文部科学省ホームページ
https://www.mext.go.jp/a_menu/jinzai/fusei/index.htm（最終アクセス2024年9月4日）

●文部科学省科学技術・学術政策局研究環境課研究公正推進室「科学の健全な発展のために」編集委員会「科学の健全な発展のために—誠実な科学者の心得—【テキスト版】」（日本学術振興会）
https://www.mext.go.jp/a_menu/jinzai/fusei/1353972.htm（最終アクセス2024年9月4日）

資料
レポートの参考例

「レポートの参考例」を役立てるために

　本書第7章では、レポートや学術論文を書く際の引用と出所の明示の
ルールを解説した。本書の全体をこのルールにしたがって書くと、ページ
数が膨大なものになってしまうため、全体は通常の市販解説書の例にな
らって簡略化している。その代わりに、以下で、本書の著者2名が第7章
のルールに沿ってレポートを書いてみたので、レポートや論文を書くとき
の参考にしてほしい。

　著作権法では、引用や出所の明示の具体的なスタイルについては規定せ
ず、「公正な慣行」に委ねている。実際にどのようなスタイルで出所や出
典表示が行われているかは、自分が関心を持っている分野の書籍や論文を
見て学んでほしい。以下、3本のレポート参考例を掲載するが、引用、注記、
文献表示にはさまざまなスタイルがあることを考えて、それぞれ異なる書
き方にしている。

参考例 1

著作権と表現の自由の調整——欧米の状況を参考に

比良友佳理

はじめに

　著作権法は表現行為や表現の利用と密接に関わる法律の1つである。そのため、著作権の権利行使が日本国憲法の保障する表現の自由と衝突してしまう場合にどう調和を図るべきかが問題となる。

　日本ではまだ両者の関係性について直接判断した判決はないが、諸外国ではすでにいくつかの判決が下されている。わが国の問題解決への示唆を得るために、本レポートでは、米国とフランスの判決を整理してみたい。

1. 米国の裁判例

　米国では、連邦最高裁判所が1985年に、著作権と、言論の自由を保障する合衆国憲法修正一条との関係についてHarper & Row事件判決で判断を示している。それによると、著作権法は第一に、アイディア・表現二分論によって事実やアイディアを保護せず、第二に、学問や論評等の利用などについてはフェア・ユースの法理によって許容することで、著作権法のなかに言論の自由の保護を組み込んでいるという[*1]。

　また、著作権の保護期間延長立法の合憲性が争われた2003年のEldred事件最高裁判決[*2]は、著作権は修正一条の言論の自由と「両立する」と述べ、修正一条に基づく審査は不要であると判断した。

　このように、米国では著作権法のなかに2つの調整原理が組み込まれていることを理由に、裁判所が個別の事案で言論の自由という視点から著作権のあり方を検討することに消極的な見解がとられている。

資料　レポートの参考例　　327

2. フランスの裁判例

フランスの最上級審の裁判所である破毀院は、従来は、米国とよく似た
アプローチをとっていた。すなわち、著作権と表現の自由のバランスはす
でに立法者が著作権の制限規定のなかで考慮しているという理由をあげ、
立法者が定めた著作権の境界線の外から、表現の自由の議論を持ち込むこ
と自体に否定的であった。たとえば、ユトリロの展覧会を紹介するルポル
タージュ番組に、12枚の絵画の全体が約2分間映しだされたことに対し、
絵画の著作権者が訴えたというユトリロ事件で、ルポルタージュを制作し
たテレビ局は自分たちの表現の自由が保障されるべきだと主張していた
が、2003年の破毀院判決は、立法者はすでに著作権の均衡のとれた境界
線を制限規定などの形で定めていると述べ、表現の自由に基づく抗弁は成
立しないと判断している。[*3]

しかし、他人が撮影した広告写真を無断で色を変えたうえで自分の作品
のなかに利用した、いわゆるアプロプリエーション・アートが著作権侵害
に当たるかが争われたKlasen事件[*4]で、2015年に破毀院は、著作権と表現
の自由の「適切なバランスの探求について具体的な方法で」裁判所は説明
しなければならないと判示した。[*5]従来の、立法に調整を委ねるという考え
方から、裁判所が具体的な事案ごとに、著作権と表現の自由のバランスを
検討すべきという考え方へとシフトした点で、破毀院は新しいアプローチ
を採用するようになったと見られる。

3. 著作権と表現の自由のバランス調整

著作権と表現の自由の関係性は、近年わが国でも活発に議論されるよう
になってきている。[*6]インターネット技術やデジタル技術の普及によって、
さまざまな著作物の創作、複製、加工、頒布のコストが低廉化し、誰でも
クリエイターやユーザーになりうる時代となったことで、著作権法はプロ
のみならずアマチュアにも関わる法となっている。[*7]著作物の利用、創作が
日常茶飯事になっているということは、裏返せば、著作権と表現の自由の

緊張関係がこれまで以上に高まっているということだ。

　こうした状況を踏まえ、わが国においても、著作権と表現の自由のバランスのとり方を探求していく必要がある。以下、欧米の議論も踏まえ若干の検討を試みる。

　確かに、日本の著作権法にも、アイディア・表現二分論や多くの制限規定など、あらかじめ著作物の利用者に配慮したしくみがいくつも組み込まれている。しかし、米国のように柔軟な解釈が可能なフェア・ユースに相当する一般的な制限規定はわが国にはなく、具体的で詳細な制限規定が多数並んでいる。裁判所がケース・バイ・ケースで著作権と表現の自由を調整していくには、著作権法の条文が、米国ほど柔軟性がないのが現状だ。このような制限規定のしくみで、果たして表現の自由にあらかじめ十分な配慮ができているか、疑問がある。日本と同様、一般的な制限規定がない代わりに、個別具体的な制限規定のシステムを採用しているフランスが、著作権法内のしくみで調整済みだという考え方から脱却し、適切なバランスを裁判所が具体的に探求すべきだという考え方へと変更した近年の動向を、日本も参考にすべきではないだろうか。

　また、著作権と表現の自由の調整をどの国家機関が担うべきかという役割分担の視点からもこの問題を考えてみる必要がある。著作権の立法過程では、しばしば、著作権コンテンツを多数抱える大企業等がロビイングを積極的に行うため、権利者側の声は法律の内容に反映されやすい反面、世のなかに分散している一般ユーザーは1人1人が自分ではなかなか国会に働きかけようとはしないので、ユーザーの声は反映されづらいという、「少数派バイアス」問題があるといわれている。[*8] 放っておいては著作権立法が権利拡大の方向に傾きがちだという構造的な問題がある以上、立法が表現の自由を十分に考慮してくれるとは考えにくい。

　それに対し、違憲審査権を持ち、「憲法の番人」とも呼ばれる裁判所は、政治的な駆け引きや利害調整とは一定の距離を置き、著作権の保護だけでなく表現の自由の保障にも配慮した判断を下してくれることが期待できる。著作権法の外側から、表現の自由に基づいて、著作権立法や、個別の紛争における著作権行使の妥当性をチェックする、最後の砦としての役割

資料　レポートの参考例　　329

を担う機関があるとすれば、それは裁判所に他ならない。

おわりに

　以上を踏まえれば、著作権と表現の自由は立法で調整済みだとして司法による審査を控える米国型のアプローチよりも、両者が対立していることを前提に、個別具体的に司法が調整を行っていこうとするフランス型のアプローチこそが、今の日本法のあり方を検討するうえでの示唆に富んでいるように思われる。

　パロディや二次創作、現代アートなど、既存の著作物を使ったさまざまな表現が花開いている今日、日本でも表現の自由という視点を著作権法の世界に取り入れ、両者の最適なバランスを探求していく必要がある。著作権と表現の自由がそれぞれ最大限に尊重される均衡点を見つけ出すことこそが、多様な文化の発展の鍵となるのではないだろうか。

＊註

1 Harper & Row, Publishers, Inc. v. Nation Enters., 471 U.S. 539 (1985).
この訴訟に関しては、白鳥綱重『アメリカ著作権法入門』（信山社・2004年）211-215頁、ロバート・ゴーマン＝ジェーン・ギンズバーグ（内藤篤訳）『米国著作権法詳解〈下〉』（信山社・2003年）605頁等を参照。

2 Eldred v. Ashcroft, 537 U.S. 186 (2003).
この訴訟に関する邦語文献として、今村哲也「著作権の保護期間延長と表現の自由についての小考―Eldred事件最高裁判決とその後の動向―」季刊企業と法創造3巻1号（2006年）163頁、紙谷雅子「コピーライト法は第一修正に『カテゴリィとして』抵触しないのか」法律時報76巻4号（2004年）108頁、横山久芳「ミッキーマウス訴訟がもたらしたもの―著作権保護期間延長立法の合憲性」ジュリスト1244号（2003年）268頁、吉田仁美「著作権保護期間の延長と表現の自由」ジュリスト1294号（2005年）151頁等。

3 Civ. 1re, 13 nov. 2003, Bull. Civ. I, n° 229, Fabris, ADAGP c/ Société nationale de télévision France 2.

4 芸術家のKlasen氏は、「広告と過剰消費のシンボル」として、女性雑誌に掲載されていた広告写真を再利用し、「完全に異なるテーマ」や「コントラスト」を生み出すのが目的であったと述べ、自身の創作活動は表現の自由で保障されていると主張した。

5 Civ. 1re, 15 mai 2015, n° 13-27.391, P.Klasen c/ A .Malka.

6 大日方信春『著作権と憲法理論』（信山社・2011年）、大林啓吾「表現の自由と著作権に関する憲法的考察―判例法理の批判から新たな議論の展開へ」大沢秀介＝小山剛（編）『東アジアにおけるアメリカ憲法―憲法裁判の影響を中心に』（慶應義塾大学出版会・2006年）330-331頁、長谷部恭男『Interactive憲法』（有斐閣・2006年）175-181頁、山口いつ子「グローバル情報環境における著作権と表現の自由とのバランス」小泉直樹＝田村善之（編）『はばたき―21世紀の知的財産法』（弘文堂・2015年）623-624頁、志田陽子「表現の自由とマルチカルチュラリズム」駒村圭吾＝鈴木秀美（編）『表現の自由Ⅰ――状況へ』（尚学社・2011年）507頁等。

7 ローレンス・レッシグ（山形浩生訳）『REMIX　ハイブリッド経済で栄える文化と商業のあり方』（翔泳社・2010年）24-25頁、61-63頁、田村善之「日本の著作権法のリフォーム論―デジタル化時代・インターネット時代の『構造的課題』の克服に向けて―」知的財産法政策学研究第33号（北海道大学・2013年）72-75頁。

8 田村善之「知的財産法政策学の試み」知的財産法政策学研究20号（北海道大学・2008年）5頁以下、レッシグ・前掲注（7）280-281頁等。

資料　レポートの参考例　　331

参考例2

「公の施設」と「集会の自由」

志田陽子

はじめに

　ここ数年、地方自治体による公共施設の貸し出し拒否や後援拒否などが相次いで起きている。2016年の朝日新聞の調査では、2010年度以降こうした理由で後援を断ったり取り消したりした例が全国121自治体のうち少なくとも54自治体で計172件あり、特に2013年度を境に件数が増加していることを確認した。[1] テーマとしては、「原発」「安保・平和」「憲法」「沖縄」（米軍基地問題など）があがっている（朝日新聞2016年10月9日付）。2014年の東京都美術館「時代の肖像」事件や、[2] さいたま市三橋公民館の「公民館便り」への「9条俳句」不掲載の事例は、[3] こうした流れのなかにあったことがわかる。

　民主主義は、選挙と議会という制度の保障だけでなく、その社会を構成している人々に自由な表現が行きわたっていることを必要とする、との解説に接した。[4] このことと上記の例が、どのような関係に立つのか、考察したい。

1

　地方自治法第244条では、普通地方公共団体（都道府県・市町村）の設置する「公の施設」（1項）については、正当な理由なく住民による利用を拒むことは禁止され（2項）、さらに住民による利用について不当な差別的取り扱いが禁止されている（3項）。実際に自治体がこの種の判断をするときには法的に「正当」といえる範囲・歯止めというものがあり、こ

の分野では「泉佐野市民会館事件判決[5]」がこの範囲・歯止めを定式化した判決として有名である[6]。

　この判決で最高裁は、自治体が市民会館等の集会の用に供する施設の利用を「正当な理由」なく拒否することは憲法の保障する「集会の自由」の不当な制限につながるとしたうえで、自治体が市民会館の利用を拒否できるのは、①施設の性質上利用を認めるのが相当でない場合や、②利用の希望が競合する場合のほかは、③人の生命、身体または財産が侵害され、公共の安全が損なわれる明らかな差し迫った危険が具体的に予見される場合だけだ、という限定を示した[7]。この考え方に従うと、たとえば①防音設備のない公民館の会議室で爆音系のライブコンサートをやりたいという企画は無理かもしれないし、②ある特定の日時について先着順とか抽選で利用できない者が出るのもしかたがない。これらの事情がない場合には、③反対派の妨害によって被害者が出る危険が現に迫っているときだけ、不許可の扱いが認められる。ここで大事なのは、反対派（敵対的聴衆）の嫌がらせがありそうだというだけでは不許可の「正当な理由」にはならない、ということである。政治的な主張や意見が含まれているので政治的議論が起きそうだ、それが自治体職員のストレスになる、という理由は、「正当な理由」にはならない、ということになる。

　さらにその1年後に出された上尾市福祉会館事件判決では、「主催者が集会を平穏に行おうとしているのに、（上記のような事情を理由に）公の施設の利用を拒むことができるのは、……警察の警備によってもなお混乱を防止することができないなど特別な事情がある場合に限られる」との基準が示され、自治体の不許可処分が違法と判断された[8]。

　これらの判決は、このような社会状況で判断に迷っている自治体に対し、住民の「集会の自由」保障のために毅然としていよう、といっているように読める。しかし、自治体のほうでは「正当な理由」のとらえ方が緩んできているのではないか。次には、そのような問題関心から、ここで見た判決の社会的意義に照らして、現在の状況について論じたい。

資料　レポートの参考例　333

2

　以下では、「集会の自由」を中心とする憲法上の権利と「市民」とは何かという観点から考察する。

　まず「集会の自由」を確保するためには、集会の場所を確保することが必要で、実際に集会に使える場所を自分で所有している人は少ないから、道路・公園などの公共・公開の場所を表現や集会（デモ）のために使える自由が必要であるし、さらに公共施設が市民の集会のために利用できることが必要となる。これはアメリカの「パブリック・フォーラム」という考え方として紹介されている。[9] 日本では、公共施設については、自治体側にそれを拒む「正当な理由」がない限り、住民の側が平等に利用できることとなっているが、この「正当な理由」に関する判断基準を示した泉佐野市民会館事件判決が、この「パブリック・フォーラム」の考え方をとりいれた判決だと評価されている。[10]

　これと比較すると、たとえば、ある自治体の「まつり出店拒否」の事例では、東京弁護士会が3つの団体について表現の自由が侵害されていると認定し、自治体に対してこれらの団体の出店や参加を拒まないよう求める要望を出している。このまつりでは「政治的・宗教的な意味合いのあるもの」の参加を認めない旨の募集要項が市報に掲載されていた。[11]

　ここで「政治・宗教活動をするためのもの」は許可できないという条件と、「政治的・宗教的な意味合いのあるもの」は許可できないという条件では、かなり意味が変わってくる。前者は、その目的が政治活動であったり宗教活動であったりするもののことを指すので、たとえば宗教音楽を鑑賞するかに見せかけて、実際は特定宗教の布教・勧誘活動そのものだった、という場合がこれに当たる。これに対し、「〜的な意味合いのあるもの」といってしまうと、何かの社会問題を取り上げて語ろうとすれば、社会が意味のある問題提起だと認めれば、それによって政治的意味合いが出ることになる。また、文化芸術や伝統芸能などは歴史をみればなんらかの宗教的意味合いと結びついているので、理論上は何でも当てはまってくる。そのなかで判断者が目こぼしをしてくれたものだけが便宜を得られることになると

334　　参考例2

すると、「正当な理由がなければ拒むことはできない」という地方自治法第244条2項の趣旨から外れて、原則（開放）と例外（不許可）が逆転してしまう。

《政治に無関係・無関心であれば公共の場所を使わせてもらえる》というルールのもとに置かれた住民は、自分が「市民」[12]であることを忘れて、娯楽イベントを楽しむことができるかもしれない。しかしこれは民主主義の担い手として必要な基礎体力を人々から奪う結果につながっていくのではないだろうか。

憲法では、選挙以外にも市民が自分たちの政治的意見を表明するルートがいくつも保障されている[13]。その1つが「集会の自由」を含む「表現の自由」の保障である。選んだ側の人々が、選ばれた人々に自分たちの生の声（true voice）を届けようとすることは、日常の普通のこととして想定されている。また、憲法第16条で保障されている請願権は、選挙とは異なるルートで、人々がなんらかの意見や要望を統治者に伝える自由（不利益を受けないこと）を保障している。請願に添える署名を集める活動や、これに応じて署名をすることは、第21条「表現の自由」によって保障されている[14]。請願は本質的に政治的活動なので、これに対して「政治的目的」や「政治的意味合い」を理由に場所の使用許可を出さない自治体が出てきたら、この不許可は、集会の自由と、請願に必要な署名に関わる表現の自由と、請願権の行使とを同時に制約したことになる。自治体がこれだけの人権を一挙に制約することが許されるのは、先に見た判例が示したような特別な事態が存在する場合だけだろう。

おわりに

そもそも、政治的議論になる可能性があるということが危惧感の対象になるということは、民主主義を支える文化が共有されていないということではないだろうか。この問題を克服するためには、私たちがオープンな対話に耐えられる力を身につけ、それを認め合う文化をつくることが大切だろう。それが「市民」としての相互信頼ということだろう。「公の施設」

は本来そのためにあるものである。ただし公的な問題についてスピーチや対論ができるようになるためには、それができる市民として信頼されるように、日ごろから討論のリテラシー（公共的対話の作法）を身につけておくことが必要だろう。教育は本来、そのためにあるものだが、学校教育のほかにも地域社会や集会がその役割を果たす場面があるはずだと思う。

　この問題は、社会全体が民主主義の担い手としての基礎体力を失っていくという問題なのだと考えてみると、この課題は、社会の基礎体力をどうやって立て直し継承していくかという大きな課題へと連なっている。

注記

1　各種新聞記事を実際に検索して確認した。なお、この「レポートの参考例」は、2017年当時に書かれたものなので、その後に出た新しい事例・判例については、本書第6章を参照してほしい。

2　美術館に関する事例については、愛敬（2017）および志田・比良（2025：第6章）を参照。

3　さいたま地方裁判所・平成29年10月13日判決（判例集未登載）、「9条俳句市民応援団」ホームページ掲載資料。

4　志田（2024：第4章）。

5　最高裁・平成7年3月7日判決、民集49巻3号687頁。

6　この判例の評釈として、川岸（2013）、塚田（2017）、中林（2011：200-204）を参照。

7　実際にはこの判決は、そうした危険があったということで不許可を合憲としており、この結論に対しては、評釈者の間でも賛否が分かれている。

8　最高裁・平成8年3月15日判決、民集50巻3号549頁。

9　「集会の自由」と「パブリック・フォーラム」については、前掲注6にあげた文献のほか、横大道（2013：第5章、第6章）を参照。

10　前掲注6の諸論を参照。

11　「国分寺まつり」の事例、朝日新聞［多摩］2016年10月29日付記事。

12　ここでいう「市民」の意味については、樋口（2009：第1章、第2章）を参照。

13　志田（2024）の第3章「参政権と国務請求権」と第4章「表現の自由」では、「民

主主義のサイクルとルート」という視点から、さまざまな権利について整理している。

14 請願権と「表現の自由」の関係については、市川（2003）を参照。

参考文献一覧

●愛敬浩二（2017）「公立美術館の利用と政治的中立性」阪口正二郎・毛利透・愛敬浩二編『なぜ表現の自由か――理論的視座と現況への問い』法律文化社

●市川正人（2003）『表現の自由の法理』日本評論社

●川岸令和（2013）「集会の自由と市民会館の使用不許可―泉佐野市民会館事件」

●長谷川恭男・石川健治・宍戸常寿編『憲法判例百選Ⅰ（第6版)』有斐閣

●志田陽子・比良友佳里（2025）『あたらしい表現活動と法　第二版』武蔵野美術大学出版局

●志田陽子（2024）『表現者のための憲法入門　第二版』武蔵野美術大学出版局

●塚田哲之（2017）「集会・結社の自由」阪口正二郎・毛利透・愛敬浩二編『なぜ表現の自由か――理論的視座と現況への問い』法律文化社

●中林暁生（2011）「パブリック・フォーラム」駒村圭吾・鈴木秀美編著『表現の自由Ⅰ状況へ』尚学社

●樋口陽一（2009）『憲法という作為――「人」と「市民」の連関と緊張』岩波書店

●横大道聡（2013）『現代国家における表現の自由――言論市場への国家の積極的関与とその憲法的統制』弘文堂

資料　レポートの参考例　　337

参考例 3

わいせつ表現規制と「芸術性」——ろくでなし子事件

志田陽子

はじめに

　刑法第175条は「わいせつ」な表現物を刑事犯罪として処罰対象としている。この刑法第175条に違反する疑いでアーティストが起訴された「ろくでなし子事件」では、刑法第175条の適用に対して「これは芸術表現だ」とする被告の主張が認められるかが注目され、一部無罪・一部有罪という判決が出ている。

　日本国憲法第21条は「一切の表現の自由」を保障している。しかし実際には、裁判になったときに憲法上の「表現の自由」の理論が使われないカテゴリーがいくつか存在する。刑法第175条で規制・処罰の対象となっている「わいせつ」もその1つである。日本で「わいせつ」への規制そのものが憲法違反（法令違憲）と判断された例はないが、問題となった表現に「芸術的・思想的価値」が認められる場合には「わいせつ」に該当しないと判断される場面がありうる。本レポートではこの種の事例を取り上げ、どのような判断が行われているのか検討する。

1　日本の判例と論点

　刑法第175条は、「わいせつ」といわれる内容に当たる表現であれば、表現者と被写体の間にも表現の送り手と受け手の間にも合意があり、これら全部が成人である場合の表現の流通をも一律に禁止している。このように被害者がいない部分に規制が及ぶことは必要性が認められず憲法違反となるのではないかという疑問が、専門家の間で語られてきた（奥平1999、

志田2016、志田2017a,b）。

　こうした疑問を投げかけられることの多い刑法第175条「わいせつ」について、日本では1957（昭和32）年の『チャタレイ夫人の恋人』事件判決（注1）、1969（昭和44）年の『悪徳の栄え』事件判決（注2）、1980（昭和55）年の『四畳半襖の下張』事件判決（注3）といった一連の最高裁判決のなかで、判断の枠組みが形成されてきた。2017（平成29）年現在、最高裁で係争中のろくでなし子事件の二審判決は、その流れに連なる最新の判決ということになる（注4）。これらの判例に見られる憲法上の争点を整理すると、以下のようになる。

　①刑法第175条は表現の自由を不当に制約しており、法令として憲法第21条に違反しているのではないか。

　②刑法第175条にいうわいせつの概念は、漠然不明確であるため刑罰法規としては適正手続を定める憲法第31条に反し、これが表現に対する萎縮効果を及ぼすため憲法第21条にも違反しているのではないか。

　③（刑法第175条は法令として合憲であるとしても）本件への適用は憲法第21条ないし第31条に違反するのではないか。

　④（刑法第175条は法令として合憲であるとしても）本件の表現物は本条にいうわいせつ物に該当しないのではないか。

　これらの争点について裁判所はどう答えてきただろうか。①については、最高裁判所は、1957年『チャタレイ夫人の恋人』事件判決で性道徳に関する「最小限度の道徳」を維持するという立法目的を正当と認め、法令違憲の可能性を退けた。そして規制の対象を絞り込むために、「徒らに性欲を興奮又は刺戟せしめ」「且つ普通人の正常な性的羞恥心を害し」「善良な性的道義観念に反するものをいう」という「わいせつ」の定義を支持した（注5）。その後、『悪徳の栄え』事件判決で、「わいせつ」に当たる部分だけでなく作品の全体を見て判断するという姿勢が示され（注6）、この判断姿勢がその後『四畳半襖の下張』事件判決に引き継がれたうえで、当該作品の芸術性・思想性を総合して見たときに作品のわいせつ性が後退する場合もあるとする考え方が示された（注7）。このように、作品の芸術的・思想的価値を斟酌する余地が徐々に開かれてきたわけだが、これらの裁判で問題

資料　レポートの参考例　　339

とされた作品はどれも、その判断方法に照らしても有罪とされている。

　そのなかで、実際に作品の「芸術性」を評価して「わいせつ該当性なし」とした最高裁初の判決としては、税関検査での処分が問題となった2008（平成20）年のロバート・メイプルソープ写真集事件最高裁判決（注8）がある。ここでは、問題となった写真作品が芸術作品であることは、メイプルソープが世界的に評価の確立した芸術家であるという外形的事実によって確認されている。この事例に対して、作者の芸術家としての社会的評価が未確立であるろくでなし子事件裁判では、「これは芸術か」という判断が直接裁判所に迫られ、専門家による意見書も提出された。

　こうした流れをふまえて、ろくでなし子事件判決の意義と残された課題を、もう一歩踏み込んで考えてみる。

2　理論面に関する考察

（1）わいせつ該当性について

　ろくでなし子事件では、裁判所（東京地裁と東京高裁）は、当該の表現が第175条に該当するかどうかを判断する際の判断材料として芸術性・思想性について、踏み込んだ見解を示した（注9）。

　裁判所は、「物」や「電磁的記録」も「文書」と同一として、1957年の『チャタレイ夫人の恋人』事件判決以来の「わいせつ」の概念・定義を踏襲している。その判断の際に勘案する要素として、「芸術性・思想性が……わいせつ性を解消させる場合」に当たるかを検討し、その際の判断の対象は「それらの特徴全体をとらえて」判断すべき、として先例の流れを踏襲している。そしてこの判断は、「その時代の健全な社会通念に照らし」「客観的に」判断すべきとした。そして展示された造形物は、その《わいせつ該当性》について、「女性器を連想させ得るもの」だが、「それだけでわいせつ性を肯定できるほど強いものではない」としたうえで、さらに「本件各造形物はポップアートの一種であるととらえることは可能」であり、「表現された思想と表象との関連性」が認められるため「性的刺激が緩和され」、今日の健全な社会通念に照らして、「刑法第175条にいうわいせつ物に該当

しない」と判断した （注10）。しかし裁判所自身が「それだけでわいせつ性を肯定できるほど強いものではない」と認めているのだから、この部分についてはわざわざ芸術性の判断を行うまでもなく「わいせつに該当しない」とすればすむことだったのではないか。

　次に、頒布・送信された3Dデータに関しては、本件データは「実際の女性器を強く連想させ、閲覧者の性欲を強く刺激することは明らか」であり、《芸術性・思想性等による性的刺激の緩和》については「さほど大きく評価することはできない」ため、今日の健全な社会通念に照らして「刑法第175条にいうわいせつ物に該当する」と判断された （注11）。

　ここでは、「わいせつ」とは生殖器の描写をいうのか、性行為描写の「刺激」ないし悪質性をいうのか、という問題が論じられるべきだっただろう。この判決で参照された先例はすべて動的な性行為場面の表現を問題とした判例であって、特定身体部位の静止視覚描写ではない。これらの先例をもとに本件の3Dデータを有罪とするためには、この飛躍を架橋する説得的な説明が必要である。つまり、これらの質的に異なる表現を「わいせつ」という同一概念でくくるのであれば、その際に浮かび上がるべき共通項がそれとして明示される必要があり、さらに、その共通項が《何が人の正常な道徳的判断力を失わせ、人間に通常備わっているとされる性衝動を特殊に非道徳的な方向へと誘致するものであるのか》という問いに答えるものであることが必要だと思われるのである。この要素を裁判所が提示できない限り、「わいせつ」の概念は法的な概念としては維持できないものなのではないだろうか。

（2）漠然不明確性の問題

　裁判所は一貫して、これらの事柄を「その時代の健全な社会通念」に照らして判断すると述べている。価値観の多様化した今日の社会で誰の感覚が「社会通念」となるのかについて、ろくでなし子事件判決で東京地裁は、「その時代における一般市民の意識・感情そのものではなく、……普通の人の持つ健全な集団意識」である、とした。当該社会を構成している現実の人間たちの平均的な判断ではない「普通」で「健全」な「集団意識」と

いうものが、警察官や裁判官の主観以外のことを意味するのかどうか。この言葉は『チャタレイ夫人の恋人』事件判決の「わいせつ」定義の「善良な性的道義観念」の類語的な言い換えにすぎないので、結局これらの言葉は警察官と裁判官の直感的判断を正当化する空虚な容器となっている。つまり、裁判所の語る「わいせつ」は、刑法一般に求められる「公正な告知」の機能を果たすことができないのである。この問題は、早くから指摘されてきた（たとえば、市川2009）。

　ろくでなし子事件判決は、一面において「芸術性」の法理を前進させたが、もう一面において、「わいせつ」の定義の不安定さを増幅させ、刑法第175条の漠然不明確性を際立たせることになった。

おわりに

　このろくでなし子事件判決を含め一連の「わいせつ」裁判では、アメリカ判例で受け継がれてきた「保護されない言論」の考え方（奥平1999：302-310、阪口2011、平地2011）が影響していると考えられる（志田2017a）。実際に『四畳半襖の下張』事件判決で最高裁はアメリカの判例理論を参考にしているのだが（注12）、そうであれば、アメリカ判例の現在の水準を参考に「わいせつ」についてあと一段の絞りをかけるべきだったのではないか。刑法175条そのものの憲法適合性について、より真剣な討議が必要な時機に来ているように思われる。

注記

1　最高裁 1957（昭 32）年 3 月 13 日大法廷判決、刑集 11 巻 3 号 997 頁。

2　最高裁 1969（昭和 44）年 10 月 15 日大法廷判決、刑集 23 巻 10 号 1239 頁。

3　最高裁 1980（昭和 55）年 11 月 28 日第二小法廷判決、刑集 33 巻 6 号 333 頁。

4　なお、この「レポートの参考例」は、2017 年当時に書かれたものなので、「ろくで
　　なし子事件」は最高裁で係争中だったが、その後、最高裁判決が出され、控訴審が
　　そのまま支持された（最高裁 2020〔令和 2〕年 7 月 16 日第一小法廷判決）。

5　前掲最高裁 1957（昭 32）年判決。

6　前掲最高裁 1969（昭和 44）年判決。

7　前掲最高裁 1980（昭和 55）年判決。

8　最高裁 2008（平成 20）年 2 月 19 日第三小法廷判決、民集 62 巻 2 号 445 頁。

9　東京地裁 2016（平成 28）年 5 月 9 日判決および東京高裁 2017（平成 29）年 4 月 13 日
　　判決。

10　前掲東京地裁 2016（平成 28）年判決。

11　前掲東京地裁 2016（平成 28）年判決。

12　前掲最高裁 1980（昭和 55）年判決。

参考文献（裁判情報は注記で示した）

●市川正人（2009）『ケースメソッド憲法（第二版）』日本評論社

●奥平康弘（1999）『「表現の自由」を求めて――アメリカにおける権利獲得の軌跡』
　岩波書店

●阪口正二郎（2011）「表現の自由の「優越的地位」論と厳格審査の行方」駒村圭吾／
　鈴木秀美編著『表現の自由 I 状況へ』尚学社

●志田陽子（2016）「『芸術の自由』の諸相と憲法」『論究ジュリスト 19 号』有斐閣

●志田陽子（2017a）「表現内容に基づく規制――わいせつ表現・差別的性表現を中心に」
　阪口正二郎／毛利透／愛敬浩二編『なぜ表現の自由か――理論的視座と現況への問い』
　法律文化社

●志田陽子（2017b）「ろくでなし子裁判と性表現規制」阪口正二郎／毛利透／愛敬浩二
　編『なぜ表現の自由か――理論的視座と現況への問い』法律文化社

●平地秀哉（2011）「『品格ある社会』と表現」駒村圭吾／鈴木秀美編著『表現の自由
　I 状況へ』尚学社

キーワード索引

- ●語句の後の（　）は、その中の語句（－の前後）を含めたかたちで掲載されているページ番号もあわせて表記していることを示す。また、→の後には同義語や関連語句を示している。
- ●太い数字は、その項目について詳しい解説のあるページ番号を示す。
- ●「⇒第■章」は、その章全体についてのキーワードであることを示す。

あ

アイディア　105, 149, 150, 164, 166, 173, 179, 181, 299, 313, 321, 327, 329
アウティング　44, 55, 56, 71

い

依拠　59, 140, 157, 158, 168, **178**, 179
いじめ防止対策推進法　79
萎縮（－効果）15, 16, 18, 23, 24, 39, 40, 80, 93, 102, 261, 271, 302, 339
意匠法　103-105, **135**-138, 140, 142, 153
違法ダウンロード　15, 238
インセンティヴ　102, 118, 125, 130-132, 134, 143, 145, 162
インターネット（－環境、－技術、－社会）17, 18, 24, 26-28, 30, 35, 36, 44, 79, 85, 87, 138, 148, 186, 203, 214, 216, 220, 239,240, 242, 247, 265, 272, 280, 295, 300-302, 310, 316, 328
インフォームド・コンセント　**305**, 307
インフラ（－ストラクチャー、→公共財）　15, 18, 75, 76, 240
引用　200, 202, **206**-210, 212, 218, 220, 229, 301-303, 309, 310-**312**, **313**-317, 320, 326

え

映画（－作品、－の著作物）　16, 19, 20, 22, 53, 56, 91, 105, 159, 160, 163, 167, 185, 189-192, 230, 232, 243, 254, 260-262, 269, 270, 276, 289, 307,
営業秘密　103, 105, 125, **143**, 144

お

応用美術　136, 142, 152-155
オーサーシップ　295, 319, 320
オリンピック　171, 277-279, 289
音楽（－の著作物）　16, 20, 109, 149, 152, 159, 162, 163, 174, 185, 186, 190, 194, 203, 205, 210, 223, 225, 232, 241, 246, 247, 276, 289

か

改ざん　295, 302, **303**, 307, 314
架空表現　84, **91**, 95
学芸員　23, 148, 259, 264, 267, 268, **272**, 273, 284
学術研究倫理　294, **295**-298, 303-305, 307, 309, 311, 313, 318, 321, 322
学問の自由　102, 286, 294, **297**, 298, 310, 311
学校教育法　32
カミングアウト　**55**
贋作　49, 209, 275, 320, **321**
関税法　84, 87
管理権　33, 35

き

基本的人権　12, 25
キュレーター　23, **272**, 273
教育（学校－、－活動、－課程、－者）　12, 32, 48, 49, 64, 77, 82, 85, 105, 197, 202, **210**, 211, 213, 214, 253, 254, 263-265, 287, 294, 295, 297, 298, 336
教唆　44, 82, 92

共同著作物　**173**, 174, 176
「共謀罪」規定　24
業務妨害（ー罪）　95, 261, 282

く

クールジャパン　**277**, 278

け

刑事罰　15, 70, 81, 122, 123, 195, 196,
　203, **237**-239, 274
芸術の自由　**19**, **255**, 261
軽犯罪法　95
刑法　18, 23, **45**-47, 62, 70, 71, 75, 76,
　87-90, 95, 143, 281, 338-342
結合著作物　**174**, 228
結社（ーの自由）　13, 17, 24, 33
検閲　13, **21**-24, 29, 34, 36, 47, 261, 269,
　298
言語（ーの著作物）　57, 159, 160, 162, 163,
　171, 175, 177, 186, 307
見識を欠く表現　80
建築（ーの著作物）　136, 138, 159, 162,
　163, 185, 197, 198, 205, 206
原著作者　**167**, 168, 191
原著作物　**167**, 168, 175, 191, 192, 197,
　228
憲法（日本国ー）　12, **13**, 14, 16-19, 21-25,
　28, 33-37, 40, 44, 47, 52, 53, 62, 64,
　71, 77, ,81, 84, 85, 88-90, 94, 176,
　253-255, 258, 259, 261, 268, 269,
　282, 286, 294, 297, 298, 311, 327, 329,
　332-335, 338, 339, 342

こ

公共財（→インフラ）　15, 18, 75, 274
公共情報　36, **37**, **38**, 47, 56, 63, 125,
　176
工業所有権法　103, 104
公共性　16, 28, 29, 33, 34, 37, 39, 46-49,
　85, 197, 210, 216, 217, 219, 264, 266,
　278, 284, 298
公共の福祉　**17**, 18, 44, 89-91
公権力　13, 17, 21, 23, 28, 35-37, 64,

　253, 269, 298
公職選挙法　32
公人　38, 45, 62, 63, 68-70
公表著作物（未ー）　195, 206, 211, 214-216,
　224, 313
幸福追求権　52, 64, 71, 253, 254, 279
公民館　33, 38, 40, 259, 265, 281, 332,
　333
国民主権　24, 25, 32, 37
国連女性差別撤廃委員会　93
孤児著作物　224, 233
個人情報　17, 26, 35, 38, 40, 51, 52, 54,
　55, 70, 79, 295, 305, 306, 308, 316
個人情報保護法　51, 52, 70
古物営業法　275, 321
コンテンツの創造、保護及び活用の促進に関
　する法律　276, 288
コンピュータ・ウイルス　18, 44, 76, 239

さ

裁判の公開　86
差し止め　22, 23, 46, 47, 54, **56**, 57, 59,
　62, 63, 66, 80, 82, 83, 246, 319
差別表現　27, 44, **78**-81, 87, 307
産業財産権法　⇒第4章
参照　300, 301, 309, 311, **312**, 313,
　315-317
参政権　32

し

識別力　106, 107, **109**, 111, 119, 142
自己決定（ー権、ー能力）　55, 71, 84, 89
自主規制　15, 27, 79
事前抑制　**22**, 23, 47
思想・良心の自由　12, 24
実名　27, 47, 53, 54, 56, 63, 64, 86, 196,
　237, 316
実用新案法　103-105, 126
児童虐待　94
児童ポルノ　29, 84, 87, 95, 239
児童ポルノ法　62, 84, 89
社会教育　211, 264, 265
社会教育法　254, 263, 265, 287

キーワード索引　345

写真（ー作品、ーの著作物）　61-63, 65-67, 80, 86, 88, 159, 163-166, 184, 186-189, 191, 195, 197, 205-207, 217, 228, 303, 304, 306, 328, 331, 340

JASRAC（→日本音楽著作権協会）　223

集会（ーの自由）　13, 15-17, 24, 32-34, 40, 332-336

宗教（ー活動、ー法人）　55, 76, 77, 81, 95, 120, 334

集合著作物　**174**, 175

主権者　14, 16, 176

取材（ー活動）　37, 39, 161, 162, 302

出所（ーの明示）　106, 114-116, 119-121, 207, 210, 211, 215-218, 311-314, 316, 320, 326

肖像権（ー侵害、ー料）　58, **61**-64, 66-69, 71, 80, 85, 124, 257, 260, 306, 314

少年（ー事件、ー犯罪）　55, 64, 85, 86

少年法　54, 64, 85

商標法　103-109, 111-115, 118, 141, 171, 279

情報公開法　37, 195, 202, 217

情報リテラシー　294, 296, 301

職務著作　**176**, 248, 275

職務発明　**130**, 131, 248

知る権利　15, **37**-39, 57, 63, 85, 86, 258

人格権（ー侵害）　27, 40, 74, 79, 193, 248, 295, 299, 311　⇒第2章

人種差別撤廃条約　81

信書便法　24

す

図形の著作物　159, **163**, 185

スポーツ基本法　287, 289

せ

請願権　33, 261, 335, 337

制限規定　115, 158, **201**-221, 222, 328, 329

青少年　84, 85, 87, 90, 91, 95

青少年が安全に安心してインターネットを利用できる環境の整備等に関する法律　85, 87

成長発達の権利　55

性犯罪　86

性表現規制　87, 90, 91

選挙権　35

センシティブ情報　51, 55, 70, 307

そ

憎悪表現（→ヘイトスピーチ）　**81**

創作性（美的ー）　103, 137, **150**-152, 155, 160-165, 167-171, 179, 191, 280, 321

組織的犯罪処罰法改正　24

損害賠償（ー金、ー請求、ー請求権、ー責任）　31, 53, **56**, 64, 65, 70, 86, 113, 122, 123, 135, 141, 150, 236, 237, 267, 282, 284

た

多文化（ー化、ー社会、ー主義）　75-78

ち

治安維持法　24, 25

地図・図形の著作物　163

知的財産（ー権）　262, 274-276, 279, 289, 308　⇒第4章

知的財産法　274　⇒第4章

地方自治法　259, 286, 332, 335

中立（ー性）　35, 77, 259, 260, 273, 282, 283, 285, 286

著作権（ー者、ー収入、ー侵害）　29, 30, 44, 67, 101, 124, 136, 257, 262, 275, 280, 295, 296, 306, 307, 311, 312, 327-330　⇒第5章

著作権法　15, 103-105, 142, 258, 275, 276, 299, 301, 302, 308, 309, 311-314, 319-321, 326-330　⇒第5章

著作財産権　**184**, 193, 194, 201, 222, 223, 225, **230**, 231, 237, 241

著作者　105, 267, 276, 302, 315, 318, 321, 322　⇒第5章

著作者人格権　174, **193**-195, 200, 201, 207, 210, 222-224, **231**, 235, 237, 241

著作物　103, 105, 136, 137, 258, 275, 300, 307, 308, 312-315, 328-330　⇒第5章

著作隣接権　67, 103, 162, 223, **231**, 235, 237, **241**, 245

つ

通信の秘密　13, **24**, 28, 29, 31
通信傍受法　24, 29

て

データベース（－の著作物）　51, **167**, 300
デザイン（アパレル・－、インダストリアル・－、エディトリアル・－、工業－、－書体、パッケージ・－、ファッション－、ロゴー）　103, 105, 132, 135, 136, 138, 139, 141-143, 152-156, 170, 171, 176, 257, 275, 278-280, 297-299, 323
デッドコピー　105, 140, 143, 161
デモ　32, 34, 40, 61, 334
電気通信事業法　24, **28**, 29
電波法　24

と

東京都青少年の健全な育成に関する条例　15, **91**, 95
盗聴　24
盗用　64, 68, 295, 320, 321
特定秘密保護法　**38**
独立行政法人国立美術館法　**265**
図書館（国立国会－）　33, 38, 202, **215**, 216, 258, 259, **265**, 267, 284, 288, 300, 301, 318
図書館法　259, 265
特許法　103-105, **125**-128, 130, 132, 248
トレース　165, 166, 279

に

二次的著作物　**167**-169, 174, 175, 191, 192, 197
二重投稿　295, 310, 322
日本音楽著作権協会（→JASRAC）　223

ね

捏造　302, **303**, 320

は

博物館　258, **265**, 267, 272
博物館法　259, 265, 272, 287
発明　103, 105, 125-131, 133-135, 248
パブリシティ権　61, **64**-69, 124
パブリック・コメント　36
パブリック・ドメイン　230, 233, 234
パブリック・フォーラム（－論）　34, 265, 284, 334, 336
パラリンピック　171, 279
パロディ　**114**, 115, **207**, 208, 238, 330

ひ

被害者特定事項　86
美術館　23, 33, 187-189, 258-260, **265**-267, **272**, 273, 276, 281, 283, 284, 288, 332, 336
美術（－展、－の著作物、－品）　34, 48, 49, 136, 137, 149, 152, 153, 155, 159, 160, 162, 164, 170, 186-188, 195, 202, 205, 206, 208, 214, 217, 218, 220, 228, 232, 258, 266, 272, 273, 275, 276, 289, 313, 321
美術工芸品　152, 153, 256
美術品の美術館における公開の促進に関する法律　276, 321
誹謗中傷　29, 31, 36, 44, 78, 79, 319
表現の自由　102, 207, 233, 234, 239, 253, 255, 258, 259, 261, 266, 267, 271, 274, 279, 282, 283, 286, 298, 319, 327-330, 334, 335, 338, 339　⇒第1章、第2章、第3章
剽窃　45, 296, 320, 321

ふ

フェア・ユース　**219**-221, 327, 329
不正競争防止法　103-106, **117**, 118, 121-125, 136, 140, 143
普通名称　109, 111
不法行為（－責任）　**46**, 49, 52, 54, 56, 62, 64, 66, 75, 162, 248
舞踊、無言劇の著作物（舞踊又は無言劇の著作物）　159, **162**

キーワード索引　347

プライバシー（ー権、ー情報、ー侵害）　24, 26, 30, 35, 38, 39, 44, 51-59, 62-64, 71, 76, 79, 85, 86, 248, 260, 305, 307, 308
フリーライド　102, 121, 162, 321
プログラム（ーの著作物）　76, 159, 166, 197, 202, 235, 238
プロバイダ責任制限法　30, 31, 36
文化芸術基本法　19, 254, 259, **263**, 264, 268, 269, 271, 277, 287, 289
文化財保護法　**268**, 287, 288

へ

ヘイトスピーチ（ー規制、→憎悪表現）　27, 29, 34, 80, **81**-83, 91, 95
ヘイトスピーチ解消法（→本邦外出身者に対する不当な差別的言動の解消に向けた取組の推進に関する法律）　34, 82, 84
編集権　29
編集著作物　**167**, **169**, 170, 173

ほ

放送法　37
報道（ー機関、ー規制、ーの自由）　24, 37, 39, 40, 45-47, 49, 54, 56, 57, 62-64, 69, 70, 85, 86, 161-163, 177, 202, 207, 209, 216-218, 316
暴力誘発的言論　90
保護期間（権利ー）　105, 112, 131, 133, 143, 152, 153, 163, 222, 230-234, 242, 244-246, 327
ポルノグラフィ　87, 90, **91**, 93
本邦外出身者に対する不当な差別的言動の解消に向けた取組の推進に関する法律（→ヘイトスピーチ解消法）　34, 82

ま

マイナンバー　51
マイナンバー法　51
マイノリティ　34, 76, 78, 81, 83

み

未成年者　84
民主主義　14, 16, 24, 25, 32, 34-37, 83, 256, 259-261, 332, 335-337
民法　46, 47, 49, 56, 62, 64, 66, 70, 75, 84, 101, 162, 188, 248, 275, 282

め

名誉（ー回復、ー感情、ー毀損、ー権）　22, 25, 30, 44-50, 54, 55, 57, 70, 79, 80, 82, 86, 90, 194, 195, 199, 200, 235, 236, 239, 243, 248, 258, 304, 311, 319

も

模倣（ー品）　102, 117, 136, 139, 140, 142, 143, 171, 172, 279, 321

ゆ

有害（ー情報、ー図書、ー表現）　27, 29, 85, 90, 91, 281
有線電気通信法　24
郵便法　24

ら

ライフライン　14, 15

る

類似（ー性）　54, 107, 111-116, 118, 119, 121, 122, 136, 137, 139, 156, 158, 163, 166, 172, 178-183, 279, 280

ろ

ロゴ（ーデザイン、ーマーク）　106, 109, 110, 114, 117, 141, 170-172, 280

わ

わいせつ（ー該当性、ー画像、ー性、ー表現）　87-91, 95, 239, 281, 311, 338-342
忘れられる権利　29, 56, 57

事例索引

A-Z

Asahi ロゴマーク事件　171
Bette Midler v. Ford Motor Co. and
　Young & Rubicam　68
Eldred 事件　327
Harper & Row 事件　327
Klasen 事件　328
KUMA 事件　116
La Vogue 南青山事件　120
LEC 出る順シリーズ事件　182
SHI-SA 事件　116
『SMAP 大研究』事件　175
TRIPP・TRAPP 事件　155

あ

アイヌ肖像権裁判　80
青色発光ダイオード事件　130
『悪徳の栄え』事件　339
上尾市福祉会館事件　333
アメリカ T シャツ事件　154
家永訴訟　22
『石に泳ぐ魚』事件　54, 56, 58, 59
泉佐野市民会館事件　333, 334
『宴のあと』事件　52, 57, 58
江差追分事件　179, 180
江戸考古学研究辞典事件　167
『エロス＋虐殺』事件　53

か

かつれつあん事件　118
勝れつ庵事件　118
岐阜県青少年保護育成条例事件　85
『逆転』事件　53, 57
キャンディ・キャンディ事件　168
9 条俳句が「公民館だより」に掲載されなかっ
　た事例（さいたま市三橋公民館の「公民館便
　り」への「9 条俳句」不掲載の事例）　281,
　332

京都朝鮮学校事件　83

警察によるデモ参加者の写真撮影を拒否しよう
　とした人の事例　61
激安ファストファッション事件　156
月刊ペン事件　46
けろけろけろっぴ事件　181
交通標語事件　161
コーヒーを飲む男性事件　166
ゴナ書体事件　171

さ

佐伯祐三贋作事件　49
サライ写真著作物事件　166
猿払事件　35
サントリー黒烏龍茶事件　154
「時代の肖像」事件　332
週刊文春事件　62
城の定義事件　150
新梅田シティ『希望の壁』事件　199
関ヶ原訴訟　33
泉岳寺事件　120
前科照会事件　64
創価学会写真ビラ事件　165
装飾窓格子事件　155

た

タウンページ・キャラクター事件　181
武富士イラスト事件　182, 183
タコの滑り台事件　156
立川反戦ビラ事件　34
脱ゴーマニズム宣言事件　199, 200
知恵蔵事件　173
『チャタレイ夫人の恋人』事件　88, 89, 339,
　340
中古ソフト事件　190
チョコエッグ事件　155
テレビ朝日ダイオキシン報道事件　47
天皇コラージュ事件　283

東京都公安条例事件　40
東京都現代美術館で開催された企画展（会田
　誠展）のなかの作品「檄文」が「政治的」
　との苦情を受けたことを理由として美術館か
　ら撤去要請を受けた事例　281
東芝事件　204
図書館図書廃棄事件　267
ドラゴンソード事件　141

な

長崎教師批判ビラ事件　47
長良川事件　54
『名もなき道を』判決　58
奈良平城京事件　269
新潟県公安条例事件　40
ニコンサロン慰安婦写真展中止事件　281
西山記者事件（外務省秘密漏洩事件）　39
日本ウーマン・パワー事件　119

は

バーンズ・コレクション事件　217
廃墟の写真事件　165
博多駅フィルム事件　37
博多人形赤とんぼ事件　155
パロディ事件　207, 209
版画事件　164
美術鑑定書事件　208
一橋大学アウティング事件　54, 71
ピンク・レディー事件　65
ファービー事件　155
フジ住宅事件　82
プチホルダー事件　155
プリーツ・プリーズ事件　142
ベルーナ・RyuRyu事件　140
法政大学懸賞論文事件　198
北方ジャーナル事件　22, 47

ま

マーク・レスター事件　64
「まつり出店拒否」の事例　334
マンション読本事件　181
三島由紀夫手紙公表事件　195
みずみずしいすいか事件　164

『宮本から君へ』助成金訴訟　16, 270, 272,
　283
メフィスト事件　255

や

八坂神社祇園祭ポスター事件　165
ユトリロ事件　328
横浜事件　24, 25
『四畳半襖の下張』事件　339, 342
ヨミウリオンライン事件　161

ら

ラストメッセージin最終号事件　151
リーバイス弓形ステッチ事件　142
ルービック・キューブ事件　121
レターセット事件　154
労働組合員が経営者側から写真撮影されるこ
　とを拒否しようとした人の事例　61
ろくでなし子事件　89, 338-342
ロバート・メイプルソープ写真集事件　88,
　340

■著者紹介

志田陽子（しだ ようこ）

武蔵野美術大学造形学部教授、博士（法学）。

1961 年生まれ。2000 年、早稲田大学大学院法学研究科博士後期課程を単位取得退学。2000 年より武蔵野美術大学造形学部に着任（法学）。東京都立大学システムデザイン学部客員教授、早稲田大学文学部非常勤講師。

専攻：憲法。大学では、人権論を中心とした憲法の講義を行うと同時に、「表現の自由」や著作権法などを中心とした、表現活動に関わる法の問題を扱っている。また、法の問題をわかりやすく学ぶために魅力的な映画を紹介する授業・講座を行っている。

主著：『文化戦争と憲法理論―アイデンティティの相剋と模索』（法律文化社、2006 年、2007年博士号取得論文）、『あたらしい表現活動と法』（武蔵野美術大学出版局、2018 年）、『「表現の自由」の明日へ』（大月書店、2018 年）、『映画で学ぶ憲法 II』（法律文化社、2021 年）、『合格水準 教職のための憲法 第二版』（編著）（法律文化社、2023 年）、『表現者のための憲法入門第二版』（武蔵野美術大学出版局、2024 年）。

比良友佳理（ひら ゆかり）

京都教育大学教育学部准教授、博士（法学）。

1987 年生まれ。2014 年、北海道大学大学院法学研究科博士後期課程修了。北海道大学大学院法学研究科助教を経て、2015 年より京都教育大学教育学部に着任（法律学）。

専攻：知的財産法。大学では、日本国憲法や法律学概論等の講義に加え、著作権法、知的財産法関連の授業・ゼミを行っている。

主著：「著作権法における現代アートの受容可能性に関する一考察―フランス法からの示唆」吉田広志ほか（編）『田村善之先生還暦記念論文集　知的財産法政策学の旅』（弘文堂、2023 年）368 頁、「著作権と表現の自由―調整アプローチに関する国際比較と日本法への示唆」著作権研究 48 号（2023 年）171 頁、志田陽子編著『合格水準 教職のための憲法 第二版』（第 7 章執筆、法律文化社、2023 年）。

■イラスト協力者（作者）一覧

平松慶（p.104, 170, 172, 174, 241）

［学生（制作当時）協力］

杉田光陽（第 1 章扉・p.78, 256）

川島優希（第 2 章扉・p.33）

高柳涼香（第 3 章扉）

山端健志（第 4 章扉）

下川晴葵（第 5 章扉）

貫井彩未（第 6 章扉）

中村天衣（第 7 章扉・p.300）

石井潮音（p.30）

八重樫鈴香（p.21, 276, 284）

柳内聡太（p.86, 92）

以上、武蔵野美術大学卒業生

あたらしい表現活動と法 第二版

2025年4月1日　初版第1刷発行

編者　志田陽子
著者　志田陽子　比良友佳理

発行者　長澤忠徳
発行所　武蔵野美術大学出版局
　　　　〒187-8505
　　　　東京都小平市小川町1-736
　　　　電話　042-342-5515（営業）
　　　　　　　042-342-5516（編集）

印刷　株式会社精興社
製本　誠製本株式会社

定価は表紙カバーに表記しています
乱丁・落丁本はお取り替えいたします
無断で本書の一部または全部を複写複製することは
著作権法上の例外を除き禁じられています

©SHIDA Yoko, HIRA Yukari 2025
ISBN978-4-86463-170-9　C3032　Printed in Japan